歷史中國

西元前5世紀～西元前221

戰國原來是這樣

張嵚◎著

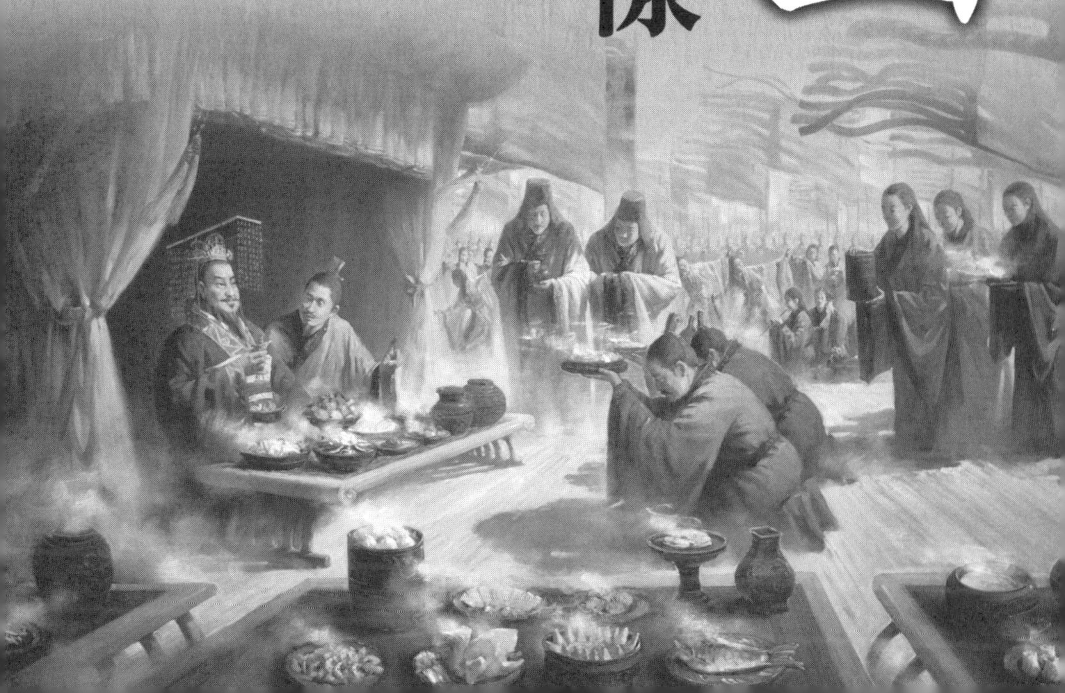

目錄

東胡
匈奴
燕
薊
朝鮮
月氏
趙
中山
渤海
齊
臨淄
魏
上郡
長平
鄴
馬陵
曲阜
魯
衛
濮陽
宋
鄒
睢丘
秦
咸陽
安邑
周
大梁
洛陽
函谷關
韓
新鄭
宛
陳
商
漢中
壽春
黃海
越
鄢
楚
郢
巴
東海
閩越

一、春秋這樣變成了戰國

我們這本講戰國歷史的書，自然要從戰國的起始年頭說起。

可偏偏就是這個看似十分簡單的問題，在歷史學界卻充滿著各種爭議。作為東周列國時代中最高潮的一段，戰國究竟起於哪一年，放在不同的史料裡，卻有好幾種說法。

比較通用的說法，就是司馬遷《史記》裡的觀點：西元前四七六年，也就是周元王元年。之所以定這年，主要還是為了尊重周天子權威。

而宋朝人的認同說法，則是呂祖謙《大事記》裡的說法：西元前四八一年。這是孔子做《春秋》的終結年份。在儒家思想成為主導的封建社會，這一劃分方法也十分流行。

當然宋朝的司馬光並不同意，他編《資治通鑒》的時候，把西元前四〇三年作為戰國開始，之前那麼多折騰，都算在了春秋年間。直到西元前四〇三年，周威烈王承認了韓趙魏三國的諸侯身分，等於扒掉了最後一塊遮羞布，才意味著戰國開始。

當然以清朝許多學者的說法，西元前四五三年才是戰國真正的開始：韓趙魏三家瓜分了晉國，確立了戰國七雄並立的局面，標誌著戰國時代正式形成。

同一個時代，為啥被劃分成不同的起點，只因在不同年代的史家眼中，戰國與春秋之間簡直是天翻地覆的變化，讓前一代人看不懂的變革著實太多太多。

但無論哪一種劃分，一個真相無可爭議：這是一個有別於春秋時代，幾乎堪稱是全新的時代，中國歷史將在一場劇烈的廝殺中，完成一次至關重要的浴火重生。

戰國就是打

不管怎樣劃分，戰國這個年代，最主要的標誌就一個字：戰！

而且和春秋年代最大的不同是，春秋雖然不乏戰爭，但列國名義上都還是周天子的臣子，因此講的是春秋禮數，哪怕規模驚人的爭霸戰爭，爭的也主要是名分。

發展到戰國年代，爭加分才是最大不同。為什麼很多史家眼裡，韓趙魏瓜分了晉國，或者田氏取代了齊國，往往被看作是戰國的開始。是因為在春秋年間，任何一個強大的霸王可以肆意凌辱周天子，但絕不可能取代周天子。從大國到小諸侯，春秋時代也沒有一家權臣可以名正言順的取代原有國君。這基本的尊卑禮數關係，到了戰國就徹底沒有了。

自家國君，說廢就廢，自家國君的土地，說分就分。春秋時代大逆不道的事，在三家分晉和田氏代齊中表現得毫無負擔。照著教科書裡通用的說法，這也就意味著舊有的奴隸主貴族制度正走向瓦解。

自家的爭鬥都能如此你死我活，國與國的爭鬥自然更加凶狠慘烈。

其實「戰國」這個稱呼，在最初的中國史料裡並不指這個年代，而是指這個年代七個主要爭雄的大國。就如《戰國策》裡所說：凡天下之戰國七。而對這個年代，一開始《史記》上的稱呼也只是叫「六國之時」，直到西漢《戰國策》之後才開始有了這個叫法。真正開始「戰國」這一稱呼，源自於《漢書》上「至於秦始皇，兼吞戰國」一句。自此之後，越來越多的史家論及這段歷史都以「戰國」來指代。

戰國者，正是此時七大強國之間的兼併戰爭：秦楚齊燕韓趙魏。這段列國爭霸的歷史，論規模和慘烈程度堪稱之前中國歷史所未見，而如果再計算上人口與傷亡比率，它的劇烈規模甚至要遠遠超過之後中國歷史上絕大多數的亂世時期。

對比春秋時代，這個全新的戰國年代有一個重要的變化，就是對待戰爭的態度。以春秋時期的通用說法，國家的大事就兩件：在祀與戎。也就是祭祀和打仗，而到了戰國年間，所有的大事，都是以戰爭為中心。列國的變法、用人、改革，都只是為了打勝仗。

孟子的一句話，足以縮影當時戰爭的凶殘程度：爭地以戰，殺人盈野，爭城以戰，殺人盈城。如果再對照一下《史記》，就知道戰國時代的戰爭慘烈到何等的地步：比如大名鼎鼎的秦國名將白起，親自指揮的四大戰役，殺敵數量就在一百萬以上。而當時中國的總人口也不過兩千萬上下。

如果說春秋年代列國間還有一層溫情脈脈的禮節，那麼在戰國時代，這已徹底變成了你死我活的廝殺。

廝殺的主角正是秦楚齊燕韓趙魏七大強國。以教科書的說法，這是中國奴隸制制度崩潰，新興封建制度勃興的時期。因此每個在這段時期存留下來的國家，都必然做出了巨大的改變，有的像秦國一樣變法，有的像田家一樣代齊，有的像韓趙魏一樣分家。但無論怎樣做，目的都是一樣，就是要脫去舊日奴隸制度的外殼，全力向著封建制度狂奔，只有活出一個全新的自己，才有資格在這場角逐中較力。

而作為這個年代裡的七大主角，秦楚齊燕韓趙魏在這個熱血時代初期，版圖力量也都各自有了不同的變化。

首先從分完家的趙魏韓三國說起。

趙國分到的是晉國當年北方的主要國土，包括山西呂梁山以西和山西北部與東南部，往南還佔有了今天河南山東河北的部分領土。地理位置十分好，卻攤上了好幾位強悍的鄰居，比如東北的中山、西北的樓煩和林胡，全是赫赫有名的強悍游牧民族，後來又崛起了強大的匈奴。

但這塊地雖然給趙國帶來很多麻煩，卻也送了大禮物，特別是北面的代地，不但是戰國時代的良馬產地，更是整個中國古代史上的戰馬培育地，堪稱中國騎兵的搖籃，胡服騎射發生在趙國絲毫不意外。

相比之下，魏國的運氣表面要好一些，分到了陝西東部至河南河北的大片地區，全是物產豐富經濟發達的寶地，可戰略位置就悲催了，號稱「四戰之地」，夾在齊趙秦楚四大強國中間等於是被擠壓住，極容易被包圍痛打。

但對早年的魏國來說，這真不算個事，魏國自從分家之後就是最為自強的一家，首先啟動了偉大的變法運動，率先實現了變法圖強，成為早期戰國列強裡的頭牌交椅，且差不多有半個世紀幾乎到了戰無不勝的地步。四戰之地？他不打別人就謝天謝地了，後面會詳細講這段光輝歷史。

而其中相對弱的就是韓國，韓國一開始分家運氣就十分不好，分到了山西東南部和河南中部地區，不但國土狹長無險可守，國力也十分貧弱。所以在整個戰國年代裡，韓國都是最弱的一家，不是挨打的對象就是跟在人家後面當小弟。但韓國的好處是吃柿子撿軟的捏，尤其是滅掉了鄭國，鼎定了自己的大國地位。

而這三家的老鄰居，就是春秋晚期曾與晉國爭霸的齊國。

齊國換了馬甲，雖然還叫齊國，但已經由當年的姜氏齊國變成了田氏齊國。田氏繼承的除了國君的名分，更有強大的家業，齊國資源豐富經濟實力強大，國土更在田氏代齊的過程中更加膨脹，領土包括了山東大部分地區和今天河北的一部分，尤其是把春秋時期的大國魯國吞併得只剩下幾個小城。

有地、有技術、有錢，這時候的齊國正面臨著極好的發展機遇，因此在戰國初期，齊國與新崛起的三晉（韓趙魏）開始了相愛相殺的歷史。

而另一家與三晉關係密切的強國，就是西部的秦國。

在後人的印象裡，秦國在戰國早期是相對弱勢，直到商鞅變法才真正實現了自強。而事實上在商鞅變法以前的秦國一點都不弱，國土的膨脹尤其厲害，戰國早期已經佔有了關中平原和甘肅部分地區，領土十分廣袤，治下民族更是十分複雜，以華夏族為主也兼有各類少數民族。

和中原各國比起來秦國最弱的一環是經濟，雖然坐擁物產豐富的地區，但經濟技術和制度都嚴重落後，生產力更是極其不發達，反應到戰場上就是戰爭的支援能力極差，秦國在戰國早期的戰爭都是一開始尚能取勝，當糧草接濟不上之後就被人痛打，相似的狼狽複製了好多回。

早期欺負秦國最厲害的就是魏國，自從魏國強勢崛起後就把秦國當作了提款機，隔三差五就要來打一把，打得秦國完全丟掉了河西之地。也正是這樣的狼狽才逼得後來秦國痛定思痛決心變法。

但要問從春秋到戰國，是誰一直保持國土最大的紀錄，答案就是楚國。

楚國對比當時北方各國，堪稱是戰國早期最為囂張的超級大國。楚國的國土包括了今天河南南部和湖北全部，包括湖南江西安徽等部分地區，到了春秋戰國之交楚國更乾脆吞併了吳越兩國，實力擴展到今天江南地區，以《史記》的說法是「南吞百越，北並陳蔡，卻三晉，西伐秦。」當時的楚國以國土面積論，比任何國家都大得多。

而要問當時七國之中，誰的國土面積僅次於楚國，答案恐怕出人意料，並非齊秦這些傳統強國，反而是一個傳統弱國：燕國。

燕國在整個戰國歷史上，絕大多數時間都是被欺負的，但它的國土卻十分廣袤：既擁有包括今天北京在內的河北地區，更有遼寧西南部與東胡部落接壤。就像楚國通過吞併百越擴展領土一樣，燕國也曾經北擊東胡，極大地擴展了自家的實力範圍。

從這七個國家的實力說，我們不難看到能成為「七雄」的准入標準：國土面積至少得千里以上，軍隊數量要「帶甲數十萬」，像楚國這樣的超級大國更要有百萬以上的兵力。戰國轟轟烈烈的爭霸就在這七個戰爭魔獸之間展開。

這些事情都變了

戰國的主旋律是打，但是對於主要國家來說，最重要的改變卻不只是戰爭。

為了能在這弱肉強食的時代裡生存下來，列國除了整軍精武，更要變法圖強。不變法的國家不是被推翻就是被吞併，而變法的結果卻是讓這些春秋時期的諸侯國原本的各種制度都發生了翻天地覆的變化。

只有了解這些改變，才能更清楚的了解戰國這個時代。

最重要的一個改變，就是各個國家的官僚制度。在春秋以前，特別是西周時期，中國的主要官僚制度就是世襲制。貴族永遠是貴族，大小官職都是世襲繼承，以文言文的說法就是「世卿世祿」。

這個制度的改變是由春秋時期開始，先是一些有實力的卿大夫有了家臣，然後就是一些破落的貴族離開原先的家族外出闖天下，憑藉自身的才能獲得任命。但在當時的年代裡，這樣的情景還是非主流。

而到了轟轟烈烈的戰國變法年代，新型的用人制度有了大的轉變，所謂的世卿世祿成了浮雲。各國外來的人才極多，而且草根出身的人才尤其多，「舉賢」的理念取代了往日的世襲，越來越多的底層人才有了更多出頭的機會，攪動了這個風起雲湧的時代。

在各國掀起的變法狂潮中，大家殊途同歸的就是確立新的用人制度，廢除往昔的世襲制度。以清朝歷史學家趙翼的說法，戰國時期諸如蘇秦、張儀、商鞅等人物，他們的功過是非有待評判，但被大家公認的貢獻就是開創了中國歷史「布衣為相」的先例。

而此時的各國官僚制度更有了天翻地覆的改變。

首先直觀的一件事，就是將相分立。最典型的代表是老將廉頗向藺相如負荊請罪，「將相和」留下了千古美談。在春秋時代，將相的職權基本都是不分家的。

從戰國開始，除了楚國之外，其他主要國家在政治制度上都有類似的改革：專門設置了負責行政事務的相和負責軍事制度的將，這也就是「將相」關係的由來。特別需要說明的是，在戰國時代相的稱呼往往是叫「相邦」，直到西漢開國，為了避諱漢高祖劉邦，因此才稱為「相國」。基於習慣本書仍稱「相國」。

隨著這兩個部門的分離，相關的新型配套部門也相繼建立，比如秦國和趙國就有了掌握財政的內史；趙國的都尉負責管理人事任免；韓國的少府，除了管理稅收還要負責武器鑄造與研發。而在武將方面，將軍之下也有各種尉職用以輔佐軍務，這類新型官職對於兩千年中國封建政治制度影響非常深遠。

與新型官職相對應的，就是新型的官吏任免制度。

戰國年間還沒有科舉，但這不妨礙草根階層的出頭機會。國君選拔人才的方式，除了舉薦就是招賢，比起春秋時代的世襲制度已經前進了一大步。但其中最重要的人事任免權力完全掌握在國君的手中，國君是通過授印來授予官員權力，因此從戰國起至清末，官員丟掉官印是堪比掉腦袋的大事。

另外，俸祿制度也是一項重大的改變。

戰國時期官員的工資，通常都是用穀物來支付。各國的工資標準也不同，比如在魏國做相國是「食祿千鐘」，標準的高工資。齊國相對更大氣，齊宣王當年為了挽留孟子，許了「萬鐘」的高工資，但還是沒留住人。

而除了這種直接支付外，還有一種福利就是封地，戰國有很多高官在獲得官職的時候也獲得了封地。可和春秋時代不同的是，大多數官員對於封地只有使用權而沒有繼承權，一旦任期到期封地要原樣交回。以韓非子的說法，就是「主賣官爵，臣賣智力」。

這種關係的改變，才是跨時代的。春秋時代的國君和大臣雖說是上下級，但彼此都是一種世襲的關係。到了戰國時代卻不同了，國君和大臣已經是一種完全的雇傭關係。以前是世襲祖宗的飯，現在卻是要吃國君的飯。比起春秋年代，國君說話真個是膽大氣粗。

而膽大氣粗的國君做起另一件事也就得心應手了：考核制度。

既然吃著國君的飯，那麼就要被國君管，不再世襲的士大夫們命運也從此被國君捏住。

而官員考核制度，也因此發生了變化，掌握考核大權的是相，也就是「相邦」，但除了少數幾位權傾朝野的人物，絕大多數的相邦都是直接對國君負責。以荀子的說法，列國每年都要由相邦主持對官員進行考核，而考核的結果判定則完全由國君來主持。這在春秋年間，基本是不可想像的。

而在戰國年代，對於地方官來說，這種考核有一個名稱叫「上計」。「計」就是統計的薄冊，上面記載著田產、人口、土地等事項，年初時做好規劃，年終時國君一一對照進行考核。這種考核模式一直沿用了中國整個封建社會。

也正是從這些改變裡，我們不難看出戰國時代戰爭擴大的重要原因，比起春秋時代的集體負責，話語權更大的戰國國君們自然可以放開手腳為爭霸兼併大打出手，每個國家的戰爭動員能力和指揮效率，比起春秋年間可謂高速進步。

正是在這樣的高速運轉中，戰國時代轟轟烈烈的爭霸大戲開場了。

而比起三家分晉之類的爆炸新聞，真正催動戰國早期戰爭大戲的卻是另一個勁爆事件：田氏代齊。

二、借殼上市，田氏代齊

在時代的巨變下，最常見的景象就是舊的奴隸主階層崩潰，新興的封建地主階層把持各諸侯國大權。

崩潰的方式也五花八門，最慘烈的當屬晉國，也就是大名鼎鼎的三家分晉。所謂三家分晉，即在晉國國君有名無實的局面下，通過內戰的方式由韓趙魏三大家族聯合滅掉了最強的智家，瓜分了晉國的土地。晉國，這個春秋時期一直作為南北爭霸「兩極」存在的大國，也就因此不復存在了。

最後的結果，就是原本晉國的土地上崛起了韓趙魏三個國家，在戰國爭霸的歷史上，這三個國家都是「戰國七雄」之一。

而且說起「分家」的過程，那更是十分慘烈。一開始，是先分成了智韓趙魏四大家，可偏偏實力最強的智家掌舵者智伯瑤，他繼承的實力一流，但智商卻是末流，非要併吞其他三家領土。為了殺一儆百，更先拿最不聽話的趙襄子開刀，西元前四五五年帶領其他三家組團圍了趙襄子老窩晉陽。

接下來的事情堪稱慘絕人寰，晉陽被三家聯軍足足圍困了兩年多，全城戰死、餓死無數。智伯瑤偏偏缺德到冒煙，把晉水給決了來個水淹晉陽。但饒是這樣，非但沒有逼降趙襄子，反讓其他兩家韓康子與魏桓子看得心驚肉跳。

這樣一心驚，立刻就心有靈犀，反而是韓、趙、魏三家背地聯絡上一起朝著智伯瑤反戈一擊，不但把智伯瑤打得全軍覆沒，其領土更被盡數瓜分。而後的事情就是趁熱打鐵，晉國其他的土地陸續被這哥仨瓜分完畢。到西元前四〇三年，乾脆派使者去見周威烈王，正式取得了冊封，春秋的老牌強國晉國就這樣變成了歷史名詞。

這番驚動列國的裂變，是無數次屍山血河的慘烈戰爭換來的。

但比起如此慘烈的戰鬥，齊國的變化卻相對溫和，而且結果也比晉國好。齊國的舊國君被廢黜，但沒有出現國家分裂的局面。代春秋時代姜氏而起的田氏，不但順利平定了齊國其他諸侯勢力，搶班奪權成功，齊國的國土也並沒有因此而分裂，統一的齊國反而比春秋時代更為強大，一度成為與秦國爭鋒的兩強之一。

相比於晉國的分裂，這種更特殊的搶班奪權方式，究竟是什麼原因呢？

外來戶田公子

要了解田氏代齊的來龍去脈，須得從事件的主角——田氏家族說起。

對於齊國來說，田氏家族其實是個外來戶，田氏家族本來姓陳，是春秋時期陳國國君的後人，因為陳國發生變亂他們避難到了齊國，此後幾經發展成為齊國的重要宗族之一。

雖然是個難民，但在西元前六七二年，田氏逃亡到齊國時，一個恐怖的流言就曾讓整個齊國震動。當時的田氏祖先，就是陳國公子陳完，早在陳完出生的時候就有算命先生為他算過一卦，大體意思是說這個孩子的子孫將來要建立一個國家，但這個國家會在陳國之外，按照卦象的顯示這個國家的誕生地就是齊國。

但對這個流言，當時齊國國君齊桓公並不以為意，且對陳完很器重，任命他為管理百工的公正。在這個職位上，傳說中將鬧出大動靜的陳完表現得十分低調，一直夾起尾巴做人，工作兢兢業業，待人接物謙虛有禮，很快在齊國站穩了腳。

這時的陳完也不過是個小人物，真正確立他在齊國貴族地位則是靠娶媳婦。和齊國宗族懿仲的聯姻。

作為齊國宗族的懿仲，之所以要把女兒嫁給這個低調的傢伙，同樣也因為一卦。這次他們請的算命先生似乎比當年陳完家更專業，不但做出了相同的判斷，連時間表都算出來了。這個陳完的子孫在五代之後就要昌盛發達，八代之後其在齊國的地位無人可比。

如此震撼的卦象，徹底震撼了懿仲！嫁！

就這樣，改為田姓的陳完家族，從此確立了和齊國王室的姻親關係。

雖說有了貴族身分，但之後這家的幾代人也一直沒有顯山露水，因此這個曾經被津津樂道的預言也就成了笑話一件。

可事實證明這個卦是很靠譜的，到了陳完身後第五代，相關的事情開始應驗了。

陳完的五世孫陳須無被齊莊公冊封為正卿，這個家族也因此取得了在齊國國內和高、鮑等世家大族平等的高貴地位。陳須無去世後，他的兒子田桓子繼承了爵位，此人正是田氏代齊過程中的一大關鍵人物。

田桓子繼承爵位的時間，正是曾經強大的姜氏齊國處於極混亂的時期。當時的齊國連續遭到內亂，先是國君齊莊公被權臣崔杼殺害，接著大權獨攬的崔杼囂張了沒幾年，又被另一大權臣慶封殺掉。然後就到了田桓子的表演時間，他與晏嬰等人聯合推翻了慶封的專權，穩住了新國君齊景公的王位。

這之後的一段時期，是姜氏齊國時代最後一段風光輝煌的年代，齊景公任用賢相晏嬰，幾十年來勵精圖治，意圖重新恢復齊國的霸權地位，齊國的經濟、生產得到迅速發展。

而比起對外稱霸，權力欲極強的齊景公也十分重視對內的威權，在吸取了當年齊莊公被殺的教訓後，他對齊國的傳統豪門家族一直保持極強的警惕，稍有風吹草動立刻殘酷打壓。

要幹這霸道事，僅靠他本人是不行的，於是根基極淺的田桓子就成了齊景公一度最信任的打手。西元前五三二年，齊景公借田桓子之手驅逐了此時把持齊國大權的欒、高兩大家族，並且迅速平定他們的勢力。田桓子為齊景公立下頭功，也踢開了田家奪權之路的第一塊絆腳石。由此田桓子在齊國的政治地位開始蒸蒸日上。

如同黑馬一般竄出的田桓子，就成了齊國國內炙手可熱的新貴。

而比起這節節高升的權位，田桓子做得最成功的還有生意。

齊景公在位時期的春秋時代，是弭兵之盟結束後的暫時和平期，中原諸國的戰亂大為減少，各國都把主要精力放在整頓內政和發展生產上，齊國尤其如此。

但田桓子最成功的是採用了新興封建制度的發展理念，他採用減輕租稅的方式，招募農民前來投奔，特別是在收租子的時候，他特意設計了一套新工具，採用小斗進、大斗出的方式給老百姓以實惠，這和當時齊國舊貴族的殘酷剝削形成了鮮明對比。

所以齊國的老百姓紛紛投奔到他的門下，一時間「歸之如流水」，這些做法一方面使田桓子迅速增強了家族的實力，積累了後來顛覆齊國政權的本錢；另一方面大批的老百姓寧可逃亡，也要歸附在田桓子的門下。這些老百姓在當時叫作「隱民」，他們的逃亡使得齊國能夠繳納賦稅的老百姓數量大為減少，國家的財政收入以及齊國政府對財政的控制權都大為削弱。

而比起苦心經營的田桓子，齊景公卻顯然放鬆了，他這時期的主要精力還是放在對外重樹霸權上。西元前五三〇年開始，齊景公首先通過外交手段和晉、楚等國國君接觸。西元前五〇二年，齊景公在經過了幾十年準備後終於和晉國開戰，齊國以猛虎下山之勢一舉拔除了晉國重鎮聊城，之後迫使晉國的盟友魯國與齊國結盟，北方的局勢形成了齊國一家獨大的局面。

之後的十二年裡，齊景公通過扶植晉國權臣傀儡以及主動進攻的方式，數次發起對晉國的戰爭。雖然節節勝利，但除了加劇了晉國內部的分裂外，始終沒有徹底戰勝晉國。西元前四九〇年，齊景公去世。

這位齊國國君在位五十八年，前半段休養生息，最後十年大打出手，十分地霸氣風光。但他不曾想到的是在這風光之下，田桓子一脈勢力正在悄悄坐大。

雖然田桓子先於齊景公過世，但這樣的疏忽還是很快地讓齊國嘗到苦果。田桓子的兒子田乞，是個精明能幹不亞於他父親的人物。齊景公屍骨未寒，田乞就聯合士大夫發動政變，驅逐了齊國從齊桓公開始就確立的兩大宗族——國氏和高氏。

值得一提的是，這場政變的成功源自田氏得到了當時臨淄「國人」的支持，田家幾代收買人心的舉動此時得到回報，不但諸多士大夫倒向他們一邊，城中的百姓還自發地幫助他們。政變成功後，田乞擁戴齊悼公即位，自封為國相，從此把持了齊國的大權。

圖窮匕首見

田乞成功奪權，擁戴齊悼公，是田氏代齊的開始，但是這時候的田氏距離奪取政權卻還有一段路要走。

此時的齊悼公完全倚重於田乞，但是國內的舊宗族勢力仍在，田氏雖然控制了軍事、經濟、政治大權卻還不能任意行事。雖說國君越發沒有存在感，可是各種重大決策要靠國內各宗族集體決定，各個家族間的勾心鬥角更是常見，但田家的力量卻是日益壯大。

當然這時期最不甘心的是已成為傀儡的齊國國君，但是他們的反抗也是越來越微弱。

齊悼公做了四年傀儡後被鮑氏殺死了，而田乞也在同時期過世，田氏的下一個掌舵人，就是姜氏齊國的真正掘墓人——田常。

田常如何掘了姜齊的墓？還得從齊悼公過世後說起。這堪稱是齊景公去世後，姜氏國君最後一次權力反彈。

齊悼公過世後，即位的齊簡公是由當時的齊國宗族共同推舉上去的，比起前任齊悼公來說齊簡公的權力要大得多，這時候繼承爵位的田常被齊簡公任命為右相，依然屬於掌握大權的人物。可是擔任左相掣肘他的是另一個官員監止，這時期的齊簡公雄心勃勃，意圖解決田氏尾大不掉的問題。而田氏多年來大權獨攬也引起了許多舊貴族的不滿，一股反對田氏的暗流正在形成。

而且更讓齊簡公感到驚喜的是，這位傳說中強大的田常似乎變得特別謹慎小心，舉手投足都彬彬有禮，對自己更是尊敬有加。根據一些眼線的彙報，田常私底下是極度悲觀，經常感歎自己恐怕快熬不下去了，宛如日落西山。

不但齊簡公這樣認為，很多舊貴族也是這樣判斷。在經過了多年風光後，已然成為眾矢之的的田家其風光之路似乎要走到頭了。但這些人顯然沒有了解田常。

田常何嘗不知道此時局面的凶險，但就當時的發展來說，老天最眷顧田家的就是這幾代人一代更比一代強。

齊簡公登基後的四年裡，田常一面延續了祖父收買人心的政策，繼續透過減輕租稅、在封地內實行仁政的做法，招攬大批百姓前來投靠。

而比他祖父、父親兩代做得更出色的就是他加強了田氏宗族內部的團結，整合田氏宗族的力量。對田氏宗族裡的傑出人物廣泛招攬、委以重任，很快便形成了更加強大的政治班底。如果說在他之前的田氏歷代英傑都是通過聯合舊貴族的方式一步步擴大權力的話，這時期的田氏家族已經完全可以憑藉自己的力量了。

於是在表面的隱忍下，齊簡公放鬆了警惕，諸多貴族們也放心了，好些緊鑼密鼓針對田家的陰謀也就因此慢了下來：既然田常如此頹廢，不妨等他自然死亡。

正是這樣的鬆懈，讓姜氏齊國錯過了這最後的救命機會，等待他們的是一場驚天巨變。

西元前四八一年，圖窮匕見的時刻終於到了。

田常於是年夏天發動了政變，對齊簡公展開了攻擊，其實這時候田常完全屬於「賭一把」的狀態。當時忠誠於齊簡公的大臣以及軍隊還是很多的，只要齊簡公能夠當機立斷，集合所有反對田氏的力量發起反撲，這時候的田氏還是無力對抗的。

齊簡公的反應起初很果斷，準備親自主持鎮壓叛亂宣布田氏的罪狀，但臨近行動的時候卻猶豫了。畢竟田家樹大根深，而且現在又是抱團決死一戰，橫的怕不要命的，田家這一刻正不要命，在此關鍵時刻齊簡公居然退縮了。

其實田常當時的態度遠沒有齊簡公想的強硬，反而是出人意料的慫包，當監止率領的政府軍向他進攻時，田常抵抗不力，甚至想過逃命，關鍵時刻他的族人田行拽住了他，要他千萬不能優柔寡斷。在田行的激勵之下，田常索性決死一搏帶頭率兵衝殺一舉擊潰了監止。

其實監止的兵敗，就當時的大局來說也不過是小挫折，如果齊簡公當下能整頓兵馬，不說立刻擊潰田常，形成相持局面是不成問題的，而且叛亂這種事情兵貴神速，時間永遠是齊簡公的朋友。

但齊簡公聽聞監止兵敗，其反應卻是嚇破了膽，當場扔下隨從們逃往藤縣，但沒逃掉被抓了回來。田氏代齊的天王山戰役，就在這樣的偶然與必然中結束了。

殺掉齊簡公的田常又立齊簡公的弟弟為齊平公，他自己以國相的身分繼續掌握大權。雖然如此，他還是沒有廢掉齊國國君的勇氣，這事畢竟影響太大，不尋求外部支持是不可能的。

但這時候，幾個天降的朋友出現了：晉國新興的韓、趙、魏三大家族。

為了贏得這哥仨的支持，田常連國家利益也顧不得了，主動把齊國原先佔有的土地歸還給了他們。對南方正咄咄逼人的吳國也採取隱忍政策，主動遣使通好。

此時的中國，宗法制的社會結構並未完全消失，廢除國君依然是大逆不道的行為。田常雖然大權獨攬，但終其一生也沒敢走出這最後一步。

田常去世後，田氏掌握政權的局面又持續了六十九年。他的兒子田盤擁立了齊宣公，孫子田和擁立了齊康公。這期間田氏的威權日益擴大，田家宗族已經陸續接替了齊國舊貴族地位，以新貴族的身分把持了國家大政，田氏的接班只是時間問題。

這個接班的時間，最終在西元前三九二年到來了，這一年田和將傀儡國君齊康公遷移到了海邊居住，隨後透過與他一直要好的魏文侯向周天子上奏，要求按照三家瓜分晉國的例子，冊封他為齊國的國君。西元前三八六年，田和正式成為齊國國君，田氏代齊的過程就此徹底完成了。

在春秋到戰國的過渡階段，地主階級搶班奪權的行動很多，但田氏代齊無疑是極其重要的一環。三家瓜分晉國的行為雖然開天闢地，但畢竟是三家權臣勢力均衡的產物。以一家權臣獨大的形勢，最終完成一個國家從裡到外的改朝換代，田氏代齊開了一個先例，它的成功也標誌著西周時期建立的宗法秩序徹底崩潰。承認田氏代齊既定事實的周王室，不知是否預感到下一個事實：最終被取代的就是周天子自己。

三、韓國變法，為什麼沒能走向強大

戰國七雄之中，如果評選其中自始至終最弱的一家當屬韓國。

比起齊國曾經戰勝於諸侯，魏國曾經首霸，秦國更是後來居上吞併六國，波瀾壯闊的歷史畫卷裡，韓國卻自始至終扮演著墊背的角色。

最早魏國崛起的時候，他們是魏國的墊背，後來跟著魏國當了好多年小弟，沾過不少便宜，也挨過不少欺負。後來齊國崛起，他們又曾是齊國的附庸，甚至書寫了戰國戰爭歷史妙筆的「馬陵之戰」。事件的起因正是魏國攻韓，替齊國在整個戰爭期間生扛魏國，幫助齊國贏得出擊時間的也同樣是韓國。後來秦國變法崛起，大肆向中原擴張，征服的首個對象依然還是韓國，自從秦孝公起就不斷的把韓國當提款機，今天佔地、明天訛錢，好好的給秦國發展壯大買夠了單。

在稍微熟悉戰國歷史的朋友眼裡，韓國在戰國時代基本上除了屈辱就還是屈辱。比起燕國還曾有弱燕破強齊的閃光一幕，韓國卻是從頭到尾找不到一絲亮點。

這個貴為戰國七雄之一的國家，真的就只有窩囊？

事實卻不盡然，韓國雖然缺少橫掃天下的豪邁武功，也沒有齊國稷下學宮百花齊放的文化，卻同樣是戰國歷史上十分濃墨重彩的一環。

韓國並不弱

韓國的歷史起源於西元前四五六年，三家分晉成為既定事實的同時。

當時的韓國，經過了韓康子，韓武子，韓景侯幾代人，基本都是慘澹經營。當初分家的時候，韓國看似國土分得不少，可是正好夾在秦楚趙魏之間，看看地圖就知道完全是在夾縫之中生存，外部環境十分惡劣。

西元前四〇三年，韓景侯取得了周天子的冊封，有了諸侯名分以後韓國的建國成了既定事實，然而內部的爭鬥卻是越演越烈。既發生過相國俠累被刺殺事件，也發生過韓哀侯被兒子刺殺事件，內部就是這樣混亂。

外部條件惡劣，內部又有各種鬥爭，也就注定了韓國從開國初期就免不了被人欺負，欺負韓國最為勤快的當然還是秦國。雖說當時的秦國離商鞅變法還有好些年頭，還處於十分野蠻落後的階段，而且動不動還要被魏國追打，但是欺負韓國還不成問題。

於是從韓哀侯在位時起，秦國對韓國的討伐就越發地變本加厲。西元前三七一年，秦國一口氣就拿下了韓國六座城池，雖說韓國堤內損失堤外補，轉過頭來滅了鄭國，還把國都遷到了新鄭，但其實還是惹不起躲得起，避避風險再說。

但就是在韓哀侯的這段執政時期裡，透過韓國年年窩囊挨打的悲慘現象，我們同樣可以看到韓國在好些地方的風光強大。其中最拿得出手的業績，就是韓國強大的手工業。

韓國的官營手工業是極其強大的，特別是在韓國滅掉鄭國、遷都新鄭之後得到了最豐厚的財富，也就是鄭國昔日強大的手工業生產體系。韓國的官營手工業涉及到當時各個主要行業，最有名的就是兵器製造業，韓國的冷兵器特別是弓弩的性能和殺傷力都冠絕天下。今天出土的戰國墓葬寶劍，以韓國的寶劍最為鋒銳。後人說起秦國的強大時，最為佩服的就是秦國強大的弩兵。而事實上，秦國的弩正是脫胎於韓國，相當多的韓國工匠在被秦國俘獲後，直接幫助升級了秦弩的殺傷力。

而與手工業同樣聞名天下的，就是韓國的商業。

被韓國滅掉的鄭國，本身就是當時中國最繁榮的商貿區，鄭國地區的富商大賈雲集，商貿活動更十分火紅熱鬧，這些火紅場面都成了戰國早期韓國發展的最大本錢。回看戰國歷史，相當多有影響力的大商人都是韓國人，最為著名的就是白圭，他的商業經營理念在兩千年的儒商文化上都有著重量級影響。

確切說來，地理優勢非常惡劣的韓國，卻在起家早期有著無與倫比的經濟和技術優勢。因此雖然一直挨打，令列國不可忽視的正是它這強大的發展潛力。

而在韓昭侯登位後，韓國也開始了變法圖強。

申不害變法

相較於其他幾個大國，韓昭侯的變法還是晚了很多年，但即使這樣也是被逼的，當時韓國已經到了不變法不行的地步。不但是秦楚這樣的大國對韓國的欺負變本加厲，就連傳統弱國宋國竟然也加入到欺負韓國的行列來，奪取了韓國的黃池地區。眼看再不變法就是滅頂之災，韓昭侯也就下定了變法的決心。

戰國早期的變法，基本模式都是一致：統治者下定了決心，然後找個靠譜的改革家。韓昭侯找到的人物，就是申不害。西元前三五四年，韓昭侯正式任命申不害為相，變法圖強。

申不害，尊稱申子，新鄭人，戰國時期法家學派的代表人物，也是與商鞅、李悝、吳起齊名的頂級改革家。他的著作《申子》，更是法家思想上有著重要里程碑意義的代表著作。而且以《史記》的說法，這位奇人原先出身於道家學派，後來卻成為了法家代表人物，他的思想更是兼有道家和法家兩者的精髓。因此自成一派，思想十分鮮明。

而在獲得韓昭侯重用後，一直銳意變法的申不害終於找到了大展拳腳的戰場。

申不害是著名的法術士，其中的「法」就是強調立法法制，即有完備的法律確保變法的順利進行；「術」則是指實現的手段，即用靈活的手腕確保法的實行。這種手段與思想結合的理念，對於後來王安石、張居正等變法家也是影響深遠。

申不害的變法首先是從法律的修訂和確立開始，以申不害自己的話說：「君必有明法正義，若懸權衡以正輕重，所以一群臣也。」也就是說國君行使權力，就好比用秤稱重一樣，法律就是秤，有了法律才能駕馭群臣。完備的立法是一個國家走向強大的必由之路。在這樣的理念下，韓國開始了轟轟烈烈的修法運動，韓國的法令完備，哪怕比起商鞅變法也是毫不遜色。

而更可貴的是除了立法完備，申不害更強調有法必依，法律重的不是條文而是執行力。哪怕是國君也不能憑藉著自己的個人好惡玩弄法律條文，有法律就必須遵守，即使是國君也不能違法。所謂「任法而不任智，任數而不任說」，翻譯成白話就是事實依據法律準繩。在申不害看來，一個國家守不守法正是一個關係生死存亡的大問題。

申不害首先強調的就是對國君權力的限制，這樣的思想放在戰國年間是十分大逆不道的，但為什麼韓昭侯對申不害卻是百分百的支持呢？

因為在這些關於法律的規定背後，隱藏著一個最討國君歡心的思想：術。所謂術，以堂皇的理由解釋就是實現法治的方式，但具體表現在申不害的思想上，其實就是指國君的專制獨斷。

強調法治的申不害，同時又是君主專制的絕對宣導者，他認為只有實現了國君的絕對權力，不受任何人干涉的絕對話語權，才有可能實現他理想中真正意義的法治。這個思想在他的《申子》中，被稱為「獨斷」。也就是國君的威權，不受任何外力的挑戰。所謂「操生殺之柄，課群臣之能者」，正是申不害一直在努力宣揚的「術」。

作為國君誰都會百分百的認同這樣的思想。而更讓韓昭侯感到高興的就是申不害的「術」，絕非是空洞的宣言，而是確實實現話語權的靠譜方式。

申不害認為一個國君想要說一不二、掌握生殺予奪大權，在政治爭鬥中立於不敗之地，歸根結柢只要做好一件事：無為。

而「無為」才是申不害的變法思想中最有別於其他任何國家的妙筆。列國的變法主張都在為加強國君的話語權而努力，都在以加強國君權威和職責的方式來強化對變法的堅持，只有申不害反其道而行之：只有無為的國君，才是大有為的君主。

為什麼這麼說呢？

申不害解釋說，一個最失敗的國君不是讓大臣們覺得他很笨，而是讓大臣們覺得他很聰明。如果大臣們感到自己的國君常年明察秋毫，那麼他們就會挖空心思繼續欺騙國君。只有國君擺出一副無為的樣子，才能卸掉大臣們心頭上的包袱，大臣們猜測不透國君內心的真實想法，才會真正老老實實地為國君工作。

而且和別家變法派更加不同的是，在「無為」的原則下，申不害也確立了分工原則：每個官職都有自己的職責分內所在，大家各司其職，國君的工作不是要代替這些官員們幹活，而是監督好他們，不讓他們犯錯誤，這樣整個國家的效率才能夠真正得到提升。

以《史記索隱》的作者司馬貞的觀點說，申不害的變法無論成敗與否，有一個效果無可非議，他建立了一個封建王朝最為高效的行政運轉體制，即「尊君卑臣，崇上抑下」。

除了上層行政體制的設計，申不害的另一個創舉就是經濟建設。

戰國時期的列國變法，經濟領域的內容幾乎都是廢井田開阡陌，承認封建土地所有制，把新興的封建土地制度納入到國家財政體系的軌道，給予保護和扶持從而增加收入、振興經濟。

申不害的思想也非常類似，但有所不同的是他把農業生產抬到了極高的地位上，所謂「四海之內，六合之間，……曰貴土」，也就是土地是最珍貴的財富，而國家要想稱霸天下必須「國富而粟多也」。因此在申不害當政時期，獎勵農耕的政策極多。

而申不害同樣重視的則是韓國的手工業，正如我們所知道的，韓國手工業的技術基礎十分強大，而申不害的改革更催化了韓國手工業。在申不害的堅持下，韓國加重了官營手工業的職權，而且建立了一套完整的手工業考核體制，尤其影響後世的一件事是：每一件韓國出產的兵器上面都標注了工匠的名字，哪件兵器出問題立刻追究工匠的責任，韓國的寶劍與弓弩馳名天下，都是拜這嚴格管理所賜。

而比起李悝、商鞅等人，申不害在韓國變法的話語權是相當大的。他擔任韓國國相十五年，期間文武大權獨攬，除了負責行政事務，軍事工作也是一把抓。他還主持了韓國歷史上著名的軍事改革，把貴族自家的私兵收歸國有和國家的兵馬混搭訓練，從此以後貴族沒有了兵馬特權，力量大為削弱，國君的威權大為加強。這件事當時在韓國引起的爭議和阻力最大，但在申不害的靈活手腕和強硬手段下徹底執行。

在這場痛苦的改革中，韓國的軍事實力一度煥然升級。申不害的個人聲望也在韓國軍事改革完成後如日中天。

而韓昭侯除了給予申不害百分百信任外，更以其獨特的駕馭手段令申不害始終誠惶誠恐。申不害有段時間也曾因為自己功勞不少而一度飄飄然，一次竟然大模大樣要韓昭侯封自己的一個堂兄做官。沒想到韓昭侯卻冷冷地拒絕了，申不害開始還不解，甚至一臉的不悅，但韓昭侯接下來的一句話，卻嚇得申不害全身冒冷汗差點跪下來：「您一直教育我不能被情緒左右要嚴格依法辦事。今天這事我要是聽了您的就違背了您的教育，要是不聽您的就讓您不高興，您說我該怎麼辦？」

就這一句話，申不害立刻面容改色忙不迭地向韓昭侯請罪。從此也明確的知道這位國君是個不容易糊弄的人物。之後他一直保持著對韓昭侯百分百的尊重和不二的忠誠，換得韓昭侯推心置腹的信任。這對君臣同心的掌故是中國古代史上一段出名的美談。

一肚子委屈的申不害

申不害對韓昭侯一度底氣十足，這來自於他底氣十足的業績。

申不害變法的成績可以說相當優秀，所謂「國內以治，諸侯不來侵韓」，也就是國家經濟發展迅速，列國諸侯都不敢來欺負韓國。這十五年變法時代，也是韓國歷史上難得的不曾遭到外來侵擾的黃金時代，以業績來說是十分強大的。

但比起同時期其他國家的變法，韓國卻顯得微弱許多。

作為三家分晉後經濟最發達的國家，韓國卻不曾似趙國、魏國那樣有過笑傲戰國時代的風雲歲月，最強大的表現也不過是僅免於挨打而已。為什麼會這樣呢？

以法家大師韓非子的觀點，這個問題的癥結，還是出在申不害自己身上。

申不害改革的最重要環節就是立法，但是其最大的漏洞也是立法。申不害口口聲聲認為立法是國家重器，有法必須執行，但同時又把執行法律的關鍵寄託在國君自身的威權上，這就帶來一個極為矛盾的結果：為了實現國君的威權，所有嚴格的法律條文都必須為國君服務，根據不同的需要可以做出不同的解釋，精心制定的法律就成了為國君專制可以被肆意篡改的工具。

申不害為了能夠減小變法的阻力，並沒有像商鞅、李悝那樣大破大立。商鞅變法在確立新法的同時，對秦國舊有的法律都盡數廢除；李悝在魏國的變法也是踩著奴隸制舊規矩的屍首前進。唯獨申不害為了平衡他的「術」思維，在韓國還保留晉國時期的法律，申不害卻又頒布新法，而當新法和舊法發生衝突的時候，完全就是以利益的需要來選擇偏向哪一方。這樣的做法雖然減少了變法的阻力，卻也讓陰魂不散的舊法成了韓國進一步改革的最大負擔。

而最讓申不害感到失敗的是，他的權術是為了減少變法的阻力，但反而讓他縮手縮腳，使本來應該成為變法保護的法律，反而在申不害過世之後成了反對變法的最重要屏障。以韓非子的話說，當申不害活著的時候，可以按照他的意願隨意解釋法律的條文，可是當他過世後，反對者有樣學樣，同樣一條法律今天可以支持變法，明天就可以廢除變法，韓國的落後也就不言而喻。

但申不害對這個問題也是一肚子委屈，他認為絕不是他縮手縮腳，真正縮頭縮腳的是他一直畢恭畢敬的領導韓昭侯。以韓昭侯的話說，就是「法度甚不易行也」。申不害一直寄希望於國君可以乾綱獨斷，但最諷刺的是韓昭侯恰恰是對於新法最遊移不定的人。以申不害著作裡的話說，每次韓昭侯剛同意一件國策，卻在左右的勸說下改弦更張，且在沒有了戰爭威脅後韓昭侯也沉迷於享樂，變法的經濟成果基本都被他用來大興土木，這樣的韓國在申不害時期尚可以保持國家安全，但距離走向富強道路依然遙遠。

四、春秋時代的小國，戰國開始後都去哪了

如果歷史好比舞臺，那麼春秋時代的歷史就熱鬧得好似團體操。

雖說後人記住比較多的還是類似春秋五霸這類的大國，或者齊桓公、晉文公這類風雲人物，以及各種波瀾壯闊的爭霸場面。但如果細觀歷史就會發現，春秋每一個大人物的故事，甚至每一場吸引眼球的大事件，在耀眼的主角背後龍套們的出鏡率也是相當的高。

比如宋國、陳國、蔡國等小國以及各小國的國名，這些我們看上去只是一個概念的名字，但只要細細注意春秋年間的歷史演進就會發現他們的戲份實在是太重要了。就以爭霸戰爭來說，每一次大國爭霸，爆發點多半是小國惹事，每一次大國間博弈，都是先以小國間互掐為鋪墊。甚至很多時候小國們還會喧賓奪主，讓大國好好吃了個癟，比如魯國就曾打過齊國，宋國也曾生扛過楚國，讓稱霸天下的楚莊王都沒了脾氣，結結實實的搶戲。

可到了戰國年間就不一樣了。

如果說春秋歷史似團體操，那麼戰國年間就是結結實實的對臺戲。一直輪流唱主角的都是幾個主要大國，說起這段歷史大家都熟知的就是秦楚齊燕韓趙魏，以前還搶個戲的龍套們這下真成了人肉背景。

那麼問題來了，戰國開始之後，是不是真的就只剩下這七個國家，其他的小國都徹底沒了？

當然不是，在他們看似邊緣化的歷史中卻也深藏著許多饒有趣味的故事，了解他們的消失也許更能理解這個時代的風雲變幻。

越國去哪了

雖然說起戰國初期的大國，我們習慣稱之為「秦楚齊燕韓趙魏」七國，但按照顧炎武《日知錄》裡的說法，應該是八個大國，除了前面七個大咖，還有一個實力足以比肩的超級強國：越國。

熟悉春秋晚期歷史的朋友都了解這個國家曾經的風光與傳奇，為了報血海深仇，那真是啥侮辱都能忍受。國王勾踐睡過草席、啃過苦膽，硬是華麗逆襲，把昔日強悍無比的死對頭吳國打成了歷史概念。甚至有人認為這個強悍的國家也配得上位列春秋五霸，起碼比爭霸不成含恨而死的宋襄公有資格得多。

但是進入戰國時代以後，在很多史料的描述裡越國的故事就一筆帶過了。曾經如此風光，怎就說沒就沒？

其實在戰國時代開始的時候，這個國家依然強大。

為什麼強大？想想就知道，滅掉了傳統老冤家吳國打包全收其家當，而且越王勾踐一代英主更是打下一個雄霸天下的好家業，想不強大都難。

勾踐過世以後，越國相繼傳了六代君主，雖然「新聞」少了，國力卻不容小覷，和北方的齊國以及西邊的楚國既鬧過摩擦也常打交道。是中原七大豪門說起來都為之色變，從來不敢輕視的力量。

到了戰國時期，正是勾踐的六世孫無疆在位。此時北方有一鳴驚人的齊威王，西邊有長袖善舞的楚威王。七大強國各個卯足了勁賣力求發展，勁爆故事不斷。但當時最勁爆的一件事，卻是這位越王無疆於西元前三三三年大舉進兵攻打齊國。

為啥要鬧出這大新聞？按照《史記》的說法，是因為越國國力日益衰弱，特別是被西邊的楚國壓制，空間日益縮小，於是悍然發動對齊國的進攻。

但這時候的齊國，雖說是一代英主齊威王在位，可還正在爬坡階段，實在經不起這輪折騰。眼看越國是搏命而來，齊威王靈機一動來了一次禍水西引的妙筆。派使者勸說越王無疆：你的對頭是楚國，你憑啥過來打我們，咱倆要是打得不可開交，楚國朝你撲過來就麻煩了。何況現在楚國也在對外用兵，正是你攻打楚國的好機會，打我幹嘛？

要說這越王無疆也確實是志大才疏型的人物，真的就調轉了槍口衝著楚國撞了過去。且不論到底打不打得過楚國，這種輕忽草率的決定就和後來宋徽宗聯金滅遼有得拼，這種沒頭蒼蠅一般的指揮結果可想而知。最後果然打不過，送上門去被楚國一頓暴虐，把江蘇到浙江一大片土地盡收楚國囊中。向北一直擴展到了徐州，白白給楚國送了大禮。

值得一說的是，楚國虐打完了越國，在長江邊建了「金陵邑」，也就是今天的南京。

國王無疆被楚國殺死，土地被楚國大片吞併，只剩下一小塊地勉強維持，幾個兒子還互相爭鬥自立為王，越國從此退出戰國舞臺。

越國的家族雖說爭鬥不斷，但擴張也不停，到了秦始皇統一六國，他們在南方建立了大大小小好些國家，比如閔越和百越都是越國一系。華夏文明跨越長江界限播撒在南中國大地，最早的軍功章該記在他們身上。

不作不死的宋國

雖說連顧炎武都認為戰國七雄的劃分不科學，一開始應該是「八雄」。但戰國有個國王卻曾認為，第八個強國根本輪不到越國而應該是他自己。

這個國王，就是宋康王。

曾經作為春秋時代舉足輕重的大國，宋國的地位自從宋襄公爭霸不成身死後，基本上就打醬油了。雖說也曾是晉、楚爭相爭取的力量，可到了戰國年代就連這點價值都沒有了。

而且和戰國時代的三家分晉和田氏代齊一樣，宋國也出現了類似的折騰。史稱「戴氏取宋」，也就是在西元前三五六年至前三五〇年之間，宋國權臣司城子罕推翻宋桓公自立為王，從此也換了馬甲。這種事情放在春秋年間還算是個大新聞，但在戰國時代已經不稀罕了。所以流傳下來，就連具體發生時間都有不同的說法，十分不引人注目。

但引人注目的是宋國最後一任國王宋康王，作為司城子罕的弟弟，此人同樣政變上臺，把好哥哥打到了齊國去。

而且比起耍陰謀的哥哥，這位宋康王卻是個猛獸類型的人物，生得孔武有力還有一身好武功，所謂「力能屈伸鐵鉤」。上任之後宋康王就一心想爭霸，他不但整頓軍備，而且還開出高價招攬了不少勇猛武士，外交手腕也鬼機靈，和秦國建立了友好關係，接受了秦國不少幫助，成了秦國安插在中原的一顆釘子。

以秦國當時的打算，是讓宋國狐假虎威藉著秦國的威風在中原招搖一下，沒想到宋康王可不甘心做狐狸，他要做豺狼。

從西元前三一八年宋康王自立為王起，這個國家就沒消停過，而且出手就令中原各國震驚，先向東打敗了齊國，奪了五座城池；向南打敗了楚國，擴地三百里；向西又打敗了魏國。

這就好比武俠小說裡，一個窩囊了很久的小子，一出手就接連打趴下南帝、東邪、西毒，江湖不震驚肯定沒天理。

但宋康王本人更狂妄得沒天理，接下來出格的事情就發生了：長鞭抽地、弓箭射天，還強迫著官民全喊萬歲，號稱自己就好像太陽一樣燦爛光亮。雷人雷事不斷，把周邊國家的鼻子都給氣歪，還給了他一個「桀宋」的綽號。

然而宋康王自己不知道他的強大是建立在秦國的支持。列國對他退避三舍，不是因為他強大，而是不願意招惹他背後的那個戰爭魔獸。如果他懂這個道理，至少還能把握個分寸，蹦躂的時間長一點，但遺憾的是他不懂！

他真以為是自己天下無敵嚇壞了列國君主，於是擴張的動作也緊鑼密鼓，挑釁的對象竟是當時堪與強秦比肩的超級大國：齊國。

其實這才是秦國扶持宋國的目的。齊國已經成為秦國東進的最大對手，可兩家偏偏又離得遠，秦國也曾組織過遠征，卻被齊國給打回來，齊國還組織聯軍反過手把函谷關拿下了，幸虧齊國國內當時矛盾重重，才讓秦國逃過一劫。

為了對付這強大對手，就得在強敵面前栓條狼狗讓他分心，這樣才好坐收漁翁之利，宋康王就是最好人選。

於是宋康王一天天地鬧，齊國一次次地忍，終於等到惹了眾怒，齊湣王霸氣出手。西元前二八六年，齊國和魏國、楚國組成聯軍大舉進攻宋國。一直自我感覺良好的宋康王，這才知道大國不是這麼好當，幾下交手就被打得稀裡嘩啦，宋國的城池一座座淪陷，這下求和沒用，割地賠款也沒用，三個大國鐵了心要滅了宋國。

這下宋國慘了，三大國的強軍戰車一起碾壓而來，眼看徹底頂不住了，宋康王倉皇逃竄，逃也沒逃掉，被齊國抓住後殺掉，周朝時就建國的老牌國家就這樣被瓜分了。

就戰國歷史的走向而言，宋國被滅的意義極其重大，正是宋國的滅亡拉長了齊國的戰線，給了秦國、燕國趁虛而入的機會。宋國滅亡兩年後，燕國、秦國組織的五國聯軍伐齊，差點端掉齊國的江山，僥倖熬過一劫的齊國也就徹底失去了與秦國爭鋒的實力。秦國東進中原的最大障礙就此消除，而自大身死的宋康王只是釣餌而已。

曇花一現中山國

比起越國和宋國的風波，其他好些小國的滅亡卻顯得悄無聲息。

作為周公封地的魯國，雖說戰國早期也曾在吳起帶領下讓齊國吃過癟。但總體說來，窩囊挨揍是主流，被齊國胖揍是家常事，連大本營曲阜眼看都保不住，出了曲阜以東就是齊國的地盤。魯國就在這種風雨飄搖的情況下熬過了戰國大部分年頭，直到西元前二五六年才被楚國消滅。

而另一個曾經顯赫一時的小國，就是中山國。

中山國在戰國早期曾是讓首霸魏國差點崩掉牙的硬骨頭，最後狠拚硬打，在西元前四〇六年才被魏國消滅。誰知命著實太硬，於西元前三七八年復國成功。重生的中山國地盤在河北平山地區，也一度煥發了第二次青春，盛強國力曾把鄰居趙國折騰得苦不堪言。正是因為被中山國的鐵騎打得太頭疼，終於令趙武靈王做出了胡服騎射的改革政策。

在完成了這場偉大的軍事改革後，強硬的中山國就成了趙國胡服騎射的第一個試驗品。西元前二九六年，中山國滅亡，這次是真滅了。

春秋年間號稱首霸的鄭國，到了戰國年間則淪落於戰國七雄裡最弱的韓國之手。

戰國七雄裡最弱的韓國比較幸運之處就是攤上了還可以逮著欺負的鄭國。偏偏鄭國卻自不量力，一開始認為韓國弱，竟抱著魏國的粗腿想著先欺負韓國，這下就加速招災。西元前四〇八年，韓國拿下了鄭國的重鎮雍丘，西元前三八五年又拿下陽城，每次鄭國耍威風就被韓國一頓暴打。

但當時鄭國畢竟是魏國的小兄弟，打狗還要看主人面，所以每次只要韓國佔了便宜，魏國就出面干涉，一來二去，雖說鄭國國土越來越小還算能勉強維持。但西元前三七五年鄭國的好日子終於到頭了，是年魏國與楚國展開了空前慘烈的大戰，動用傾國之力的魏國實在難以再保護這小弟了，於是韓國趁虛而入將鄭國徹底吞併。

而對韓國而言，滅亡鄭國的最大意義就是把國都遷到了新鄭，坐享了鄭國的家業，也奠定了它在戰國七雄裡的位置。

而位於山東境內的莒國和郯國，春秋年間就是小國，到了戰國弱肉強食的年代更是無法自保，相繼滅亡在楚國之手。同樣滅亡於楚國之手的還有蔡國、杞國、倪國、曾國，這幾個小國的滅國時間，史料五花八門基本不可考。

但就是在這樣殘酷的時代裡，有個傳奇小國卻生存了下來：衛國。

這個誕生了商鞅、吳起等一干傑出變法家的神奇國度，人傑地靈卻國力奇弱，常年處於齊國、趙國、魏國的包圍之中，領土不斷被蠶食，到了戰國晚期只剩下濮陽這點巴掌大的地方。由於魏國被秦國擊敗，幸運地少了一個傳統威脅，衛國更順利地攀上了秦國的高枝，成了其鐵杆附庸。一直到秦始皇滅六國時，衛國依然存在。直到西元前二〇九年，秦朝已經風雨飄搖時，衛國才被秦二世所滅。

胡人國家變化多

除了這些傳統諸侯國外，戰國年間一度活躍的還有一些少數民族建立的小國。

燕國的北方，就有東胡和肅慎。東胡活躍在今天遼寧西部，和燕國之間的戰爭極多，燕國的領土也因此拓展到遼東地區，設立了漁陽、上谷、遼東、遼西四郡，這四個要地直到漢武帝年間還是漢朝抗擊匈奴東線的橋頭堡。而與燕國時戰時和的東胡後來被匈奴擊敗，一度成為匈奴附庸，最後更分裂成兩個中國歷史上十分熟悉的民族：鮮卑和烏桓。

和東胡比起來肅慎卻低調得多，但肅慎對中國歷史的影響顯然更恆久，他們活躍在長白山以北，是後來靺鞨和女真的祖先，自周朝時就與中原有往來，但由於離得遠往來也極少。因此清朝雅克薩大戰前，康熙皇帝致書沙皇的交涉國書裡，就有擲地有聲的一句話：肅慎，自古吾北土也！

和燕國一樣，趙國的北面也一直是蠻族環視，比如林胡和樓煩。林胡這個部落的名聲不太響亮，但後來的歷史卻極長。先是在趙武靈王胡服騎射後，被趙國一頓猛打後屈服，等到匈奴崛起又轉而投向了匈奴，他們的名字也換作「丁零」，一直到魏晉南北朝時還活躍在中國北方。

樓煩的名號顯然就響亮了，同樣是被趙國痛打，後來也同樣投降了匈奴，再後來的漢匈戰爭中，他們更是充當急先鋒與漢朝鐵騎血戰了好幾場。著名的漢朝衛青收復河套的戰役裡，打敗的正是已歸屬匈奴的樓煩部落。漢朝征戰四方的榮光裡，他們好好地當了墊背。

而作為戰國最強的秦國，除了要面對中原六國強敵，在北方和西方也同樣麻煩不少。特別是西部，還有大荔、綿諸、義渠幾個部落。而其中給秦國威脅最大的當屬義渠，哪怕是經過商鞅變法國力已然雄視天下的秦惠文王時代，義渠依舊是讓秦國坐臥難安的強敵。尤其和其他部族不同的是，義渠十分重視外交，和中原國家關係很密切，每次中原興起聯合抗秦的活動時義渠都會熱情參加，在秦國後背凶狠捅刀子。特別是東方五國合縱抗秦的時候，義渠也趁虛而入在西線大肆攻打秦國，把秦國結結實實驚出冷汗。

直到秦昭王三十五年（西元前二七二年），秦國才徹底將這個頑強的敵人消滅。至於其部族的下落，大多自然融入了華夏族，也有少部分西遷成為羌族的一支。

對秦國來說，他們能夠確立逐鹿天下的絕對優勢，綜合國力遠遠凌駕於中原六國之上，是因為巴蜀兩個南方鄰居送了大禮。

在今天，巴蜀往往用來合稱四川地區，但在戰國年間巴蜀卻是兩個國家。一個是建立於成都平原地區的的蜀國，另一個是地盤包括今天重慶地區的巴國。從戰國初年開始，秦國就對這兩個國家進行討伐，直到西元前三一五年才由名將司馬錯帶兵將這兩個國家徹底滅亡，把四川大地收入囊中。

而對後來秦國一統天下的進程來說，巴蜀地區的獲得才是其中決定性一步。秦國獲得了廣袤的糧食產地，更以巴蜀作為重要的戰略大後方，特別是著名的都江堰工程完工後，四川更成為了糧食產量豐饒的天府之國。秦國幾次重大戰役拼的就是糧草的戰略支撐力，著名的長平之戰，正是巴蜀地區的糧食供應，保障了秦國以傾國之兵打贏了這場慘烈的消耗戰，消滅了東進中原的最後一個強敵：趙國。

五、要變法，學李悝

在經過了三家分晉的廝殺和田氏代齊的折騰後，其他國家的地主階級也有樣學樣，開始了熱火朝天的奪權路。

但無論分家還是借殼上市，過程都太血腥暴力，相對溫和的方式就是變法。無論是那些改變了國君宗族的諸侯，還是保留了國君名號的諸侯，在這個大變革時代要想生存下來，變法都成為唯一的選擇，不變法者最後的結果只能是被淘汰。

因此自從戰國時代開始後，變法就成了各國間的時尚。幾乎所有強大的諸侯國，都採取了各種變法的措施。現代人耳熟能詳的包括楚國的吳起變法、秦國的商鞅變法。

但各類變法運動中，真正具有開天闢地意義，並成為之後戰國諸侯變法「範本」的卻是最早的魏國李悝變法。

魏國憑什麼先變法？

李悝變法，起於戰國時期的新興國家魏國。

在瓜分晉國的三家裡，魏國屬於分家運氣非常不好的一個。表面看來產業豐富，國土包括今天的山西南部、河南北部以及陝西、河北的部分地區，工商業發達且農業繁榮，全是肥得流油的寶地。可看看地圖就知道，這些寶地全夾在齊秦楚三大國之間，所謂富得流油其實就是人家眼中案板上的肥肉。

它的地理位置有多劣勢？魏國的東面是齊國，西面是秦國，南面是楚國，北面是趙國，夾在中間的魏國可以說是無險可守的「四戰之地」，這樣的環境要生存下來是非常艱難的。

幸運的是，魏國的第一代開國之君是這時期中國各諸侯國裡最傑出的魏文侯。魏文侯對於這個問題非常有覺悟，他不但不能當肥肉，還要做吞併別家的魔獸。

要想做魔獸，就得變法！

雖說西元前四〇三年韓趙魏三國的國君才正式獲得周天子的承認，但是其中的魏文侯卻早已名聲在外。

魏文侯不但善於發現人才、治國有方，身邊更是明星薈萃。司馬光讚說：魏文侯的雄才大略，簡直就是春秋五霸之一的晉文公再世。他和晉文公有一點極像的就是麾下群英薈萃。他身邊聚集了儒家學者子夏、繼孫武之後的傑出軍事家吳起，還有善於治理地方的英才西門豹。比起魏國劣勢的地理條件，魏文侯的人才儲備卻是絕對的優勢。

其中最著名的是李悝，不僅僅對於魏國，即使對於整個中國封建社會的形成，他都是一個很關鍵的人物。

李悝是子夏的學生，在現存的各類史料中他都是沒沒無聞，有關他的記錄少之又少，甚至司馬遷寫《史記》都沒有他的傳記，比起後來風光無比的各路戰國精英可謂活得十分低調。

之所以如此沒沒無聞，主要還是生不逢時，魏國的霸業雖說輝煌，可是對照整個戰國歷史堪稱是起了大早趕了晚集，在這段輝煌的年代裡，出鏡率極高的人太多，包括吳起等人各個都十分有話題，而後來商鞅變法的異軍突起更是完全蓋過了他的鋒芒。

但是所有這些交相輝映都掩蓋不住一個事實，李悝的變法不但造就了強大的魏國，更造就了一個轟轟烈烈變法的時代。奠定了戰國時期整個中國大變革的雛形，在這個中國社會的全面轉型期，他是歷史的先聲。

雖然後來變法成了時尚，但在李悝生活的年代裡這事只能發生在魏國，這是李俚的幸運。

比起其他國家奴隸制貴族還十分強大的局面，從晉國脫胎而出的韓趙魏三國屬於沒有包袱的新興國家，特別是在漫長的戰亂中，所謂實力強大的舊貴族基本上被一掃而光，掌舵的從上到下都是新興地主階層，變法的阻力極小。

而且更幸運的是，當時的齊國正在忙著田氏代齊，秦國也正在內耗，楚國正忙著對南方擴張，幾個主要大國這時正好都顧不上管它，如此黃金機遇怎可錯失。

當然最重要的因素還是魏文侯，在戰國早期的統治者中，很難找到一個像魏文侯這樣眼光超遠，能夠放手讓臣下做事的國君。更何況，魏國此時面臨的生存局面，比其他兩個新興國家都要嚴苛得多，生存的壓力也使得魏國必須要選擇變法圖強的道路。

在變法之前魏國面臨的局面可以用內外交困來形容。外部環境上，諸侯之間的征戰日烈，外部的軍事壓力日益增大；內部經濟上，魏國本身就是晉國中相對落後的地區。在富庶程度上，魏國不如韓國；在軍力的強悍程度上，魏國又不如趙國。在這樣的壓力下，魏國必須採取措施走變法圖強的道路，而李悝就是完成這個使命的最合適人選。

其實在魏國立國的早期，李悝並不在魏國的權力中樞，他曾經擔任過中山相和上地守，這兩個地方都是在毗鄰秦國的西北邊境上。早年的李悝曾經多次率軍和秦國交戰，而他得到魏文侯的賞識，一是因為他的老師子夏是魏文侯的重臣，二則是因為他的變法思想切中了魏國的時弊。

在經過了多年慘澹經營後，魏文侯終於確信，李悝就是他要找的人才。於是在經歷了數年地方官磨礪後，李悝最終成為魏國重臣，開始全面推行他的變法主張。

李悝變法內容主要包括四大項：第一是廢除奴隸制時代的世襲制度，根據能力來選拔官吏，取消舊貴族原本享受的世襲俸祿，用來招募賢才、發展生產。這條在當時還是最容易實行的，因為韓、趙、魏的舊貴族勢力本身就是最弱的，既得利益者極少。

第二是正式廢除了中國傳統的井田制，採取「盡地利之教」的政策，鼓勵老百姓墾荒，廢除原本井田制制度下的土地界限，允許土地私有買賣。同時對國家境內所有土地進行測評，估算國家的土地產量，制定合理的稅收政策。按照土地的貧瘠標準，分配給農民土地，鼓勵農民生產的積極性。

第三是實行法治，建立完備的魏國法律，對於國家法令、政府職能、官員的升遷獎懲、軍功的獎勵都做了完備的規定，這個法律的名字叫《法經》，是中國歷史上第一部封建制度下的法律。

第四就是改革軍事制度，建立「武卒」制，即對軍隊的士兵進行考核，獎勵其中的優秀者，並且按照不同士兵的作戰特點重新進行隊伍編排，發揮軍隊的作戰優勢。

這四項措施從表面上看似乎平淡無奇，但真實的意義卻影響深遠。

李悝變法的第一條，是對殘存的奴隸貴族世襲制度的最後顛覆。在經過了春秋末年的一系列動盪之後，傳統的奴隸主貴族勢力早已經日益萎縮，而西周時代傳承下來的奴隸世襲制就是他們最後一層遮羞布，憑藉這個制度他們在戰國的早期還能夠保持表面尊崇的地位。世襲制的廢除，使他們最終被歷史所淘汰，徹底淡出了中國歷史的政治舞臺。

與此同時，魏國將原本奉養這些社會寄生蟲的開支用來向各國招納賢才，當時最優秀的人才幾乎都把魏國作為建功立業的首選，魏文侯統治時期才有了英才薈萃的局面。

李悝變法的第二條，是對中國傳統井田制度的最後顛覆。井田制度經過春秋時代的連續動盪早已經名存實亡，也成為奴隸主貴族維護封建制度的一個口實。盡地利之教的實施，使魏國的土地面積在這一時期如滾雪球般地增長。傳統的奴隸主貴族經濟被徹底打破，大批原本屬於奴隸主貴族的莊田，通過開阡陌的方式轉入了新興地主階級和農民的手中，在此過程裡完成了魏國經濟的全面轉型。

李悝變法的第三條，影響更加深遠。李悝制定的《法經》，是中國封建社會的雛形法典，奠定了中國封建社會各方面的建制，雖然其內容已經失傳，但是在整個中國封建社會裡它都是被後世各類學者推崇的法律典範。

第四條的作用，對於當時的魏國是最直接的。通過武卒制度的確立，魏國擁有了一支強大的軍隊，在當時的軍事界有「齊之技擊不可遇魏之武卒」的說法，即魏國的武卒戰鬥力一度是整個戰國版圖上最強大的。這四條的實施，不但在當時成就了魏國的騰飛，也成為不久的將來諸多變法家奔走列國進行變法圖強的範本。

強悍魏國橫掃天下

作為戰國時代最早的變法，李悝變法的效果是成功的。

在三家分晉的局面形成以後，三國中最早走上擴張道路的是趙國和韓國，兩個國家都企圖趁著國家初興的機會趁熱打鐵盡可能地擴展地盤。

但現實是殘酷的，當魏國埋頭發展的時候，韓趙兩國在對外戰爭中處處碰壁，趙國多次被秦國擊敗，韓國更受到了齊國和楚國的夾擊，立國沒有多久生存局面非常艱難。

外戰打不好，韓趙兩國還想內鬥，都想著兼併掉對方的土地。在魏文侯埋頭發展的時候，韓國和趙國都曾經通過外交管道找到魏文侯，提出和魏文侯合作兼併掉對方的國土。魏文侯不但拒絕這些要求，更苦口婆心地勸說，現在三晉當務之急不是內鬥而是集中力量對外進行擴張。

從當時的局面看，魏文侯的眼光堪稱長遠：只要三家能夠相互呼應、共同進退，就能在殘酷的諸侯爭霸中立於不敗之地。到了一千多年後的北宋年間，蘇轍的《過秦論》也同樣提出了相似的論點，只要韓趙魏三國是鐵板一塊，就足以擋住秦國東出的腳步，整個中國歷史都要改寫。

而放在當時的情況卻恰恰相反，不是韓趙魏三國要阻擋秦國東出，而是秦國哭著喊著不能讓魏國打進來。

西元前四一九年，魏國開始了擴張之路，他們的打擊重點就是西面的秦國。雖然晉國已經成為「過去式」，但繼晉國後崛起的魏國依然延續了晉國時代對秦國的擠壓政策。像秦國這樣一個尚武成風、戰爭潛力巨大的國家，必須牢牢地把他堵在關中平原之內。一旦讓他突破了關中平原的阻礙，對於整個中原諸侯國來說是如洪水猛獸般的災難。

西元前四一九年，魏國首先在少梁築城和秦國邊軍拉鋸，但出師不利，魏國雖然佔領了少梁卻始終無法消滅秦軍，和秦國之間形成了長期相持的局面。

關鍵時刻，魏文侯啟用了一個名聲不好的將軍——吳起。吳起因為當年在魯國的「殺妻」事件，一直都是正人君子眼中不齒的小人，但魏文侯用人用其長，就看中了他能打仗的優點。這個決定的效果立竿見影。西元前四一三年，吳起一舉攻破了秦國的河西防線，擊潰了秦國的河西守軍，將整個河西盡數納入到魏國的版圖。這場勝利在當時的意義非同小可，魏國佔有了秦、魏兩國邊境之間的戰略要地，對秦國的戰爭主動權已經形成，秦國別說是東出進攻中原國家，只要魏國不來進攻就已經是萬幸了。

河西的失去，引起了秦國上下的震動，咬牙切齒的秦國人決心不惜一切代價奪取河西。但有決心是不夠的，李悝變法多年以來的成果顯現了出來，魏國憑藉其遠遠優於秦國的經濟實力，可以在戰爭中大打消耗戰，藉此來拖垮秦國人。到了西元前四〇八年，魏國不但佔有了河西地區，更向北佔領了陝西代郡，向南奪取了河南三門峽，秦國從關中進入中原的所有要道，至此完全被魏國人堵死。秦國不得不暫時放棄了收復河西的打算，轉而在邊境修築堡壘防禦魏國的進攻。魏強秦弱的局面，成了戰國初期雙方實力對比的寫照。

在壓制秦國的同時，魏文侯也對南方的楚國和東方的齊國進行了打擊。西元前四〇五年，趁齊國田氏宗族內部發生內亂的機會，魏文侯聯合趙韓兩國出兵，斬殺齊國軍隊三萬人。佔領了齊國物產豐富的魯西南地區，特別是收復了齊景公當年佔領的晉國重鎮聊城。此戰的勝利，使此時正在忙著「代齊」的田氏家族，再次選擇了對魏國的暫時臣服。

齊國後來向周天子要求冊立的文書也是託魏文侯代呈的。而南方的「超級大國」楚國也在和魏國的交鋒裡吃了虧，魏文侯不斷南下攻掠江漢平原的小國，楚國雖然組織過幾次北伐都敗在魏國的手下。魏文侯在位的時期，原本是「四戰之地」的魏國卻四面揚威。歸根結柢還是魏國率先進行變法嘗到的甜頭。

盛極為何衰

李悝在魏國的變法，不但影響了魏國的歷史，更影響了整個戰國的歷史。

從某種意義上說，魏文侯時代的李悝變法，其實就是整個戰國時代變法的試驗田，列國諸侯從魏國的強大看到了變法對於國家崛起的重要意義。

從此之後，列國的變法轟轟烈烈地展開。當時幾乎所有展開變法的國家，都把魏文侯和他治理下的強大魏國當作變法的楷模和目標。

而魏國也同樣是戰國變法人才的「培訓學校」，早期在其他國家主持變法的人才很多都在李悝變法中扮演過重要角色，比如後來主持了楚國變法的吳起早年就是魏國李悝變法的助手。而列國變法中最徹底的商鞅變法也是以李悝變法為藍本。這時期的各類變法中，唯一和李悝變法無關的變法行動，應該就是燕國的「復古」改革，這種歷史倒退的做法引發了燕國本國的一場內亂，險些淪亡於齊國之手。

作為戰國諸侯中第一個吃「螃蟹」者，魏國的國勢在魏文侯時期達到了高峰。他在位的五十年，是魏國雄霸天下、稱雄於諸侯的五十年。

西面的秦國被他打得服服帖帖，東面的齊國唯他馬首是瞻，南方的楚國遭到他聯合三晉勢力的一次次沉重打擊。

但魏國這時期霸業的基礎仍然是脆弱的，因為他沒有稱霸的地理優勢，「四戰之地」的局面並沒有改變。魏國如果想長久的保持霸主地位，甚至想統一六國、結束分裂局面，就必須要佔據一個戰略制高點。不是向北佔有趙國，取得對六國諸侯坐北朝南的優勢，就是要向西或者向東佔有秦國和齊國，取得得天獨厚的地理屏障，否則魏文侯所奠定的版圖勢必是不能持久的。

魏文侯過世後，其子魏武侯即位，就在魏武侯登基後的第二年，為魏文侯設計變法大業的老臣李悝也病故了，但這時候的魏國國力依然在持續上升。魏武侯在位的二十六年，是魏國對外戰爭比較多的一段時期。

西元前三九三年，魏國兩線作戰，分別在南線擊敗了鄭國，西線擊敗了秦國，向南和向西都拓展了大片國土。之後，魏武侯與韓趙結成軍事同盟四處征戰，先後擊敗了楚國、齊國、秦國，但是後來他和兩位盟友也相繼發生了矛盾，陷入了新的戰爭。這時期的魏國，整整二十六年的對外戰爭幾乎未嘗一敗，對四面的敵人連戰連捷。

魏武侯雖有軍事才能，但政治眼光卻遠遠不及父親魏文侯，總迷信武力能夠解決一切，連戰連捷的結果就是四面樹敵。在之後的魏惠王時代，國力嚴重虛耗的魏國雖然有龐涓屢敗諸侯的輝煌，但最終在齊秦兩大國的東西夾擊下實力日益萎靡，隨著馬陵之戰被齊國軍隊全殲，魏國的強大地位最終不復存在。

六、吳起的輝煌與失敗

說到戰國早期策動了封建化進程的各路改革家，這些敢於向舊有奴隸制開刀的勇士們，以其大無畏的精神和精準的思路，把握住中國社會發展的脈搏，促成了當時中國社會的全面轉型。在中國走向封建社會的道路上，他們其實是扮演著領航員的角色。

但是這些改革家的命運卻是悲慘的，其中大多都是以悲劇結尾，即使是秦國這樣發動自上而下改革的國家，從變法中嘗到了巨大的甜頭，導演了變法事業的商鞅最終也難逃死亡的命運。他們用自己的死亡，成為一個新時代的開拓者和一個舊時代的殉道者。

而如果說其中最慷慨悲壯的人物，或許就當屬曾經參與過魏國變法，後來又導演了楚國變法的吳起。

奇人吳起的爭議

如果說到吳起，或許我們還可以加上另一個稱呼：戰國變法家的第一奇人。

因為在當時列國中，再也不能找到一個像吳起這樣的通才人物：兵法讀得好、武藝練得好，從治國到帶兵都有一套本事，無論或文或武當時都是英傑中的翹楚。

但是這樣一個神氣的人，在列國之中卻是身敗名裂，最重要一點就是在很多老前輩眼中他是個毫無道德的人物。

吳起，山東定陶人，西元前四四〇年生。

定陶在當時屬於戰國中的衛國，是一個芝麻綠豆大的小國。出生在這裡的吳起小時候的運氣還不錯，他家是當地的富戶，史載「家累千金」，在當時也是一個新富階層。關起門來安安穩穩過日子應該不錯。

但老天似乎就要造就一個天生不安分的人，吳起從小就不喜歡平淡的生活，小時候總闖禍，長大了更是外出惹事，在那個連科舉都沒有的年代，想要活得轟轟烈烈就得做一件事：砸錢。

吳起開始砸了，多年以來遍訪名師，家產被他糟蹋得差不多，先是到了魯國首都曲阜投身於儒家學派門下，拜了當時著名的儒學家曾參為師，後來又師從於當時的另一個著名儒學家子夏。這樣論起來，他與李悝堪稱師兄弟。

在好些人眼裡，這樣一個不安份的人物投身到儒家學派還是個好事，起碼能修身養性收收心。最該讓他學學宣導和平、反對戰爭的儒家學說。

可吳起顯然是個叛逆的學生，不但依然不消停，偏偏喜歡打仗，就連讀書都讀出了新覺悟，經常喜歡舉一反三把儒家學說應用到戰爭之中。還特別喜歡和人探討，因此既交了很多朋友，也十分被老師厭煩，其中最煩他的就是恩師曾參。

吳起之所以招煩，除了因為表現不良，更重要的原因是他有前科。當初為了出人頭地砸錢，成了四里八鄉有名的敗家子，招來了不少蜚言蜚語。放在一般人身上忍忍也就算了，但吳起卻立刻殺掉了說他壞話的鄉鄰三十多人。人命官司犯了，老家便待不下去，吳起和母親告別，發誓不混出個人樣絕不回來，就這樣才來到了魯國。

而更叫老師和同學受不了的是吳起的脾氣，連人都可輕易殺掉自然不是什麼好性格。特別讓身邊人抓狂的一個性格，就是睚眥必報。最喜歡和別人較真，比如學堂裡討論問題，別人都是動動嘴皮子，他急了卻能動手打人。日久天長，仇恨越來越多。

但這個不招大多數人喜歡的人，當時還是有人欣賞的。此時在齊國的大夫田居就是一個，大國的官員到底有眼光，當場看出吳起不是一般人，他對吳起說你將來一定是出將入相的人物，我們家將來就靠你照顧了，然後就把自己的女兒嫁給了他。事實證明田大夫的話前半句準得離譜，後半句卻錯得離譜。

這樁婚姻畢竟還是改變了吳起的生活，田大夫十分厚道，給了他大筆的嫁妝，足夠吳起在魯國生活。可是生活剛剛有改變，吳起很快又得罪了教授他儒學的老師曾參。

那時吳起的母親死了，按照儒家的規矩母親去世子女應該回家奔喪並且守孝，吳起這時候正一心忙著奔前程，哪裡顧得了這個，乾脆兩腳一跺——不去！這下可捅了馬蜂窩了，孝道是儒家弟子生活的基本準則，誰要敢違反那就是大逆不道，結果曾參大怒立刻把吳起逐出師門。

吳起不在乎，反正他對儒學的思想也不感興趣，此處不留爺自有留爺處，乾脆鑽研起了兵書戰策。事實證明他確實是一個聰明的人物，平時除了喜歡好勇鬥狠外，他從來沒有上過戰場，對戰爭可以說是個門外漢，但憑藉著幾本兵書，外加自己對於儒家思想的理解，他將這些思想雜糅起來，竟然創造了屬於他自己的兵家學說。

這時候的吳起，還經常在魯國當地的學宮裡參加各種辯論活動，他的名聲也越來越大，確切地說是越來越臭，一個不孝順父母且性格囂張跋扈的人，放在當時崇信儒家的魯國是非常為人所不齒的。被人不齒也就不會有出頭的機會，那時候的吳起日常生活主要靠岳父家接濟，不然早就要喝西北風了。

但就是在這樣一邊胡混一邊挨罵的日子裡，吳起於西元前四一〇年等來了他人生裡最重要的一次機會。

那一年齊國大舉進攻魯國，這時候的齊魯兩個國家軍事實力的差距已經空前懸殊了，一般只要齊國進攻，魯國就只有挨打的份。但魯國不想挨打，想不挨打就要抵抗，要抵抗就要有將領，要有將領，沒人。

此時魯國國君魯穆公想到了吳起。雖然他沒有打過仗，但是畢竟名聲在外，人人都知道他研究兵法，而且講起來頭頭是道，再說國內確實沒有其他合適的人選。可問題是吳起的老婆是齊國人，而且還是在齊國掌權的田家女孩，這層關係太微妙了，萬一他把我的軍隊賣了……

消息傳到吳起的耳朵裡，吳起的反應很簡單。這有什麼，不就是怕我反水不相信我嗎？我把老婆殺了，你總相信我了吧。一邊是苦苦等待多年建功立業的機會，一邊是含辛茹苦、美麗溫柔的老婆，吳起眼皮都不眨，手起刀落做出了選擇。血淋淋的人頭告訴魯穆公，我連老婆都殺了，該相信我了吧。

這還有什麼話說，雖然崇尚儒學的魯穆公嚇得直哆嗦，但只能相信他了，打吧！三十歲的吳起，第一次得到了統兵打仗的權力。

這時候的吳起，接過來的魯國軍隊是一個爛攤子。當時魯國軍隊數次敗給齊國，幾乎被齊國人打怕了，心理上不發怵是不可能的，而且魯國是小國，能動用的兵員有限，軍隊的數量根本不能和齊國相比。

吳起有辦法，他先是在軍內整頓軍紀，行軍路上吃住都和士兵們在一起，得到了他們的擁戴。而且他還有個本事就是能說，學了這麼多年儒學練就了一番好口才，講起話來口若懸河，三言兩語就能把部隊士氣激得嗷嗷叫。吳起不但能說更能耍詐，他假裝要和齊國談判，然後和齊國軍隊磨洋工，在齊國軍隊面前他也屢屢示弱，齊國人果然上當了，當時齊國的軍隊真以為吳起就是來談判的。

吳起要的就是這個效果，瞅準了齊國人不設防的機會，吳起發動了反擊。全軍突襲，自己衝在最前面，本來大得不得了的士氣這下子更大了，魯國軍隊嗷嗷叫地殺紅了眼，破天荒地把齊國人打得大敗。在精研了多年兵法之後，吳起初出茅廬第一戰就打得漂亮。

仗打得漂亮，吳起的形象卻變得更糟糕了。魯國本身就是一個崇尚儒家道德禮法的國家，吳起原本就是殺人犯出身，還離經叛道連老娘過世都不回家，早就是出了名的混帳人物，這次為了當將領竟然殺了老婆來求官。

這時候的魯國人全然不顧吳起擊敗齊國拯救國家的大功，舉國上下強烈聲討殺老婆求官的吳起，結果一場大戰的勝利反而讓吳起在魯國混不下去了，他在戰後不久就被魯穆公免除了職務。上天在給他關上魯國這扇門的時候，又給他開了另一扇門——魏國。此時魏國在位的是魏文侯，正在銳意變法圖強四處招攬人才，而且是什麼樣的人才都歡迎。吳起立刻感到人生有了新的希望，索性離開魯國投奔了魏國。

對於吳起，魏文侯早就有所耳聞，這時候的吳起因為對齊國戰爭的勝利已經是小有名氣的人物。但對於吳起的為人魏文侯還深感疑慮，他向丞相李悝詢問吳起是個什麼樣的人，李悝的看法相當精準：「這個人又貪又好色，但要說打仗，恐怕連春秋時代的兵家司馬穰苴也不是他的對手。」就這句話讓魏文侯下了決心：用人用其長，用！

秦國噩夢降臨

吳起在魏國的時期，正是魏國大張旗鼓採取李悝變法，開始了魏國封建化進程的時期。在這個大變革的時代裡魏國英才雲集，既有當時最傑出的改革家李悝，也有此時戰國時代最佳地方官西門豹，可謂是群星璀璨，吳起能在群星裡佔有一席之地，主要原因就是他會打仗。

吳起在魏國堪稱是最稀缺的稀有人才。

當時魏國的主要對手是秦國。雖然這時的秦國遠不如後來商鞅變法後那般強悍善戰，但也是公認的野蠻。而魏國面臨更嚴重的問題是，一個秦國還好對付，偏偏南邊還有個楚國，它又是個可以募集百萬大軍的強悍國家，外加東方還有一個打仗砸得起錢、最富庶的齊國。

想想當年沒分家前，以晉國空前膨脹的綜合國力和這三家交手也是互有勝負，如今換成一個魏國，想勝利談何容易？

但吳起的回答卻是很容易。

吳起到魏國的時間，是西元前四〇九年，就在他被魏文侯啟用僅兩個月後，他就立刻給魏文侯送上了一份厚禮——河西。

所謂河西，就是今天黃河以西的地區，包括陝西澄縣等大片領土，在戰國時代這裡是秦國和魏國之間的分界線，雙方都只佔有了一部分領土，長期東西相持。秦國如果得到整個河西，就意味著打開了東進的通道，他們就能夠毫無阻攔地進入中原地區；而魏國如果得到河西，就可以控制對秦國戰爭的主動權，把秦國死死地摁在函谷關裡。

戰略位置如此重要，因此兩家自春秋年間起為搶了這塊地方就一直打破頭。所謂的秦晉之好，就是幾百年的死仇。

而在三家分晉之前，這場犬牙交錯的戰爭就已經進入了新階段。魏桓子時期就曾和秦國為了河西發生戰爭，到了魏文侯時期這裡更成了兵家必爭之地。多年以來雙方互有攻守，都想多佔一寸土地，但誰都寸步難行，形成了此時魏國西部戰場上暫時的平衡，而這時候打破平衡的人來了——吳起。

吳起到任之後，經過短暫的準備便發動了對秦國的東征。西元前四〇九年，吳起先奪取了當時秦國河西的重鎮大荔，然後再接再厲接連奪取了五座邊城。他的進攻基本上是採用循序漸進的策略，打下一個城池就立刻重兵防禦，待到站穩腳跟後再繼續進軍下一個城池，就這樣步步為營漸漸地推進到了整個河西地區。

秦國一開始很不屑這看似平淡無奇的招數，總以為丟了還能打回來，但打過了才知道這就是無招勝有招。

在這期間秦國多次發動反攻，皆被吳起打退，到了西元前四〇八年吳起已經佔領了秦國的合陽、華縣等地區，整個河西都被吳起收入囊中。值得一提的是在收復河西的戰役中，魏文侯給予吳起的兵馬最多只有八萬人，而對面秦國一度曾經達到二十萬的兵馬，在兵力如此懸殊下卻能連戰連勝確實不易。

在戰國早期的諸侯戰爭中河西地區的獲得有著重要意義，秦帝國東出的道路被完全堵死，之後的很多年裡他們不得不對魏國採取了消極防禦政策，同時開始向魏國學習積極地謀求變法。而魏國得到了河西也就得到了當地的千里沃野、大量的人口和珍貴的戰略要地，這樣重要的地盤當然要有可靠的人去把守，除了吳起也就再沒有別人了。

西元前四〇八年，魏文侯設立西河郡，吳起被委任為西河郡守，這是他軍事生涯裡非常重要的一件事。吳起的軍事思想比起之前歷代兵家更具有現實意義，那就是實行軍事建設。

在他的軍事理念裡，臨陣指揮固然重要，但是決定勝負的關鍵卻是準備情況與經濟情況。所以在軍隊建設上，吳起採取了開發水利、儲存軍糧的措施，同時對於麾下的軍隊進行精簡。他編選出了由精銳士兵組成的「武卒」，在戰國早期，武卒是一支戰鬥力超級恐怖的步兵軍團。

凡是被選入武卒的魏國士兵，都是可以拉二十石強弩，並且具有高耐力奔跑能力的精兵，凡是能夠入選武卒的魏國士兵，不但免除全家的賦稅，更給予優厚的國家補償。所以在當時的魏國軍隊裡，能夠入選武卒不僅僅意味著這個家庭的生活狀況可以從此大改善，更意味著一種無上的榮譽。

從那時候起，魏國軍隊的士兵們開始苦練殺敵，人人都為能夠成為武卒而努力。與此同時，吳起非常重視邊境的生產，多年以來他採取屯墾政策，命令士兵們戰則為兵、歸則為農，在當地積極發展生產。所以他到任沒幾年，河西當地就出現了倉儲豐厚、經濟富庶的局面。正是這樣的運作模式造就了魏國的強大，而且具有諷刺意味的是，後來全盤學習吳起這套帶兵模式的正是商鞅變法後的秦國。當然這是後話。

自從吳起就任西河郡守之後，秦帝國就頻繁地調集重兵意圖一舉奪取河西。這時候的魏國在河西地區很少採取主動出擊的戰略，當時魏國的重兵大都集中在東線用於對齊國和楚國的作戰，所以吳起基本得不到中央支援。

河西面臨著巨大的戰爭壓力，但是吳起不懼，他鎮守河西的時間長達二十七年。在這二十七年中，他和西北的秦帝國經歷了大小一共九十六次戰鬥，其中七十六場取得了勝利，剩下的二十場是平手，可以說是真正意義的「不敗將軍」。

秦帝國曾經幾次不惜血本，發動舉國兵力對河西地區進行東征，特別是在西元前三八九年，發生了歷史上著名的陰晉之戰。這一年秦國動用了五十萬大軍屯兵在山西陰晉，計畫一舉東進拿下整個河西地區。

當時魏文侯已經去世，即位的魏武侯非常驚慌，身為西河郡守的吳起卻是處變不驚。多年以來，他早就在當地採取了種種措施，比如設立軍功獎勵制度激勵士兵殺敵，而且每次戰後都要舉行大規模的慶功活動及表彰戰爭中的死難者。所以每次有戰爭發生的時候，河西當地魏軍大都把打仗當成一種榮譽，甚至好多人連盔甲都來不及穿就急急忙忙要求投身戰場。所以秦國人雖然多，在求戰欲望高漲的魏國人眼裡不過是一盤肥肉而已。

吳起知道要啃下這塊肥肉並不容易，為了保證能夠戰勝他做足了文章。首先抓住了秦軍人數雖多，但是軍隊部署分散容易各個擊破的弱點，決定集中優勢兵力打殲滅戰。其次就是這次參戰的士兵，除了少數老兵之外，大多數都是從來沒有立過軍功的新兵，這些人雖然作戰經驗不足但是立功心切，求戰欲望極其強烈，吳起本人也以身作則親自帶領軍隊衝在第一線。

他甚至頒布命令，做騎兵的一定要看護好自己的馬匹，做戰車兵的一定要看護好自己的戰車，如果戰後發現騎兵丟了馬，戰車兵丟了車，就算是建立了戰功也不予表彰。這樣做是有道理的，秦軍人多而魏國士兵作戰經驗有限，所以必須要保證從軍令上限制士兵們的無意義作戰，集中兵力消滅敵人。戰鬥打響後，魏軍各個以一當百奮勇衝殺，結果秦軍五十萬大軍全線崩潰，五萬魏軍一路掩殺打得秦國軍隊屍橫遍野。在戰國的歷史上，這是秦國軍隊遭到的最慘痛失敗之一。

吳起鎮守河西的二十七年，是魏文侯改革後魏國的黃金二十七年，這段時期的魏國死死地牽制住西邊秦國，南邊痛打楚國，東方掃蕩七國，連趙國和韓國也拜服在魏國的腳下。

吳起是不滿足做屏障的，他更想高升一步，特別是在魏武侯即位後，當時魏文侯改革時期的傑出人物很多都已經去世了，而吳起本人也很賣力表現，除了屢次擊敗秦國之外，還曾經多次大膽進諫。作為一個名將卻不主張輕率發動戰爭，甚至有一次魏武侯視察河西，讚歎魏國的大好河山時，他不但不應和反而說出了一句很經典的話：「國家的安危，在德不在險。」也就是說，在發動戰爭上一定要慎重，國家的強大靠的是「德」而不是險。從這些思想上可以發現，雖然建功無數的吳起此時已經是戰國最傑出的武將，從根本上說還是一個儒生。

魏國的政治一直有「出將入相」的傳統，外加當年吳起的「前岳父」田居也曾預言吳起將出將入相，現在出將實現了，吳起也就開始憧憬「入相」了。這時候機會來了，當年曾經向魏文侯舉薦吳起的丞相西客去世了，魏國的相國之位一下子出現了真空。按照吳起的想法，自己鎮守河西二十七年功勞苦勞一大把，就是排也該排到自己了，但是魏武侯卻不是這麼想的，最後繼承相國職位的是在吳起眼裡遠不如自己的商文。

商文是當時的魏國貴族，在吳起看來他不過是靠了裙帶關係才當上丞相的，直到兩人發生了一次對話。吳起在回京的時候，氣勢洶洶地質問商文，先問帶兵打仗你比我強嗎？又問治理地方你比我強嗎？讓士兵擁戴並且誓死效力，你比我強嗎？三聲發問，商文都是好脾氣連著都說「我不如你」，吳起得了理立刻嚷嚷起來，那你憑什麼當相國？

商文只回答了一句話：現在大王年輕，老百姓人心惶惶，你說是你當相國合適還是我合適，就這一句話，讓殺氣騰騰的吳起立刻啞口無言，想了半天說還是你合適。

這就注定了吳起不可能在魏國當相國，不是因為他沒這個能力，反而恰恰是因為他太優秀了。作為國君根本就不敢駕馭這樣優秀的人，所以老成厚道的商文也就成了魏武侯的首選。

丞相做不成，吳起任勞任怨準備繼續給魏國守邊疆，但這時候邊疆卻也守不下去了。不幾年商文去世了，繼任丞相的是公叔痤，這個人性格猜忌偏狹，非常忌憚吳起的戰功。

公叔痤的背景也不簡單，是魏國的駙馬爺，他的妻子就是魏國的尚公主。當了丞相後，他就絞盡腦汁非要趕走對他丞相職位有威脅的吳起，一個門客給他出了一個非常麻煩的連環計。先跟魏武侯說吳起可能有反心，建議魏武侯試探他一下，可以假裝要把公主許配給他，如果吳起沒有反心，那他很可能高興的接受這個婚事，如果他有反心就肯定會推辭這個婚事。

與此同時，公叔痤拉著自己的老婆當著吳起的面演雙簧，讓老婆拼命地暴打他，性格剛硬的吳起必然不會接受這樣的悍婦，只要他一推辭謀反的罪就落實了。吳起萬萬沒有想到，耍了一輩子的兵家詭道，竟然就這麼被人耍了。事情的整個過程都在公叔痤的計畫中，吳起果然很「配合」，眼見了公叔痤娶了公主後的「悲慘」情景，鐵了心說什麼也不娶公主。這下可傷了魏武侯的自尊，他當場氣得拂袖而去，而政治嗅覺還算靈敏的吳起二話不說立刻跑路。

在魏國立下赫赫戰功的吳起就這麼不幹了，以吳起的性格如果就此退出江湖，那就不是吳起了，這時候的他已經名滿天下，不愁沒有飯碗。西元前三八三年，他找到了新東家——楚國。

殉難在楚國

吳起到楚國時，正好是楚悼王在位的時候，也正好處於一個很微妙的時期。

雖然常年處於大國地位，但是戰國早期的楚國卻一度國力不振，特別是在中原國家紛紛進行封建化改革的時候，楚國的進展卻緩慢得很，主要原因還是楚國的整體經濟水準與中原差距遙遠。楚國國內地主派和新貴族勢力根本沒有能力對抗奴隸主貴族的卿大夫階層。韓趙魏三國建立後成了楚國的大敵，特別是強大起來的魏國多次發動了對楚國的戰爭並多次打敗楚國。

在這樣的局面下，一心想有所作為的楚悼王必須要效法其他各國變法圖強。所以此時到來的吳起，可以說是當時楚國最需要的緊缺型人才。楚悼王首先讓他去擔任楚國北方苑守，幹的還是老本行打仗。吳起到任後一如既往繼續推行安邊持重的戰略方針，這時候他的主要對手卻成了「老東家」魏國。

在吳起的指揮下，先前多次被魏國打敗的楚軍這次揚眉吐氣了，他們多次擊敗魏國和韓國、趙國的聯軍，暫時遏制了魏國的南下勢頭。但是楚悼王知道這樣做是治標不治本的，不變法就很有可能被這個時代淘汰。

這裡要說說吳起的老闆楚悼王，在當時也是一個出了名的英主。他本是在政變中被擁立上臺的，之後勵精圖治扭轉了自春秋末期開始楚國國君權力衰弱的局面，楚國的國力蒸蒸日上。

但是在向北發展中，楚國卻遭遇到了魏國的阻隔，楚國多次發動對魏國的戰爭卻皆被魏國擊敗。嚴酷的現實讓他決定走魏國的強國之路，因此曾經參加過李悝變法並且戰功卓著的吳起就成了他實行變法的首選。

和其他國家一樣，楚國也有抵抗變法的守舊勢力，不一樣的是楚國的變法是戰國時期所有變法中最難實行的。

比如商鞅變法時期，雖然秦國的舊貴族的勢力同樣強大，但是秦國本身的結構非常簡單，自上而下的威權可以很容易的推動，而楚國舊貴族的勢力卻是盤根錯節且畫地為牢，楚王很多時候都說了不算。

但吳起從小就是個不知道害怕的人，當年在魏國五萬打五十萬他都不怕，何況現在對付幾個小小的攔路虎。和用兵一樣，吳起從來不打無準備之戰，他深知每個國家都有自己的特點，搞變法若是生搬硬套是不可能的，經過一番籌謀，吳起拿出了一份和中原國家變法大不相同的方案。

吳起的變法方案，主要包括如下的條文：一是取消世襲的貴族制度，凡是貴族傳承了三代以上的一律取消世襲，從此之後子孫不能再繼承爵位；王室的家族稍微寬鬆一些，傳承了五輩的一律取消特權和俸祿，而且要遷移到邊遠的州縣去自食其力，他們原先的土地一律由國家沒收。

二是整頓政治機構，也就是機構精簡。整個機構要裁撤冗贅官員，精選幹吏，提高行政效率。

三是要統一言論，整個國家不能有任何反對變法的言論，否則就要治重罪。

第四條是對楚國影響最深遠的，吸取自己在魏國創辦武卒的經驗，吳起在楚國也創辦了獨特的軍事部隊——厲甲兵。厲甲兵也是精選出來並由國家直接掌控的國家精銳部隊，有了這樣的虎師，楚國的實力也就大大增強了。

吳起變法的內容，條條都觸動了此時楚國的要害。楚國這時期面臨的最主要問題，就是奴隸制度太過強大，尤其是貫穿楚國始終的百越之戰。這些戰爭的結果，就是楚國每次都會收穫大量的奴隸成為奴隸主貴族的私產，在這樣的情況下土地封建化也就大大不如中原地區。

吳起具體改革的措施主要是以剝奪舊貴族勢力為主，而且手段極其酷烈，不但取消世襲特權還要強制拆遷，原先養尊處優的貴族這下都要給送到邊遠的地方幹活。這樣做的結果不但收回了大量的土地，釋放了大批奴隸，更增加了社會的勞動力，更讓貴族們的實力遭到了沉重的打擊。

整頓政治機構，名義上說改善統治效率，實際上還是為了加強國君的威權。而統一國家言論，為的是要給變法掃清輿論的障礙。這些措施說明了吳起深沉的心機，卻也暴露了他變法上的漏洞。

吳起變法的實行，在當時收到了立竿見影的效果。西元前三八一年，經歷過變法圖強運動的楚國揮師北上，和當時北方最強大國家魏國再次大打出手。這次的楚國軍隊拿出了他們的新武器——厲甲兵，結果新組建的楚國王牌軍以摧枯拉朽之勢大敗魏國。

楚國軍隊緊緊追殺，竟然直打到了黃河邊上，魏國全軍潰潰，大批士兵溺死在水中。戰後，楚國人飲馬黃河，北方諸國大驚，春秋時期曾經把長江以南打得天翻地覆的楚人——回來了！

此時吳起的變法可以說非常成功，但是吳起變法的問題也在這個時期顯現出來了。

在這場變法中吳起既有自己的發明創造，也有師承別人的一面。但我們不難看出最要命的一件事情是，吳起的改革措施大多都是著眼於中央威權和富國強兵，對於楚國舊奴隸主貴族所存在的奴隸制經濟制度卻沒有做任何的觸及。所以，這也就注定了改革不會得到普通老百姓的支持。甚至連實力雖然弱小但已經興起的地主階層得到的好處也很有限。

我們看到吳起所採取的堵塞言路、裁撤冗贅人員等內容，後來大多被商鞅在變法中使用。但商鞅頒布的時候是在變法的第二階段，即變法已經獲得了全國百姓空前的擁護支持，而吳起卻是在變法之始就實施，顯然是操之過急了。而且更重要的一點是吳起變法的著眼點在於「富國強兵」上，給予楚國普通老百姓的好處太少，這一點就決定了吳起的變法最後成了一個悲劇。

西元前三八一年，一直支持吳起的楚悼王去世了，他的去世就意味著吳起的命運不可避免地走向終結。

就在楚國召開追悼會的那一天，反對變法的舊貴族發生了叛亂。這是吳起變法的另一個失策，他雖然建立了中央直接掌握的軍隊，卻沒有收回舊貴族階層對私人武裝的控制權，一旦發生變化就會出現嚴重的後果。

吳起自己承擔了這次的嚴重後果，反對派的士兵瘋狂地追殺吳起，吳起東躲西藏最後躲進了楚悼王的靈堂裡，殺紅了眼的頑固派哪裡管得了這個，一古腦地闖了進去。吳起見叛軍們彎弓搭箭，密密麻麻的弓弩射向他，乾脆撲到了已經過世的楚悼王身上，這位戰國時期引導楚國走向強大的帝王就這麼被射成了刺蝟，大家射得帶勁，後果卻很嚴重。

按照楚國的法律，射殺國君就是叛亂，射殺國君的屍體也不行，如此一來七十多家奴隸主貴族盡數遭到楚肅王的誅殺。用自己的生命做代價，吳起讓楚國的守舊勢力遭到了沉重的打擊。而戰國時代楚國的崛起也就從此開始了，此後楚國經過楚肅王、楚宣王，國力開始重新振作。在後來魏國衰弱、強秦東出函谷關的時代，楚國一度和齊國一樣成為關東諸侯中可以抵抗秦國的力量，這一切卻是吳起以生命為代價換來的。

七、齊國「奸臣」，一代名相

戰國時代的第一個強國是魏文侯改革後的魏國，但隨著魏國的一蹶不振，相繼取代魏國崛起的是東方的齊國和西方的秦國。這兩個國家的崛起，同樣也是拜變法所賜。

兩國的封建化改革，也都是通過自上而下的方式完成的。秦國的改革就是著名的商鞅變法，這是整個戰國時代政策上最徹底、效果最顯著的變法，秦國從此走上了精兵尚武的擴張之路。

而就在商鞅變法圖強的同時，東方的齊國也開始了相同的過程。與秦國擁有商鞅這樣一位精幹的改革家一樣，齊國也擁有一位相似卻相反的人才——鄒忌。

說鄒忌和商鞅相似，因為他們都是卓越的改革家，也都造就了其所在國的強大。

但說他們相反，一個是性格相反，商鞅為人堅毅果決、性格囂張跋扈、做事說一不二，而鄒忌卻是一個很「委婉」的人。比如對國君的進諫，商鞅喜歡直來直去，鄒忌卻喜歡虛與委蛇的「諷諫」。如果說商鞅「至剛」的話，那麼鄒忌就是「至柔」。

兩人的結局也截然不同，立下大功業的商鞅在秦孝公過世後難逃被清算的厄運，同樣是改革家的鄒忌卻封侯拜相終生富貴。時至今日，「至剛」的商鞅，已經是當之無愧的「著名改革家」；「至柔」的鄒忌名望大大不如商鞅，身後非議頗多，有說是他賢相的，也有說是奸臣、佞臣、弄臣的。比起耳熟能詳的商鞅，毀譽參半的鄒忌又是個怎樣的人物呢？

齊國變法的總設計師

鄒忌，史記上又稱鄒忌子，是齊國桓公（戰國時代的齊桓公）時期的大臣，齊威王在位的時候擔任相國。在齊國的封建化改革中，他是主要的設計者和執行者。

說到鄒忌對齊國的貢獻，不妨先說說田氏代齊後齊國的政治軍事局面。

戰國早期的齊國，在魏文侯和魏武侯兩代，齊國多次和魏國發生戰爭，但幾乎每戰必敗，甚至被打出了「恐魏症」。到了齊威王早期，齊國的軍隊幾乎遇到魏軍就到了崩潰的地步。「齊之技擊不可遇魏之武卒」的說法也正是這時期流傳開來的，雖然是形容魏國軍事力量的強大，卻也說明齊國這時期被打慘了。

田氏齊國立國初期，在戰國歷史上的記載相對比較少，記錄比較多的往往都是戰爭的失敗，尤其是對魏國戰爭的失敗。齊國在齊景公時代一度振作奪取晉國的大部分國土，在這時期幾乎被魏國全數打包收回。

魏國還曾多次聯合韓趙兩國進攻到齊國的腹地，甚至兵臨齊長城。而齊國的真正振作要從西元前三五六年齊威王田因齊即位開始。

齊威王登基初期，是一個很不靠譜的人，他不靠譜的時間竟然長達九年。這九年裡，他日日沉迷於享樂，對外戰爭也屢戰屢敗，一開始還只是敗給魏國這樣的大國，到後來連魯國這樣不入流的小國都能欺負他。最嚴重的時候，齊國落到了「諸侯並伐，國人不治」的局面。

這樣的局面下，身為大臣的鄒忌脫穎而出了。

和許多大臣一樣，他也對齊威王進行了進諫，但比起大家的直來直去，鄒忌的方法卻很委婉。他假裝要給齊威王彈琴演奏，引起齊威王的興趣，然後借題發揮大談樂理，齊威王哪裡懂這個，一邊聽一邊勸鄒忌快演奏，這時候鄒忌正色說：「大王見我不演奏只說道理，就覺得不耐煩了，但是大王拿著齊國這張大琴，多年來也沒有彈奏一下，大家也很不耐煩了。」只這一番話，九年來胡吃海喝的齊威王幡然醒悟。從此之後他像換了一個人似的，一心銳意進取、變法圖強，田氏齊國的強大其實就是從這時候開始的。

鄒忌與齊威王的這番對話，奠定了他一生裡重要的性格：諷諫。

他所有的政治主張都是採取這種委婉的方式表達的，通過看似毫不相關的事物旁徵博引，用繞圈子的方式講出大道理，在不得罪國君的情況下把事情辦妥了。如果說主持秦國變法的商鞅是一個強硬派，那麼主持齊國變法的鄒忌就是溫和派。

比起商鞅強硬的變法政策，鄒忌的各類政策表面看起來也似乎非常溫和：第一條就是廣開言路、虛心納諫。他向齊威王講明了作為國君兼聽則明偏信則暗的道理，說服齊威王廣開言路，號召老百姓主動向國君提意見，並且說明言論自由，提意見的人無罪。

第二就是賞罰分明，任用賢能。通過各種管道向各諸侯國招攬人才，同時對吏治進行整肅，實行「嚴刑重賞」的政策，重賞有政績的官員，嚴懲有劣跡的官員，以提升整個國家的行政效率。

而另一項影響深遠的政策，就是完善稷下學宮的建設。稷下學宮是齊國著名的文化聖地，最早創建於齊桓公時期，到了齊威王時代進行了重新的擴建和改革，成為齊國招攬各國人才的主要承載。鄒忌為稷下學宮設立了三條原則，即「不任職而論國事」，「不治而議論」，「無官守，無言責」。鼓勵學者們自由發言、自由討論。

從表面看這似乎都是三條很平常的政策，但是平常的外表下卻有不平常的真相。鼓勵老百姓進諫，要求國君虛心納諫只是第一步，接著是真正要採納大家的意見，從而推動齊國的各類封建化改革。正是在虛心納諫的過程裡，齊國清除了國家制度中最後的奴隸制殘餘政治，和魏國一樣廢除了奴隸制的世襲政策，取消了奴隸主階層享有的俸祿，建立了完善的中央集權管理體系。

對吏治進行整肅的同時，齊國更制定了完備的法律，形成了封建化中央集權的國家體系。而稷下學宮的設立，其影響恐怕連鄒忌本人也始料未及，成為戰國亂世學者們眼中的樂土，自由討論的風氣正是在這個小小的學宮裡形成，諸子百家的經典論著也大多完成於這個小小的學宮。與這裡有淵源的學問家，包括孟子、墨子、荀子等幾乎所有的戰國時代文化名人。

兩千年風雲之後，王侯霸業早成塵土，稷下學宮所衍生出的古老文化卻依然在為現代社會所傳承。而即使在當時稷下學宮也同樣有重要意義：魏國給予人才的是優厚的俸祿和官位，齊國給予人才的卻是人格上的尊重與學問上的自由。

而鄒忌在擔任齊國相國期間，做的另一個重要的事情就是開掘水利工程，在今天的淄博、濟南等地都有齊國水利工程的遺址，齊國的農業經濟在這時期取得了長足的進步。鄒忌在經濟上的政策是「恤民養戰」四個字。這時期的齊國延續了春秋時期就設立的寓兵於農的政策，而且有進一步發展，政府給予服兵役的家庭經濟上的補貼獎勵，提高士兵作戰的積極性。富裕的齊國在齊威王的勵精圖治下，正在把其豐厚的經濟能力，轉化為強大的軍事戰鬥力。

戰場見真章

齊國的崛起道路，在齊威王在位的中後期逐漸變成了現實。按照《戰國策》的說法，雖然齊威王執政前期通過廣開言路的方法提高了自己的威望，使得韓趙魏等國家紛紛派使者前來朝見，收到了「戰勝於朝廷」的結果。所謂「不戰而屈人之兵」，在戰國年代是不現實的，強國的地位還是要在沙場上見真章。

齊國這時期面臨的主要對手是魏國，在齊威王在位的大部分時間裡，他的主要對手是魏國的第三代君主魏惠王，此時的魏國正由盛轉衰。

魏惠王之前，魏國經過魏武侯長期的擴張，既四面樹敵又形成了其橫掃天下的威武。西元前三六九年，魏惠王派兵與秦國激戰，擊敗了進攻河西的秦軍。但在這場戰鬥勝利之後，魏惠王並未乘勝追擊攻滅秦國，反而主動遷都大梁，對西面的秦國改以防守為主。

之所以做出這樣的決定，是因為魏國當時嚴峻的外部形勢。作為四戰之地的魏國，其國力勢必承受不起四面作戰的消耗，要想鞏固霸主的地位就必須有的放矢，對其中的一面強敵採取防守政策，集中力量對付相對較弱的對手。

在魏惠王眼裡，秦國雖然屢次敗給魏國，但是其民風剽悍戰爭潛力強大，不是一朝一夕可以平定的，所以抓住機會先挑相對弱小的對手下手，才是最好的爭霸手段。

曾是魏國盟友的韓國和趙國是魏惠王眼中比較弱的對手。在魏惠王時期，原本韓趙魏三國的鐵杆關係早已經不存在，而他也把統一三晉大地兼打壓齊國作為這時期的戰略重點。

這以後，魏惠王一度暫停了對外用兵，在西面修築長城抵禦秦國進犯，嚴守國門；在國內興修水利、發展生產、積累力量。自魏武侯時期開始，魏國生產破壞嚴重、民力疲敝的局面得以改變，魏國的實力持續增強。在此期間，經過勵精圖治的齊威王已經成了魏國最主要的敵人。

齊威王與魏惠王的較量是以失敗開始的。魏惠王東遷大梁後和齊國發生了多次戰爭，這時候的齊國雖然經過了軍隊整頓戰鬥力大為提升，卻依舊不是魏國的對手。長期南征北戰的魏軍，在作戰經驗和戰鬥素質上遠遠高於齊國人，何況他們還有一個傑出的軍事統帥——龐涓。這樣強悍的軍隊，除非有神人幫助，否則不是一朝一夕可以打敗的。

而似乎老天爺也在眷顧齊威王，數次敗北的齊國很快就得到了一個可以扭轉他們命運的「神人」——孫武的後人孫臏。

作為中國歷史上傑出的兵家，孫臏和魏國統帥龐涓的那段恩怨糾葛是後人恆久討論的話題。孫臏和龐涓最早都師從於戰國兵家鬼谷子，孫臏更得到了鬼谷子代為傳授的祖先遺產——《孫子兵法》。作為孫臏師兄的龐涓，因為妒忌孫臏的才華，假意邀請孫臏來魏國發展，事後又翻臉誣陷孫臏通敵，結果害得孫臏被處以「臏刑」，挖去了膝蓋骨，成了終身殘疾。孫臏憑藉他的隱忍，更靠著齊國使臣的幫助終於逃到了齊國，得到了齊威王賞識被委任為齊國的軍師。

說孫臏是扭轉齊魏戰爭戰局的關鍵人物，不只因為他的才能，更因為他的作戰方式恰恰切中了魏國的「死穴」。

在齊魏兩國軍隊戰鬥力差距暫時無法拉開的情況下，要戰勝魏國必須要用高出對手一籌的戰略眼光，想盡辦法分散敵人兵力，集中自身優勢打殲滅戰。可魏國的主將是足智多謀的龐涓，狡猾的統帥外加剽悍的軍隊只有孫臏能夠對付他。

孫臏到達齊國後雖然成為軍師卻很少拋頭露面，主要精力都放在訓練軍隊和提升軍隊戰鬥力。這時期的魏國在東面挫敗齊國、西面阻遏強秦後，開始放心大膽地攻打周邊的趙國和韓國。對於趙國更是志在必得，如果佔有了位於中原北面的趙國，對中原諸侯魏國就會形成「坐北朝南」的優勢戰略地位，當年的晉國就是憑此稱霸江北的。

西元前三五四年，魏國大舉進攻趙國，趙國無奈之下向齊國求救。在經過了多年對魏國的隱忍後，這次齊威王決定出手還擊了，他以田忌為大將軍，孫臏為軍師，率領八萬精銳火速馳援。

就是在這一戰中，孫臏拿出了他獨特的「圍魏救趙」戰法，不去救援趙國被圍困的都城，反而率軍直撲魏國都城大梁，以攻其必救的戰法牽著魏國鼻子走。魏國果然被牽了鼻子，近十萬魏軍撒丫子拼命趕，在趕到桂陵的時候，被以逸待勞的齊軍包了餃子。士氣高昂的齊軍碰上人困馬乏的魏軍，自然猛虎下山，戰鬥沒有了懸念，齊國大勝！

桂陵之戰是齊國崛起道路上的重要一戰，齊國通過此戰酣暢淋漓的勝利，不但打破了多年的「恐魏症」，更向列國諸侯昭示了自己強大的實力。但魏國的元氣並沒有因此遭到損耗。

就在桂陵之戰結束兩年後，以為魏國元氣大傷的秦國、韓國、趙國、楚國組成聯軍，趙楚韓三國將魏國主力包圍在襄陵，秦國主力大肆攻打魏國河西邊城。戰鬥起初進行得很順利，多線作戰的魏軍力不能支陷入到苦戰之中，而秦軍在西線的進展也順利，一路收復淪陷多年的河西失地。

但絕境之下的魏軍再次爆發出強大的戰鬥力，魏國先是在襄陵大破三國聯軍，接著火速西進擊退秦國的入侵，短短數日奔波南北，將兩線的強敵打了個稀裡嘩啦。齊國、魏國之間的爭霸，這時其實還沒有分出勝負。

在桂陵之戰結束後的十幾年間，齊國和魏國都沒有發生大規模的戰爭。西元前三四二年之前，魏國通過連續對外戰爭的勝利，再次確立了第一軍事強國的地位，而齊國卻在韜光養晦靜看魏國的發展。

西元前三四二年，魏國又發動了對韓國的進攻，齊威王火速出手，再次派遣田忌和孫臏為帥出兵救援。這次孫臏故伎重演，再次故意進攻大梁迫使魏國回軍，但龐涓也學乖了，他們並不急於追擊，而是尾隨在齊國軍隊身後靜靜地等待著機會到來。

機會終於到來了，龐涓發現齊國軍隊每天紮營後用的爐灶一天天減少，早習慣軍旅生活的他立刻做出自信的判斷：齊國人在崩潰、在逃跑。於是龐涓火速行動企圖一舉將齊國軍隊盡殲，他帶領輕騎兵追殺到馬陵道時，卻發現再次上當了，這裡埋伏著大批的齊國士兵用弓弩不斷地射殺魏國軍隊。痛悔無比的龐涓感歎：「沒想到，我還是讓孫臏這小子揚名於諸侯了。」感歎完畢後，他主動衝向齊軍陣營壯烈殉國。

經過桂陵、馬陵兩戰，魏國陸續報銷了十多萬魏文侯改革後精心打造的精銳作戰部隊。而齊國日漸強大，此後與秦國並稱為二帝，一度共用霸權。

非議在戰後

在齊國崛起的過程裡，身為「總理」的鄒忌居功至偉，但也正是這個過程讓他個人的所作所為遭到了太多非議。

鄒忌遭到非議最多的就是他和田忌的交惡問題，按照《戰國策》上的說法，這兩位同是齊威王勵精圖治的股肱之臣，多年以來卻「不相交」。

史料的說法，是鄒忌妒忌田忌和孫臏的大功勞設計陷害。馬陵之戰後，田忌和孫臏班師凱旋，鄒忌故意設套，假借占卜的名義栽贓陷害，誣陷田忌謀反，結果百口莫辯的田忌逃到了楚國。早就預料到鄒忌不懷好意的孫臏，在事前勸說田忌無效後也藉故離開歸隱了。拜鄒忌所賜，齊國失去了一位能征善戰的將軍，一個算無遺策的軍事家。

正是因為這件事，在後來許多人眼中鄒忌立下的那些功勞也就不值一提了。但在許多史料裡，我們看到了另一個鄒忌，一個胸襟寬廣、效忠國君、匡扶社稷的鄒忌。在齊國崛起的整個過程裡，他其實是齊國各項國策的設計師，才能是毋庸置疑的。

而陷害田忌的行為，與他諸多「善舉」比起來，看似很矛盾，但其實也很正常。鄒忌性格裡最主要的特徵就是「陰柔」，凡事講究兜圈子，正面不行側面來。放在進諫上，這叫有智慧，放在整人上，這就是狡猾偽善。陷害田忌的行為就是其中之一。

但比起剛烈的商鞅來，陰柔的鄒忌下場卻好得多。他的陰柔給國君留下了「尊重領導」的好印象，凡事給足了國君面子，又聽話又能幹活，這樣的好幹部自然哪個領導都喜歡

所以齊威王、齊宣王兩代君主都對他信任有加，又升官又封侯。卻也同樣因為他的「陰柔」，齊國所謂的變法其溫和的過程導致效果也是陰柔的。和秦國比起來，齊國變法最大的特點就是人治而不是法治，在行政制度建設和司法建設上比起商鞅變法都差距甚遠。這樣的差別，決定了齊國的

變法只能依賴於國君個人的素質，而不是整個制度的制約。就是這個差距，決定了齊國不可能在戰國逐鹿中笑到最後。

八、最成功的只能是商鞅

戰國時代的變法不少，南北各諸侯國都搞得轟轟烈烈，但是其中公認最成功的就是商鞅變法。而在之後的中國歷史上，許多史家也在探討一個問題：商鞅既不是最早主導變法的前輩，而秦國也並非首先開始變法的國家，那麼為什麼變法最成功的只能是商鞅變法？甚至為什麼只有秦國的變法能夠保持恆久的強大？

放在當時的背景下，商鞅變法的整個經過可以被看作是一個奇蹟。

商鞅進入秦國以前，列國的變法運動已經轟轟烈烈地展開了，唯獨秦國還是一片安靜。有能力變法圖強、開創大業的青年才俊們，幾乎沒有一個人願意跨過函谷關進入秦國這個神秘的國家。因為在所有人的眼裡，秦國要實現變法幾乎是不可能的。秦國經濟條件落後貧窮，奴隸制貴族勢力強大，民風野蠻剽悍。在中原人眼裡，同屬華夏族的秦人在當時是不開化的野蠻人。但是商鞅卻做到了，他勇敢地走了進來，最後雖然客死秦邦，但他的變法成功了，他締造了強大的秦國，成就了秦國橫掃六合、滅亡六國的輝煌。無論在生前還是身後，他的這段人生都被看作是不可思議的奇蹟。

商鞅為什麼能創造這樣的奇蹟？

秦國其實是張無負擔的白紙

商鞅變法之所以會成功，有一個長期被忽略的先決條件，秦國其實是一個相對容易變法的國家，原因很簡單，因為它很落後。

這就好比興建一棟大樓比改建要來得容易。在一個國家走向變革的關口，相對的落後有時候也是一種優勢，因為可以少掉很多的負擔。

當時的秦國就是這樣的情況。

這時期的秦國，雖然農耕經濟已經成為主要方式，但關中平原地廣人稀，有五分之三的土地還沒有被開發，秦國的農業生產水準比起中原六國來差距很大。無論是經濟的發展程度，還是文明程度都遠遠落後於中原國家。

封建化程度秦國也同樣落後得多，魯國早在西元前五九四年就實行了封建化的稅收政策——初畝稅，秦國到西元前四〇八年才由當時在位的秦簡公推行了這個政策。比起中原諸國可以自上而下的實行變法改革，秦國的國君權力上卻很有限，戰國早期秦國國君的廢立都由舊貴族操縱。這樣的局面要想實現改革，何其難？

但是也同樣是秦國的這些條件，讓它具備了改革成功的天然優勢。

首先，秦國沒有中原諸侯國那樣嚴密的奴隸制國家體系。在這樣的條件下進行改革，雖然不可避免地會遇到阻力，但是舊貴族個人的阻撓顯然比整個行政體制的阻撓容易應付。

而秦國雖然生產組織機構鬆散，生產落後，但是秦國的經濟潛力卻是巨大的。關中平原土地富饒，只要能夠改革生產方式，提高農民的生產積極性，短時間內就可以實現秦國生產的迅速騰飛，立竿見影的改革效果會使改革早期的障礙變得一馬平川。

秦國變法的另一個有利條件是他們的文化。在中原人眼裡秦國人是不開化的「蠻夷」，因為是「蠻夷」，秦國的舊貴族頭腦中條條框框的舊觀念要少得多。在這樣一個鬆散的舊體制上，推倒重建一個全新的國家體制，顯然要比在齊國這樣一個有悠久文化與歷史傳承的國家進行改革容易得多。

比如齊國的改革家鄒忌，他之所以採取諷諫的方式推行自己的主張，並且所有的改革內容表面上都不涉及國家行政體制的轉變，正是懾於這種根深蒂固的舊體制壓力。

秦國改革成功最重要的因素，就是力主改革的秦孝公。縱觀當時所有諸侯國的國君，幾乎找不到和像秦孝公一樣具有如此堅定改革決心的國君。他能夠給予改革者全力支持和毫無保留的信任，這是任何一個改革者在其他國家都無法得到的。

這種毫無保留的支持、無可複製的信任，來自於秦孝公個人的性格，更來自他獨特的身世。

秦孝公的家世很特殊，他原本不是秦國王室的正統繼承人。他的家族是秦國王室宗族中較偏的一支，秦孝公的父親公子連早年就因為主張改革，觸動了國內舊貴族的利益被趕出國境。後來公子連不屈不撓，利用秦國發生政變的機會突然回國，在經過苦戰後奪取了國君之位。

這次政變凶險萬狀，當時的守舊派已經部署了軍隊埋伏在邊境，準備隨時殺掉他，好在軍隊中支持他的軍官臨陣倒戈，這才有驚無險地奪權成功。

公子連即秦國歷史上的秦獻公，他在位期間廢除了野蠻的殉葬制度，制定了五家一伍的保甲制度，並且開始初步推廣郡縣制，在全國設立了四個縣來試點。可惜他的運氣很不好，秦國的東面面臨魏國的威脅。此時魏國正處於魏文侯改革後最強大的時期，秦國對魏國戰爭連戰連敗，丟失了整個河西地區。

改革時代的參與者大多沒有長遠眼光，對改革的看法一向都是功利的，秦獻公對外戰爭的失敗成為了保守派質疑改革的理由。西元前三六二年，秦獻公帶著壯志未酬的遺憾在憂憤中死去，二十一歲的兒子渠梁即位，就是後來締造了秦國變法的秦孝公。

秦孝公雖然年輕，但是家族的傳承，父親為改革辛苦奔忙的一生他早就了然於心，而他也是一個胸有大志的人，改革的成功與否不僅關係著秦國的強大，更關係著父親的遺願。所以秦孝公在登基後連續多次發布了求賢告示，希望能招攬到推動改革的人才，他將給這個人才毫無保留的信任，讓他幫助自己締造一個強大的大秦帝國。他很快等到了這個人才——商鞅。

對於秦國這個有著特殊成功條件的國家來說，商鞅也是一個不可複製的人物。

商鞅原名公孫鞅，是衛國貴族的後人，在西奔秦國之前，他曾經在魏國相國公叔痤身邊做謀士，那時正是魏惠王登基的早期，公叔痤許多重要的謀略其實都來自他的參謀商鞅。也正是在這個過程中，商鞅真正接觸到了當時戰國最強大國家的核心行政機構，他的施政經驗和視野都來自於這段時期。

從師承上說，商鞅承襲自李悝的法家學說，對李悝的《法經》非常推崇並且精心研究，在漫長的思考中，逐漸形成了一套屬於自己的施政改革理念。這樣一個有深厚理論積澱和豐富施政經驗的人物，才是改革者中的最好人選。

來秦國之前有兩個偶然因素讓商鞅差點來不了，一是長期欣賞商鞅才華的公叔痤，臨終前將商鞅推薦給了魏惠王，如果魏惠王能夠認可公叔痤的推薦，那麼恐怕就沒有強大的大秦帝國了，但魏惠王卻認為公叔痤老糊塗了，對商鞅的才能嗤之以鼻。

第二個意外，是老謀深算的公叔痤深怕商鞅不被魏惠王所用，將來勢必成為魏國大敵，因此勸說魏惠王，如果你不肯用商鞅就一定要殺了他。商鞅知道後只是冷笑，他既然不聽你的話用我，又怎麼會聽你的話來殺我。事實也正如商鞅所料，魏惠王根本沒拿商鞅當盤菜，不用也不殺，任他自謀生路去了。

這兩個偶然，也包含著一些重要的訊息：第一，在公叔痤身邊數年的錘鍊，商鞅已經鍛造出了深不可測的心機，對於他人心術的揣測，早已做到料事如神，這樣一個絕頂聰明的人才能承擔起那場驚天動地的變法。第二，魏惠王並不是一個英明的君主，以他的眼光即使聽了公叔痤的話重用商鞅，也不會長期地信任商鞅，這樣一個剛愎自用的君王，根本不可能給商鞅施展才能的平臺。

所以商鞅將希望寄託在秦國身上，也是情理中的事情。當時的六國裡，趙國和韓國還沒有大規模的變法，齊國是宗族當道，商鞅更不具備鄒忌那般諷諫的本事，自然是去不得。至於南方雄心勃勃的楚國，吳起的例子也擺著呢。所以秦國是胸懷大志的商鞅唯一的出路，而商鞅也是志存高遠的秦國僅有的選擇。

西元前三六一年，商鞅來到秦國見到了求賢若渴的秦孝公，經過三天的攀談，商鞅以其學說打動了秦孝公。西元前三五九年，秦孝公頒布了變法令，任命商鞅為左庶長。一場改變戰國歷史的變革從此開始了。

循序漸進的改革

商鞅變法，從一開始就注定荊棘密布。在變法令頒布以前，秦孝公曾召集群臣討論，結果引來了舊貴族的集體反對，大臣甘龍等人極力阻撓變法。而商鞅也不是好惹的，當場與甘龍等人展開了辯論，一番唇槍舌劍將反對派駁得啞口無言。明火執仗的反對就此變成了暗流，無數的明槍暗箭在商鞅變法的路途上等著。

但商鞅不懼，他之所以有信心是因為長年的沉浮，讓他明白一個最簡單的道理。變法要成功，必須採取最簡單、最直接的辦法，抓住事物的核心矛盾下手，快刀斬亂麻。所以商鞅採取的第一個政策，就是要變法，先變人。所謂變人，就是要樹立改革者的絕對威望，讓他獲得大多數人的足夠的信任。

商鞅的辦法簡單，不用做報告，不用勸說，立一塊木頭就行了。

這就是歷史上著名的「商鞅南門立木」事件。商鞅在樂陽城南門豎起一根三丈長的木頭，並掛出布告：誰能把木頭搬到北門口，就給他十兩黃金。這事在當時，就好比今天突然接到「恭喜你中獎了」的手機簡訊一樣，很難讓人相信。木頭不重，路又不遠，憑什麼獎勵十兩黃金？立了一上午後，獎金已經翻了好幾倍，漲到了五十兩黃金，這時候來了個傻小子，壯著膽吭哧吭哧地把木頭抬走了。結果商鞅二話不說，當然兌現獎勵。南門立木的典故就這樣不脛而走，所有秦國人都知道了一個事實：這個商鞅，說話是算數的。

商鞅的威望就這樣樹立起來了，然後他趁熱打鐵，出臺了第一階段的變法內容。事實證明，商鞅不但口號很響、膽子很大，做事更是實際。他第一階段的變法內容都是最初級的改革，包括廢除傳統奴隸制的世襲制度，設立軍功授爵制，獎勵士兵的作戰積極性；實行編戶制，建立封建制的基層農村制度，獎勵耕作；鼓勵小農經濟發展，規定家庭裡有兩個兒子以上的，兒子成年後必須分家，這樣就增加了自耕農的數量，國家的稅源也擴大了。

商鞅的這幾條政策是吳起、李悝等人施行過的，大多沒有什麼新意，其中一些還是對秦獻公時期變法內容的補充，比如實行編戶制、獎勵耕種。但這樣做卻是很實際的，像秦國這樣經濟落後、生產水準低的國家，首先要解決的就是老百姓的吃飯問題，必須要立竿見影提升經濟水準才能真正收攏人心。

另一個原因是商鞅堅持要變法先變人，變人的第一步是要樹立個人的威權，第二步就是要把老百姓牢牢地抓在政府的控制之下，這樣舊貴族對變法的反對才能成為空談。變法就這樣推行開來，作用也立竿見影，秦國的經濟水準飛速提高。中原先進的生產技術大量引進，秦國的農業、畜牧業都迅速地發展起來。小農經濟群體的擴大，更造成了大量貴族的破產和財產的萎縮，世襲制度的取消讓國家節約了開支，有更多的錢投入到基礎設施建設上。

能立竿見影的另一個原因就是商鞅夠狠，他在建立編戶制的同時，規定了保甲連坐制度，即一人犯罪多人受株連，用殘暴的國家機器，來打壓一切反對變法的力量，這是之前所有的改革家在變法過程中都未曾使用的方式。一是他們沒有得到這樣強有力地支持，二是他們不夠狠。

有一次在渭水河畔，他一次就殺掉了七百多個破壞變法的舊貴族，這其中真正有破壞變法行為的只是少數，大部分人都是被株連的親族，甚至還有鄰居，整個渭水清澈的水面剎那間被滾滾鮮血染紅。連秦孝公的兒子，商鞅也不姑息。當時太子的兩個老師鼓動太子反對變法，誹謗商鞅，商鞅得知後作主把兩個老師處以酷刑，一個割鼻子，一個臉上刺字，如此一來，整個秦國都嚇得打哆嗦了。

如日中天的商君

商鞅第一階段的變法持續了七年，到了西元前三五二年，變法的成果已經非常顯著，秦國上下出現了倉儲豐厚的景象，老百姓生產積極性大為提高，甚至出現了披星戴月勞動的情景。

在國家稅收方面，大量自耕農的出現，使政府的收入大為增加，國庫充盈，舊貴族勢力遭到了殘酷鎮壓，一時很難對變法形成威脅。變法帶來的巨大實惠，已經在秦國上下深入人心。

內政順利地推行，秦國軍隊的力量也得到了大幅提升。獎勵軍功制度的出臺，使原本剽悍尚武的秦國人作戰的積極性更加高漲，打仗不用動員。從商鞅變法的第三年開始，秦國就陸續在河西地區發動攻勢多次擊敗魏軍，原先秦國對魏國戰爭一邊倒的慘敗局面，這時候開始攻守互換。

原本對秦國採取攻勢的魏國也不得不改變政策，對強大起來的秦國以防守為主，轉而把注意力轉向東邊的中原諸侯國。魏國改變政策對於正在上升期的秦國來說尤其重要，它使得正在蛻變的秦國少了一個強大的對手，獲得了充足的成長空間，秦國收復河西失地、東進中原，似乎只是時間問題了。

商鞅變法的第二階段，從西元前三五〇年開始，商鞅再次頒布了變法令，因為變法的卓越成果，此時的商鞅已經成為手握秦國大權的大良造。這是一人之下萬人之上的角色，原本明槍暗箭的反對派現在已經無人敢掣肘了。

商鞅第二階段變法的內容，主要包括四個方面：一是廢除井田、開阡陌，這就徹底斷絕了奴隸主貴族的經濟命脈，打碎了奴隸主貴族對莊田的壟斷，勤力墾荒的自耕農只要足夠勤勞，就可以把原來奴隸主貴族的土地劃到自己名下，國家法律會為他們提供絕對的保護。

第二個方面，就是正式確立秦國的地方行政體系，即郡縣制度。全國劃分成四十一個縣，縣的長官縣令由中央直接任免，這樣對地方的控制權就牢牢地抓在了國君的手裡，原本畫地為牢的舊貴族從此徹底成了死老虎。

第三個方面，是統一度量衡，整合國民經濟，建立國家對商業貿易的絕對管理權。度量衡的統一，使國家有了統一的稅收標準，商業稅的徵收也更加制度化。

第四個方面，是編訂《秦律》，這是繼《法經》之後，中國又一部封建社會法律。《秦律》參考《法經》制定，內容比《法經》更細緻，涉及到經濟、政治、軍事的各個方面，目的是建立一個嚴格的官員督查體系，六國後來所羨慕的秦國官員之嚴謹、認真、高效，正是由此奠基。

在這四項改革內容中，也包含著一個重要的目的，第一階段的改革是樹立新法的影響力，建立新法的絕對權威；而第二階段是要把新法的內容制度化，成為秦帝國牢不可動的國體，深深滲透進秦帝國的血液中去。即使商鞅會有粉身碎骨的一天，但是商鞅的變法也成會為秦帝國從此不可分割的一部分。

這時候的秦帝國，還享受著商鞅變法的成果，國民經濟效率大大提升，在不增加賦稅的情況下，政府擴大了稅源，增加了稅收，國庫儲備充裕，足夠支持大型的戰爭。

秦國的軍事實力也在逐步增強，這時期的秦國已經遷都咸陽，定下了東進中原的國策，秦國的理想也比中原諸國更加遠大，他們不再謀求建立一個屬於自己的霸主地位，他們的理想是把整個天下統一在自己的囊中。這是秦國國君的願望，他們太盼望君臨天下的輝煌了。這也是商鞅的願望，他期待自己一生的嘔心瀝血能成為中國未來的典章制度。

這期間秦國東進的腳步已經不可遏制。遷都之前，秦軍已經陸續收復了安邑、元里等河西失地，稱霸中原的魏軍被打得節節敗退。到了西元前三四三年，秦國已經成為諸侯眼中不能小覷的力量，連掛名的周天子都來向秦孝公朝賀，授予他霸主的身分。西元前三四〇年，商鞅親自率軍擊敗魏國十萬大軍，俘虜魏國公子，魏國無奈之下只得向秦國歸還了所有的河西領土，幾十年的國恥就此一朝得雪。

在秦孝公君臣眼裡洗雪恥辱遠遠不夠。收復失地不夠，獲得霸主的身分也不夠，最重要的是要平定中原六國、一統天下。商鞅變法第二階段的十二年，正是秦國勃興時期的關鍵十二年。這十二年裡，秦齊兩面夾攻使得魏國實力徹底萎靡，秦國打通東進道路的願望從此徹底實現了。此後，剽悍的秦人第一次跨出了函谷關。雪亮的馬刀直指向富饒的中原大地，中國統一大業的腳步日益近了。

注定到來的悲情結局

商鞅人生的再次轉折，發生在西元前三三八年。這一年，一直不遺餘力支持商鞅的秦孝公去世了。即位的秦國國君秦惠王，就是當年曾經和商鞅結下樑子的太子駟。秦惠王上臺後不久，對商鞅的清算就開始了，大批失去權力的舊貴族四處造謠誣陷商鞅謀反，秦惠王派出軍隊去商鞅的封地緝拿商鞅。商鞅聞訊後立刻逃跑，逃到邊境時卻沒有客棧主人肯收留他。

因為根據商鞅自己訂下的律法，客棧如果收留沒有「身分證」的客人，是要遭連坐大罪的。走投無路的商鞅，最終被秦國的追兵逮捕處以車裂的刑罰。

商鞅的結局悲慘，原因有很多。

一是因為商鞅變法中的污點。商鞅變法的最大錯處就是矯枉過正，手段過於酷烈。在秦國建立了嚴刑峻法的統治，連在街上吐一口痰都要治罪，至於連坐之罪多年以來更是株連甚廣。後來秦國統一天下後秦始皇的「暴政」，其根由也是商鞅變法後秦國日益嚴苛的法家思想。

但另一個重要原因，卻是秦惠王自己的帝王心術，像商鞅這樣一個功高震主的人，對王權的威脅是巨大的，不除掉是不可能的。秦國的歷代權臣，如果不知功成身退的道理下場都很悲慘，比如李斯、呂不韋。能得善終的范雎等人，原因在於見好就收，但以商鞅的性格是不可能的這樣做的。所以從商鞅走進函谷關的第一天起，他被車裂的命運就已經注定了，他注定要成為這個大變革時代的殉道者。

九、連橫合縱，大國博弈

自從西元前三四一年，魏國在著名的馬陵之戰幾乎以崩潰式的慘敗給老對手齊國後，這個昔日戰國的霸主國家，就真應了一句話：王小二過年，一年不如一年。

其悲慘情況，以《史記》中魏惠王向孟子訴苦的話就可以完整概括：東敗於齊，長子死焉，西喪地於秦七百里，南辱於楚。

也就是牆倒眾人推，被幾個主要強國輪番吊打。昔日雄霸天下，這下子水深火熱了。

為啥如此水深火熱？一是敗得太慘，元氣大傷。馬陵一戰，魏國「覆十萬之軍」，以當時的人口條件幾乎堪比後來的趙國長平慘劇。更大的損失卻是魏王長子申被俘虜，名將龐涓戰死，魏國最傑出的軍事團隊幾乎一掃而空。

當然最難以挽回的損失，是昔日魏國橫掃天下的最大本錢：魏武卒。

曾經是戰國時代一支百戰百勝的恐怖力量，魏武卒在馬陵之戰遭受的幾乎是滅頂之災。而且這種「武卒」制度本身就存在極大漏洞，以荀子的說法：是以數年而衰，而未可奪也，改造則不易周也！

一個士兵即使再英勇善戰，最終也難逃時間的磨礪，總有老去的一天。而魏武卒這種制度決定了好兵就是終身制，更缺少淘汰機制。老兵佔據了位置，戰鬥力隨著時間的流逝而衰退，新兵替補不上，日久天長就青黃不接。魏武卒最後的精英在馬陵之戰中幾乎損失殆盡，這支昔日強大的軍隊再難恢復榮光。

如上種種，昔日強悍無比的魏國，宏圖霸業也就徹底成了明日黃花。真是落毛的鳳凰不如雞，魏國在馬陵之戰後的幾年裡基本就是被列國組團上門猛打。先是秦國、齊國、趙國三國聯合伐魏，然後楚國也來湊熱鬧。曾經惹不起的魏國，一下成了香噴噴的蛋糕被周邊鄰居來回瓜分。

上門瓜分最狠的是趁火打劫的秦國。先是商鞅主持軍事行動，一口氣奪取了魏國西部大片領土。這以後秦國幾乎連年東進，魏國是打仗打不過，講和人家也不許，只好主動獻上土地示好，如此一來更叫秦國得寸進尺，侵略的行為變本加厲。事實也再清楚不過，秦國要的不是霸主而是天下，魏國是一塊跳板，所以一定要狠打到底。到西元前三一九年，秦國已經擴張到今天山西河津地區，魏國的生存環境已經越發險惡。

地處魏國的東西兩邊的齊國和秦國先後崛起，由於這兩國東西對峙，文武動作不斷，夾在中間的魏國也就風雨飄搖，連年受夾板氣。

然而就在魏國叫苦連天的時候，一個來自秦國的使者送來了意外的橄欖枝：西元前三一八年，得勝的秦國派遣使團訪魏，非但沒有趁火打劫，反而主動把秦國攻取魏國而得的蒲陽慷慨還給魏國。一連串意外驚喜，還沒讓魏國回過神來，秦國公子繇竟然被大張旗鼓地送到魏國來當人質。先前還把魏國摁在地上肆意胖揍的秦國，竟然就這樣轉了性子和魏國修好了？

導致這次轉性的，正是這位送溫暖的使者，戰國傑出外交家張儀。

這場意外事件開啟的不是兩個國家的友誼，而是戰國一段波瀾壯闊的外交史：連橫合縱時代。

橫空出世的張儀

張儀出身魏國公族，曾經是鬼谷子弟子，周遊列國卻長期不得志，還曾在楚國被誣陷偷和氏璧被打得死去活來，但心態始終保持良好，被楚國人打成一堆爛肉送回來，妻子哇哇哭，他還信心滿滿地說只要我的舌頭沒爛就有翻身的本錢。

事實證明，他絕是非胡亂地自信。作為戰國頂級的戰略家，張儀所擁有的不止是犀利的口才，更有長遠的戰略眼光。後來進入秦國果然得到重用。而接下來對魏國的這一幕，就是其外交才能的生動寫照。

秦國和魏國雖說有各種死仇，但以秦國取天下的戰略目標來說，再強的秦國也無法同時與東方六大強國開戰，何況東方的齊國也正蒸蒸日上而且戰略條件要比秦國好得多。要想真正實現吞併天下的目標，必要的時候就要吐出已經到嘴的肉，抓住自己的鐵杆盟友，第一個對象就是魏國。

這一次出使魏國，效果出乎意料的好，先狠狠打了魏國一巴掌，然後再好好的揉一揉，果然把魏國揉得感激涕零，死心塌地表示要和秦國結成鐵杆同盟。而且魏國立刻就以行動表示決心，把上郡十五縣全數送給了秦國。這個超重大禮也立刻在秦國國內引來一陣驚呼，本來還遭到頗多反對聲的張儀，這下身分扶搖直上被秦惠文君任命為相邦。

而更有面子的事則發生在西元前三二五年，做了多年國君的秦惠文君已經不滿足「國君」這個稱呼，眼看著東方齊楚大國的國君都稱了王，自己也十分眼熱，打算趕個潮流。其實以秦國的國家實力早就有稱王的資格，之所以秦孝公到死還是個「公」，秦惠文君威風這麼多年還是個「君」，實在是有難言苦衷：不是沒實力，而是沒朋友。

稱王這種事，不是自家改個封號這麼簡單，這是一個重大的身分認定。誰要稱王都是一次重大的典禮，但典禮必須要有人捧場，自封的王不算數，必須要有同盟小弟來參與。這樣的稱王才夠體面，否則沒人捧場，自己自稱倒也可以，但放在列國之中就是個笑柄了。

這時候的秦國雖然實力強大，可是中原國家一開始是嫌秦國落後，等到商鞅變法實現自強後卻嫌他野蠻，長期以來都把秦國看作是虎狼之國。捧場？打死也不幹。

但張儀這樣幾次的慷慨大回饋，問題一下子就解決了，魏國和韓國在秦國的大棒加安撫下都死心塌地做了小弟，捧場不是問題。西元前三二五年四月，秦惠文君的稱王大典霸氣上演，魏國和韓國的國君不但親自前來朝賀，更在眾目睽睽之下做出一個令人十分驚愕的行為。兩位國君當場為秦王駕著有王位標誌的馬車，在各國來賓中間穿梭。消息傳開列國譁然。

這不但是確立了秦王的國王身分，更是確認了秦國對於韓國魏國的霸國身分，從此以後秦國吞併中原有了可靠的小弟當打手，不再是一個人戰鬥。這時候的秦惠文君，也就更名為我們熟悉的秦惠王。

這一系列榮光的實現正是來自於張儀的巧妙籌畫，他的聲望在列國之間更是如日中天。可是作為魏國人卻身在秦國當官，遭受的非議刁難一直不少，人生事業越發展，身邊就越發招來仇恨的目光，其中一位就是公孫衍。

同樣是魏國人，同樣也是在秦國實現了人生騰飛，享受高官厚祿，更同樣都是著名外交家，但公孫衍對張儀的恨意卻是由來已久。

首先是個競爭問題，兩人專業、籍貫相同，還都在一個國家奮鬥，相互之間真是針尖對麥芒。無奈老薑不敵新蔥，作為前輩的公孫衍自從遇到後輩張儀，人生就急轉直下，昔日執掌大權的他在秦國越發邊緣化，終於徹底待不下去，含恨出走跑到了魏國。

公孫衍去魏國的事，一開始張儀也沒介意：秦國你都待不住，魏國你能翻起什麼風浪？但萬萬沒想到，正是這一次出走改變了張儀親自操盤而原先順風順水的連橫政策。

因為早就在暗地研究張儀的公孫衍，總結自己在秦國失敗的教訓後，終於想出了另一個對策：你連橫，我合縱！

既然你的連橫是到處拉盟友，建立秦國自己的聯盟，那我就反其道而行之，在列國之間奔走，呼籲中原國家團結起來共同抗擊秦國的進攻！

當然這個重要的戰略，風險性也極大，初到魏國的公孫衍也立刻得到了魏國的重用，卻暗自收起了鋒芒，沒有先對秦國發難，新官上任的第一把火燒向了趙國。

身為魏國大臣的公孫衍和身為齊國將軍的田盼，其實是打算各自說服自家國君拍板同意一道出兵攻打趙國。公孫衍對這個大事信心十足，上來就告訴田盼：回去跟你家齊王說，出兵五萬人，保證把趙國打趴下。田盼驚得差點合不攏嘴：五萬人？您當齊國是你家開的呢，說得倒容易？誰知公孫衍信心十足：就跟你家齊王說要五萬人，少一個人都不幹！

為啥這麼堅決，明知難還要獅子大開口？公孫衍解釋說：您如果說得太簡單了，國君們肯定不信，認定你是在忽悠人，只有把事情說得既充滿誘惑力又困難，才能激得這些人下本錢。

事實證明公孫衍對於國王們心術的揣摩，簡直到了精準的地步。田盼回去一轉述，齊王眼皮子都不眨，當場就批了五萬大軍浩浩蕩蕩殺向趙國。這下齊魏合兵前後夾擊，一口氣拿下趙國的大片土地，齊國擴充了實力，魏國更補回了被秦國宰割的損失，卻叫剛剛登上王位的一代英雄趙武靈王，王位還沒坐熱就結結實實吃了個癟。

除了國土的收穫，最大的收穫卻是戰場外。魏國徹底修復了和老對頭齊國的關係，在和秦國修好的同時也傍上了齊國這棵大樹。生存環境一下大好。

公孫衍的名號一下子在中原大地響亮了起來。然而遠在秦國的張儀，陰冷的目光也投射了過來。作為這個時代最頂級的外交家，張儀最不缺少的就是嗅覺。公孫衍打趙國的事，放在一般人眼裡會認為和秦國八竿子打不著，然而張儀卻立刻洞察了這個老對頭想幹什麼。

於是公孫衍剛燒了第一把火，張儀這邊就一陣風暴襲來。西元前三二四年，張儀親自率領秦軍，大舉進攻魏的領土陝地，消停沒多久的秦魏關係一下又戰火重燃，結果魏國一如既往的不經打，不但國土很快淪陷，而且當地的老百姓也全部被張儀驅趕到魏國。一時之間，整個魏國西部邊境上到處都是難民。

張儀這樣做的目的，一是要把陝地經營成軍事要塞，作為秦國東進的另一個跳板，而更重要的目標就是給魏國施加壓力。幾下子轟轟烈烈的進攻手段把魏國燒得焦頭爛額，此時一股暗流也悄悄襲來，張儀約齊楚大臣在江蘇沛縣相會。

對於正在忙活合縱的公孫衍來說，這個暗招才叫釜底抽薪。公孫衍一直苦心經營的就是以魏國為紐帶，實現中原國家聯合抗秦的合縱局面。結果一下就被張儀洞察，先朝其中最強的齊國和楚國下手。只要這兩家不上公孫衍的「賊船」，合縱上基本就是廢了。

在張儀看來，這個計畫可以說天衣無縫，先以痛打魏國亮了肌肉，然後又施以恩惠拉攏齊楚，高明的手段外加秦國強大的實力做底氣，公孫衍你還能蹦躂起來？

誰知接下來的事卻給得意沒多久的張儀當頭一棒，公孫衍面對張儀的拆解竟然見招拆招，使出了一個「五國相王」的大絕招。

秦國當初拉攏魏國就是為了稱王，那我也有樣學樣，你不過是拉來了韓國魏國當小弟，我這裡來個更大動作——五國相王。

這一招厲害在哪？雖然和秦王稱王內容一樣，可性質不同。秦王稱王，要的是韓國魏國來做人肉背景，但五國相王卻不同，大家是互相稱王，結成戰略同盟一起對抗秦國的進攻。

可這看上去很厲害的招數，真執行起來卻出了問題。參加五國相王的國家，分別是趙國、韓國、魏國、燕國、中山國。前四個國家問題不大，偏偏中山國也摻和進來，立刻招來了不滿聲，其中最不滿的正是公孫衍一直努力想傍上的齊國。作為東方僅有的能抗衡秦國的力量，齊國眼眶子也高，看到小小的中山國也來稱王，立刻深感丟不起人，竟然要聯合魏國廢掉中山王的王號，卻被魏國拒絕。結果一場本來抗秦主題的「相王」活動，啥事都沒幹，自己就先掐起來了。

鬧劇打得如此厲害，秦國還沒來得及摻和，另一個不該摻和的國家卻又摻和了進來：楚國。藉口干涉魏國國君的子嗣問題，大舉出兵魏國一口氣拿下魏國八座城池。公孫衍苦心籌畫的相王活動連連吃癟。

而幾輪交手之後，公孫衍和張儀的差距也就暴露無遺。兩人在戰略眼光和心態拿捏上都堪稱頂級高手，但公孫衍和張儀最大的差距是做事的步驟，比起張儀的步步為營，貴族出身的公孫衍卻常是步子邁得太大。高手過招，差之毫釐，謬以千里。

公孫衍的翻盤

公孫衍的合縱連遭受了好幾次打擊，而身在秦國的張儀乘勝追擊，西元前三二三年，秦國連續攻取了魏國的曲沃和平周。這時候的魏國，向西被秦國打，南方又被楚國打，好不容易拉上關係的齊國卻一下子關係冰冷，可謂要多失敗有多失敗。

焦頭爛額的魏惠王一怒之下將丞相惠施撤職，身為魏將的公孫衍也跟著靠邊站。而身為秦國相國的張儀卻把自己當作一顆炸彈，緊接著扔過來：入魏。

這次張儀來魏國，不是出使也不是恫嚇，而是來求職。

說起來張儀也是一肚子苦水，多年來自己在秦國風光無限。但是仇恨也拉得多，在秦國官場上基本就是光杆一條，唯一可以依靠的就是秦王的支持。

但歷史的教訓告訴張儀，商鞅的例子血淋淋的擺著，這個依靠是最不靠譜的。在秦國地位越高、功勞越大，風險也就越大。而且連見好就收都沒用，自己一旦退一步，接著就會被清算。

所以張儀經過苦思冥想，終於想出一道妙計：與其在秦國過這種刀頭舔血的生活，還不如主動辭去相位離開秦國，既讓秦國的這群仇人稱快，其實是以退為進，繼續變換戰場推行自己的連橫政策。

他找到的第一個戰場，就是魏國。

西元前三二三年，造訪魏國的張儀很快接替惠施成為了魏國的新相國，他就像一塊秦國扔出去的膠帶，一下就把魏國牢牢綁在秦國的戰車上。掛著魏國的相印，其實還是秦國人，更深的戰略目的卻是「欲令魏先事秦而諸侯效之」，也就是把魏國變成秦國的小弟，給天下各家做一個表率。

照著張儀的這個盤算繼續下去，接下來的步驟就是秦國以魏國作為跳板，進攻自己的主要敵人。由秦國出兵，魏國提供戰場，兩家配合默契必能橫掃中原，第一個進攻目標就是秦國的最大強敵：齊國。

這時候的齊國，還是齊威王在位，國力蒸蒸日上的時期。對於秦國的這場東進行動，齊威王並不慌張，因為此時他正擁有一個繼孫臏之後，堪稱東方軍界第一人的將星：匡章。

匡章這個名字，在今天知名度不高。但是在秦國這次進攻打響前，他的名號卻很響亮，倒不是因為他的軍事成就，而是他的家庭糾紛。

匡章年幼時，他的母親被父親殺死，這段過往被齊威王得知後，戰前齊威王特意鼓勵說：只要你打敗了秦國，回來就風光厚葬你的母親。沒想到匡章毫不領情，說就算是死也不能這麼做，因為這等於侮辱了我的父親。

對於匡章這個打臉，齊威王非但不生氣，反而非常欣賞。因為先做孝子才能做忠臣，從匡章的這番表現，他看到的正是一個對父母忠孝的鐵骨錚錚漢子。因此對匡章高度信任，給予他專斷之權。

這是橫掃東方的齊國軍隊與以強悍戰鬥力名滿天下的秦軍之間，一次火星撞地球般的碰撞。但沒想到對決還沒開始，齊國國內的新聞就不斷，最爆炸的新聞是傳說匡章已經和秦國勾搭上，連什麼時候投降都商量好了，各種消息滿天飛，說得有鼻子有眼。

消息傳來後，齊威王倒是十分淡定，而秦國這邊卻十分興奮，竟真的以為匡章要變節了，於是在毫無防備下匡章的齊軍突然發起進攻，把得意洋洋的秦軍殺得大敗。這是自商鞅變法之後，一直無敵的秦國軍隊第一次慘遭失敗。

得勝的齊國確立了他足以抗衡強秦的國家地位。張儀本來想把魏國好好拉住，然後一舉打敗齊國，秦國的東出大業就可以一馬平川，沒想到上來就吃癟，被齊國好好教訓了一頓。

教訓的結果是局面大反轉，最感灰頭土臉的倒還不是秦國，反正齊國離得遠，打不過就撤回本土而已。此時魏惠王卻不幹了，自己的魏國可是在人家齊國眼皮子底下呢！本來指望著狐假虎威藉秦國的力量暴揍一頓齊國，或許還能撈些好處，這下好處沒撈到，秦國軍隊拍拍屁股走人，齊國的刀把子卻頂到自己臉上，這可如何是好？

氣急敗壞的魏惠王轉過臉，正看到滿臉懊喪的張儀，心想替罪羊這不現成的？

這下張儀苦日子來了，先被魏惠王罷免了相國職務，罷免的可不止是一個相國，更是張儀多年以來苦心營造的魏國小弟身分。不但張儀被轟回了秦國，一直竭力為聯合抗秦奔走的公孫衍身分又扶搖直上被提拔成了魏國的相國。

這也就意味著張儀多年年的苦心經營，經過這場秦國遠征大敗全部白費。忙活一場，最終又回到起點。公孫衍的合縱，這下又佔據了上風。

兩大巨頭

張儀被轟走的同年，魏惠王溘然長逝。已經是魏國國相的公孫衍，身分地位更如火箭般地一路竄升，不但是魏國的重量級首腦，名聲更傳遍列國，得到了中原國家的支持。

志得意滿的公孫衍，決定趁熱打鐵：既然你張儀你能借道魏國來打齊國，我難道就不能聯合中原國家來伐秦。

於是第一次大規模的聯合抗秦行動，終於在西元前三一八年上演，公孫衍集結了韓趙魏燕楚五大國組成聯合軍隊，浩浩蕩蕩西進，朝著秦國殺來。

但比起張儀那次運氣差，公孫衍這次的聯合軍事行動卻是雷聲大雨點小。所謂五國抗秦，燕國只不過是觀風景，表示一下道義上的支持；楚國倒是表現很積極，楚懷王還被推舉為縱約長，但等到要真出兵的時候，楚國卻縮手了，一個兵都沒有派。真正拉到戰場上的，只有韓趙魏三國。

反應在戰場上的效果也可想而知。韓趙魏三國當時並不是強國，雖說勉強湊齊了軍隊，但戰鬥力和如日中天的秦國相比著實不是一個檔次，部隊拉到函谷關立刻就被秦國打得稀裡嘩啦，不但沒有報仇雪恥，反而被秦國一路追擊一直打到韓國的修魚。

對這次聯合伐秦，秦國的態度很明確：要麼不打，要打就往死裡打，要各國好好看看跟秦國作對的下場。本著這樣的目標，秦國不但瘋狂掠奪三國土地，而且出手就是狠招。三國先後被秦國斬殺的士兵總數，保守估計就有八萬兩千多人，如此慘烈的傷亡堪稱戰國以來前所未見，秦國的殘暴和其作戰的凶悍震驚天下。當然和後來的長平之戰比起來，這樣的傷亡只能是小兒科。

當時秦國的這一通強硬打擊，一下就把一盤散沙的合縱給嚇壞了。五個國家紛紛忙著撇清，退兵的退兵，示好的示好。眼看著轟轟烈烈的第一次合縱就要以完敗而告終，公孫衍一招看似不經意的殺招，卻給中原國家找回了場子：義渠。

義渠，就是在秦國西北的古老游牧部落，這個以戰鬥力出名強悍的民族，常年是秦國北方的大患，公孫衍在進行這次合縱時自然也沒忘了這個恐怖煞星，主動派人聯合。當秦國的軍隊在韓趙魏國土上大殺四方的時候，義渠的鐵騎卻在秦國的後方開始搗鬼了。義渠主動出擊，在李帛地區大敗秦軍。

為何這個凶悍的民族這麼聽公孫衍的話，實在還是公孫衍拿捏對手心術的本事太強大了。一開始和義渠談判，一句話就卡住了義渠的死穴：如果秦國不和中原國家開戰，他們的下一個目標就是消滅你，你自己看著辦！

等到合縱開打的時候，秦國也不是沒考慮到義渠的威脅，開打之前主動找到義渠送上絲綢做禮物，本以為可以像以前一樣把這幫蠻族穩住，沒想到經過公孫衍教育，義渠已經不那麼容易糊弄，秦國的禮物照收，該打還是往死裡打，背後一場突襲讓秦國結結實實挨了悶棍。

如此一來，這場失敗的合縱雖然沒能收復國土，卻也由於義渠的幫忙給合縱大業好好的找回了場子。

而公孫衍和張儀的連番鬥智，更引得天下人側目，以當時的名士景清的說法：公孫衍和張儀都是當時的大丈夫，他們如果生氣天下人都害怕，他們如果消停天下人都高興。

其實真正讓天下人關切的不是他們兩個人的人格魅力，而是他們所代表的連橫和合縱兩大外交博弈。

張儀的最大挑戰

公孫衍的合縱失敗後，張儀又精神了。精神抖擻的張儀，給秦惠王獻上了一個堪稱膽大包天的出擊計畫：趁熱打鐵進軍韓國，然後把周王室給滅了，將周天子抓到咸陽來，從此把周天子捏在手裡，號令天下誰敢不聽。

東漢末年曹操挾天子以令諸侯的妙筆，他要提前上演？

但如此大膽計畫，得到的卻是秦惠王冰冷的回答：不行！

作為一個敢把商鞅送上法場的鐵腕帝王，秦惠王在歷史上的形象一直比較負面。但是這次的選擇卻證明在戰略眼光的取捨上，他甚至比父親秦孝公還要強。

因為公孫衍的合縱，留給秦國的最血淋淋教訓就是後院絕不能起火。要想吞併中原，首先重要的就是穩定的大後方，每次進軍中原都這麼提心吊膽，不是怕糧食不夠吃，就是怕義渠打悶棍，不被打死也要被煩死。

為了不再吃這個虧，秦惠王決定放棄進軍中原的大好機會，把擴張的矛頭卻指向一片新國土：巴蜀。

為什麼要吞巴蜀，一是巴蜀拿下，關中平原就少了側面的威脅。更重要的是巴蜀地區地廣人稀，卻是物產豐富、土地肥沃，如果好好開發就會成為秦國的糧倉，可以源源不斷的支援前線戰事。

於是西元前三一六年，秦惠王以司馬錯掛帥，發動了對巴蜀地區的大規模進攻，當地的巴國和蜀國兩個政權相繼投降，包括今天四川盆地在內的大片領土都成了秦國的囊中之物。隨後代代秦王都致力於巴蜀地區的開發，大批的秦國農民移居巴蜀，終於把這個蠻荒之地變成了秦國重要的產糧區，支撐起了秦國浩大的戰爭。

其實秦國選擇這個戰略，風險也是極大。如果中原國家藉這個機會東進，秦國的局面可就困難了。但秦國對這個問題一點也不擔心，因為中原國家並非鐵板一塊。特別是五國合縱失敗後，中原國家的彼此關係出現了微妙的變化。

魏國這邊，貴為魏國相國的公孫衍正逐漸失去魏國的信任，此時魏王信任齊國人田需，反而把公孫衍晾在了一邊。好在這位眼光敏銳的政治家及時自救成功，拉來了齊國國相田嬰支持，自己也轉而擔任了韓國相國。這樣一來壞事變好事，齊國、韓國、魏國被公孫衍巧妙經營成一個聯盟。

而此時秦國的相國正是官復原職的張儀，對公孫衍這番動作，他又豈能坐視？而比起上一次來，張儀這次的應對卻是簡單粗暴：公孫衍跑到哪裡去，我就打哪裡，就是這樣認人不認國家。

如此一鬧，韓國又倒楣了。秦國大軍長驅直入，而公孫衍則把楚國當成救星，沒想到楚懷王虛與委蛇，答應派救兵卻一直看風景。結果秦韓兩國在岸門大戰，孤軍奮戰的韓國被秦國打得大敗，而最丟人的是一直主持合縱的公孫衍，關鍵時刻非但沒衝在前面，反而撒丫子跑掉，把忠心耿耿的士兵們扔給秦國虐殺。

這樣一番痛打，韓國可吃了大虧，除了丟人更丟掉了大片國土。西元前三一四年，韓國再次向秦國俯首稱臣，而且比上次還要屈辱，親秦國的韓國公子政被立為了韓國太子，也就是除了這一代連同下一代都要做秦國小弟。

秦國這次軍事行動，不但打服了韓國，捎帶也掠奪了魏國和趙國的大片國土。更以韓國為跳板，把趙國也痛打了一番。這樣一來，韓國和魏國重新倒向了秦國，張儀經過辛苦努力，再次建立起了與魏國韓國之間的聯盟。

而且更讓中原國家震撼的是，秦國在這次用兵佔據了一個重要戰略要地：武關以東的商於之地，也就是今天的河南淅川地區。這個地方就好似一個矛頭，直接插入到楚國邊境，這也就意味著秦國不但向東有了攻打齊國的跳板，向東南更有了攻打楚國的基地。原來看上去還很遠的秦國威脅，這下活生生地擺在齊國和楚國面前。

而張儀和他的連橫最大的挑戰也就到來了。

長期以來，公孫衍的合縱之所以失敗，主要原因是因為對合縱最熱心的是韓趙魏幾個長期受秦國威脅的國家。而齊國和楚國對這個事情的熱心程度並不大。可是以韓趙魏三國的實力，就是捆綁在一起也很難是秦國的對手。

但是到了西元前三一三年，韓國和魏國先後臣服於秦國，此時楚國坐不住了，秦國的威脅眼看就要上門，於是齊國和楚國也就走到了一起。在齊國的支持下，楚國大舉出兵商於之地，先拿下了曲沃，然而又兵臨於中。就在這關鍵時刻，張儀再次出招了，他主動出使楚國，做出了最美好許願：只要楚國和齊國絕交，秦國就和楚國修好，而且把六百里商於之地全數奉送給楚國。

只要看看當時的形勢，就知道天下沒有白吃的午餐。秦國如果拱手相送商於之地，就等於將刀把子送到楚國手裡來，這樣的傻事誰能幹？可偏偏楚懷王就這麼傻傻地相信了。結果楚國立即和齊國斷交，然後大搖大擺去接收商於之地，卻被秦國給轟了回來。這才知道上當了。

楚懷王雖然在外交上單純，卻絕不是好脾氣，知道真相後立刻大怒。西元前三一二年，楚國大軍呼嘯而來，而且先前吃虧的楚國這次出兵卻十分聰明，一路由景翠率領攻打已經倒向秦國的韓國，一路則由屈丐帶兵直撲商於之地。你不給我，我就自己來拿！

這是戰國時期國土最大、人口最多的楚國與新興霸主秦國之間一次重量級的交鋒，上次在齊國面前吃了大虧的秦國，這次還會重蹈覆轍嗎？

比起上次秦國的拙劣表現，這次秦國從部署到用兵都已經沉穩成熟了很多。楚國既然兩路打，那我就三路來，除了兩路迎戰外，最關鍵的卻是第三路：特別是中路軍，由張儀選拔的名將魏章統帥在商於之地反擊楚軍，另外還有名將甘茂的一路大軍直接進入楚國漢水流域，把戰火燒到楚國國土上去。

結果魏章一出手就震撼天下，在丹陽一戰就斬首楚國八萬大軍。楚國軍隊不但遭受毀滅性打擊，有七十多名將領被俘虜。更和甘茂部會合，聯手橫掃楚國境內幾百里，還替秦國打下了一個漢中郡。

更震撼的場面卻發生在中原，救援韓國的秦將樗里疾，不但把楚軍打退，更乘勝追擊在韓國和魏國境內縱橫呼嘯，一下打穿韓魏兩國，直打到魏國的東北面。這場秦楚交鋒展現了秦國強悍的戰鬥力。

之後的幾年裡，確立優勢的秦國軍隊一面穩住東邊和楚國絕交的齊國，一面摁住楚國猛打。到西元前三一一年，秦國已經拿下了楚國的昭陵，這樣一來秦國的巴蜀、漢中這幾個地方完全連成一片。僅以國土和人口來說，秦國已經完全超越了楚國，成為戰國時代的第一大國。

這段戰爭過程裡，挨揍比較多的是楚國，而看熱鬧比較多的是齊國。齊國基本就是看風景，逮著機會撿便宜。令人想不到的是在齊威王時代還和秦國旗鼓相當，此時已經與秦國拉開差距。雖然齊國國力也在上升，是東方六國公認的第一強國失去了單獨面對秦國的能力。

一個全身而退，一個功勞被佔

此時如果照著張儀謀劃進行下去，秦國一統天下的步伐也許會更加速。但是就在一切形勢大好的時候，秦國內部卻出了大問題，西元前三一〇年，秦惠王去世。這位一代英主的過世，害苦了他一直信任的張儀。

就如商鞅當年的遭遇一樣，張儀在新國王秦武王登基後，遭到了秦國舉國的清算討伐。但好在做人方面，張儀比商鞅結的仇恨要少。而且情勢比人強，一旦張儀死在秦國，真正受影響的是秦國大業。於是權衡利弊下，張儀和心腹魏章只是被解除了職務，離開了秦國。

張儀隨後到了魏國，這位戰國知名的外交家再次擔任了魏國的國相，而齊湣王得知情況後，一度想出兵攻打魏國藉機會要張儀的命。

但張儀並不慌張，反而派人告訴齊湣王：您要是真攻打魏國，那麼等於替秦國分擔了壓力，秦國會趁機攻打韓國，直接就把周天子給端了，你就是給秦國做好事啊。此話果然說中了齊湣王要害，取消了這次軍事行動。躲過一劫的張儀做了一年魏國國相後，病故於魏國。

公孫衍的結局，卻是相對悲情，他在韓國受到排擠後也回到了魏國，以《韓非子》的說法，因為捲入了大臣田需和張壽的爭權事件被魏王殺掉。合縱的宣導者，落得如此下場。

秦武王登基後，秦國的擴張還在繼續，可是沒有了張儀的謀劃。僅僅經過三年時間，秦武王就在與大力士孟說比試舉鼎時力竭而死。而遭受重創的楚國，卻在楚懷王南吞百越之地後再度強大起來。而齊國經過齊宣王的休養生息，力量再度強大。這幾個主要對手與秦國的較量也依然在進行。

十、楚國為什麼會衰落

在戰國列強變法圖強的熱潮中，另一個曾經雄視天下的勢力就是南方的傳統豪強楚國。

作為春秋時代滅國最多的國家，楚國一直到戰國中期都是無可爭議的超級大國，特別是在吞併了越國之後，其國土面積更達到了極盛。在與秦國的大規模戰爭之前，楚國的人口和土地都是戰國列強中最多，其戰鬥力和後勤補給更是雄厚到恐怖的地步。

通過對魏國李悝變法的複製，吳起在楚國所掀起了一場狂飆突進的變革。從楚悼王十二年（西元前三九〇年）開始，原本就潛力雄厚的楚國，在吳起變法的催動下開始了破繭成蝶般的蛻變。

吳起的變法內容和李悝變法有很多相似之處，但同時也有自己的獨創。比起李悝單純的政治家身分，吳起更兼有政治家和軍事家的雙重角色，因此帶給楚國的也是更加偏向軍事化的強大變革。大批被廢除了爵位的舊貴族，強制遷移到地廣人稀的南方，華夏文明向南的傳播因此進入到了加速的階段。軍事實力也全面升級，甚至在與魏武卒的較量中都屢戰屢勝。

但吳起的變法隨著楚悼王的過世而遭到殘酷的清算，吳起被奴隸主貴族們殺害，並且引發了楚國高層一次大規模的貴族屠戮行動。和楚國不一樣的是，秦國雖然殺害了商鞅卻依然延續了商鞅的變法。吳起死後，楚國變法的進程就原地踏步，舊貴族繼續把持大權，最終也沒有像秦國那樣完成最關鍵一步的蛻變。

即使如此，楚國依然憑藉著這一場及時跟進的變法運動，趕上了戰國歷史演進的潮流，更因其強大的戰爭支撐能力，成為整個戰國時代裡不可忽視的強大力量。甚至在相當長的一段時間裡，都是秦國東進的主要對手。

特別是在魏國衰落以後，楚國也多次趁火打劫，頻繁地向中原地區進行擴張。這時候的楚國，在秦國東進的大背景下，已經成為了少有可以抗衡的力量。

楚國雖然在變法的貫徹性上比起秦國來有很大差距。但楚國畢竟與中原國家打交道已久，而且在中原的人脈更非秦國所能比。在齊秦兩國進入到雙雄對峙的階段，綜合國力堪稱當時第三的楚國，本來有很好的機會可以實現自己的霸業。為什麼最後的結果卻是被秦國反覆虐打呢？

這個，就要說說楚國的盛衰歷史了。

楚國要休息

吳起殉難後的楚國，政治上掀起一場血雨腥風，但其綜合國力依然蒸蒸日上。

繼楚悼王之後繼位的楚肅王，一面大肆清算舊貴族，滅掉了七十多家。一面大力整軍精武，雖然沒有繼續深化變法，但總算也沒開歷史倒車。吳起變法打下的好家底，這時候更是開花結果，楚國的經濟和軍事實力都在急速上升。

但楚肅王本人卻嘗到了沒有了吳起的苦果，楚國的北面是如日中天的魏國，沒有了吳起這位超級軍神，楚軍也在與魏國的戰爭中一度被打回到原形。從楚肅王六年起，魏國多次出兵討伐楚國，一路拿下楚國在北方的重鎮，楚魏之間的邊界五年來一直朝著楚國這邊猛縮。鬧得楚肅王除了修築方城抵抗外，毫無應對的辦法，好不容易在吳起變法時代神氣了幾年，這下又要走老路？

但楚國的運氣確實不壞，因為地廣人多決定了楚國的戰爭潛力。哪怕遭受巨大的戰爭傷亡，可是有非常好的作戰縱深，廣闊的長江流域就是楚國的大後方，除非是一鼓作氣將楚國滅掉，否則如果拼相持戰，沒有哪個國家能是楚國的對手。

楚國和魏國戰爭的情況就是這樣，在魏國雄霸天下的年月裡，對楚國的戰爭基本勝多負少。但是在楚國強大的戰爭潛力支撐下，魏國終於還是沒能突破楚國的防線。到了楚宣王時代，魏國兩邊崛起了齊國和秦國兩大強國，楚國人驚喜的發現，一直似石頭般樣壓在自己頭上的魏國好像突然被人搬開了。

這時候的魏國與楚國戰爭打得少，但是和齊國的戰爭卻是白熱化。此時齊國正是一代英主齊威王在位。新興崛起的齊國和老牌霸主魏國，從此在中原進行了二十多年的鏖戰。齊國終於在西元前三四一年的馬陵之戰徹底擊敗魏國主力，昔日雄霸天下的魏國從此一蹶不振。

而在這場逐鹿中，身在南方的楚國一直奉行韜光養晦的政策，特別是繼楚肅王之後登基的楚宣王除了賣力求發展，就是忙裡偷閒跟著齊國打一下魏國，也趁機收復了不少失地。在齊國和魏國著名的桂陵之戰中藉著援助趙國的名義趁火打劫，奪取了睢水地區的不少土地，實力大大加強。

這段時間楚國的國策被稱為「休楚」，也就是盡可能的休養生息，靜觀中原地區的變化。三十年裡嚴格執行這個政策的楚宣王，是之後楚國縱橫戰國舞臺最重要功臣。

這個休楚的政策有多好，史料可以佐證：地方五千里，帶甲百萬。這時候的楚國已經有了百萬大軍和五千里國土，已經是整個戰國時代最為凶悍的力量。

而積累了強大力量的楚國，更面臨著極好的發展機會。隨著馬陵之戰的結束，魏國已經徹底沒有了東山再起的可能，成了一塊案板上的弱肉任憑齊國和秦國宰割，楚國的機會也就隨之而來了。

休息好了就開打

楚國開始結束「休楚」政策，大規模介入中原紛爭，是在楚威王在位時期。

當時的魏國已經被齊國打得遍體鱗傷，既然無力爭霸，只好低頭認輸。最有名的事件就是「徐州相王」。西元前三三四年，魏惠王和其盟友們在徐州朝拜齊威王，與齊威王互相承認了王位，這個事件也宣告了當時齊國幾乎凌駕於東方各國之上的霸主地位。

當然這個浩大典禮，背後也是魏國另一個精明的打算：引楚國入局。

魏國知道自己夾在齊國和秦國兩大強國之間，國力又嚴重衰弱，隨時都會成為人家宰割的魚肉，一個秦國已經讓自己焦頭爛額，再加上一個齊國更是疲於奔命。那麼唯一解決問題的辦法，就是再引入一個超級強國和齊國之間亂鬥，魏國才能從中漁利，順利保住自家的政權。而楚國則是當時關東大地上，唯一一支能和齊國爭雄的力量。

而是否要和齊國爭雄，這個問題也讓楚威王也糾結了好幾年。

以楚國開疆拓土的能力，這麼多年引而不發，堅持不介入中原的紛爭絕不是愛和平，而是楚國深知這幾個強大對手的實力。自己和魏國互相亂鬥了那麼多年，基本都是被魏國壓著打，而今又出來一個剛把魏國打趴下的齊國，以楚國現在的實力能否在與齊國的爭鬥中佔據上風，楚威王真是沒有底。

但是徐州相王事件，卻讓楚威王下定了決心。他不能再等了。齊國已經迫使魏國臣服，秦國又離他們很遠，那麼他們下一個擴張的對象自然就是楚國了。如果楚國不能先發制人，那麼就很可能像魏國一樣淪落到任人宰割的境地。

而且楚威王的個性也是非常強烈。按照史料的說法，「王之為人者，好用兵而甚務名」，就是十分好戰，而且在乎名分。特別是齊威王這個時候正在徐州享受被列國尊奉的榮耀，在楚威王眼裡那更是羡慕嫉妒恨。你憑什麼！

於是在齊國毫無防備的情況下，楚國猛然進攻。精銳的楚國大軍突然殺到了徐州地區，在泗水大戰中把齊國打得大敗，而齊國還沒有回過神來，趙、燕等國也紛紛趁火打劫把齊國一頓亂打，剛剛贏得馬陵之戰的齊國就這樣受了挫折。這就是著名的徐州之戰。

徐州之戰齊國的實質損失並不大，但是卻大大地損傷了面子。楚國居然得寸進尺，趁著勝利的威風威逼齊國撤掉宰相田嬰。雖說在齊國的巧妙勸說下作罷，但楚國的一鳴驚人卻已天下皆知。

以《戰國策》的說法，就是：郢（楚國）為強，臨天下諸侯。

春秋以後沉靜了很久的楚國，就這樣以一場橫挑齊國的勝利向世人宣告：強大的楚國，王者歸來。

而在打敗了齊國之後，楚國的擴張變得一發不可收拾。楚威王雖然好戰卻也務實，知道現在齊國也是在巔峰時期，可以讓齊國知道厲害，但遠沒有到撕破臉的時候。所以其征戰的對象，反而對準了另外一個鄰居：越國。

說起楚國和越國之戰，歸根結柢還是徐州之戰的後遺症。

吃了楚國的大虧後，齊國是又氣又急，既想和楚國全面開戰，但旁邊還有魏國，魏國西邊還有秦國，真不是修理楚國的時候。於是就想出了一個毒招，派使者勸說楚國的鄰居越國，說如果你不打敗楚國怎麼能確立你的霸主地位？只要你能打楚國，齊國願意全力幫助。

本來按照齊國的打算，只要越國和楚國開戰，不管最後誰贏肯定兩敗俱傷，佔便宜的就是齊國。

沒想到開戰後的情況卻叫齊國吃了一驚，傳說中十分強大的越國碰上新崛起的楚國，卻是十分不經打。西元前三三三年，楚國和越國開戰，遇到精銳的楚軍越國一觸即潰，先前囂張的越王無疆更是一戰斃命。一場齊國精心策劃挑起的戰爭，反而給楚國送了大禮，楚國長驅直入，一口氣吞併了大部分越國故地，實力大為膨脹。

楚國當時的版圖，按照史料的說法：西有黔中、巫郡，東有夏州、海陽，南有洞庭、蒼梧……帶甲百萬，車千乘，騎萬匹，粟支十年。

也就是說，這時候的楚國版圖已經擴張到了今天的廣西、貴州地區，可以說深入到西南腹地，而其軍事經濟實力更是強大，不但有百萬大軍和精良戰甲，糧食也可以支用十年。比起同時期的齊秦兩大國，楚國已經是一支不容忽視的力量。這段齊秦爭霸的早期階段，其實更可以說是齊秦楚三強鼎立。

巔峰楚懷王

在楚威王過世，楚懷王登基後，楚國的爭霸事業一度接近了頂峰。

楚懷王登基後，首先下手的目標就是曾經長期欺負楚國的魏國。西元前三二三年，楚國大舉討伐魏國，在令尹昭陽的率領下一口氣拿下魏國八個城池，勢頭十分強勁。眼看著魏國被打得縮手縮腳，昭陽竟然連打下去的興趣都沒有了，乾脆調轉矛頭打算去攻打齊國。這下可把齊王嚇壞了，幸虧使者陳珍的勸說，才讓楚國打消了主意。

這是楚國在整個戰國歷史上，最為風光囂張的一刻。齊國和魏國兩個中原傳統強國，一個被楚國嚇得緊張萬分，一個被楚國打得滿地找牙。登基才六年的楚懷王，儼然有了雄霸天下的模樣。

這個強大的楚國，自然也引起了秦國的注意。

就在楚國耀武揚威將魏國打得焦頭爛額的這一年，秦國的國相張儀悄然造訪，在沛縣約見了齊國和楚國的大臣。這也是這位後來和楚國淵源極深的外交家，和楚國的第一次接觸。

同時意識到楚國價值的還有合縱的宣導者公孫衍。當合縱如火如荼開始後，公孫衍就把楚國當作了重點拉攏對象。而當時另一個能與秦國抗衡的齊國，在齊宣王時代對抗秦國的熱情並不高。因此有很長的一段時間，楚懷王就成了合縱的實際主角。

而楚懷王人生裡最風光的時刻則是發生在西元前三一八年，也就是公孫衍操縱的第一次合縱攻秦時，韓趙魏燕楚五大國家結成盟約，相約組成聯軍討伐秦國，楚懷王成為五國合縱的縱約長。

但對這莫大的榮譽，楚懷王本人卻興趣不大。一開始的時候，楚國熱情很高，但是經過張儀的外交斡旋，外加這時候楚國的重點放在對南方的領土擴張，因此認為和秦國衝突的時機並不成熟。於是這一次的合縱還是以韓趙魏三國為主力，作為領導人的楚懷王卻是半途而廢，連部隊都沒有派，只是眼看著韓趙魏三國和秦國廝殺。而實力已經嚴重衰弱的韓趙魏，又怎能是強秦的對手，結果被打得大敗。

而隨著韓趙魏等國家遭到秦國的反覆虐打，楚國也越發明白了一個事實，與秦國早晚會有一場較量。

楚懷王在位的第十二年（西元前三一七年），秦國的擴張已經取得了突破性的進展。秦國打到了巴蜀地區，已經有了雄厚的大後方；向東南取得了商於之地，正好可以和楚國接壤。戰爭的威脅已經擺在了楚國面前。

而在楚國北面的老鄰居齊國，它的實力也在蒸蒸日上，齊國主動和楚國修好，兩家同進退發起對中原的擴張。楚國也藉機擴大了不少地盤，但楚國也是十分清楚，在齊國和秦國之間楚國必須有所選擇。

愚蠢拉仇恨

由於對商於之地的垂涎以及張儀的花言巧語，楚懷王錯誤的相信了秦國，拋棄了和齊國之間的聯盟。

這次貪財的後果是十分嚴重的，之後的好幾年在戰場上被秦國暴打。雖然也是強國，但以軍事實力論，單槍匹馬的楚國根本不具備單挑秦國的實力。因此幾年下來，不但商於之地沒有拿到，反而將自家的河南和漢中地區領土大面積丟失，和秦國之間的差距也是越拉越大。

到秦惠王過世前夕，楚國已經完全被秦國壓制，張儀的權威更是如日中天，就連他大搖大擺來到楚國，楚懷王氣得要殺掉這個兩面三刀的人物，但權衡雙方的實力對比，最後還是恨恨地作罷了。

但就在這個關口，秦惠王的過世成了楚國和秦國關係的轉捩點，可以說是楚國重新求生的一個機會。

秦惠王過世後，秦武王繼位，所謂一朝天子一朝臣，早在做太子時，秦武王就和張儀不和。這下反攻倒算，張儀雖然不至於像當年的商鞅一樣被車裂，但在秦國也是待不下去了，倉皇逃到了魏國做了魏國的相國，一年以後過世。而張儀當年壓制楚國的策略也被秦武王徹底否定掉。

秦武王在位時間雖然短，但是秦國和楚國的關係卻是大大改善。甚至秦武王登位的時候，楚國還專門派官員前來朝賀。

之所以要改善，因為雙方都有苦衷，楚國方面在戰場上吃了多次敗仗，知道了自己的斤兩，哪怕要找秦國報仇雪恥也不是短期就可以實現的。關鍵是秦國方面，秦武王的決策和之前的秦惠王截然不同，秦武王想要實現長驅直入中原，甚至滅亡周天子的戰略構想。因此秦國的打擊重點重新又轉到了中原地區，楚國的戰爭壓力相對減少。而且秦國為了確保自己的戰略目標，楚國又成了必須拉攏的對象。

但是秦國消停了，齊國又鬧起來了。

隨著秦武王的登基，一度被秦國壓制的齊國這時候也活躍了起來。眼看著楚國倒向了秦國，齊國自然知道嚴重後果，於是齊王親自寫信，苦口婆心地勸說楚懷王想清楚：秦國是你的仇人，而且一直在覬覦你的土地，只有和齊國聯合你才有勝利的可能。

在當時的楚國國內，聯合齊國抗擊秦國的呼聲十分高漲，最有名的人物就是我們十分熟悉的屈原。齊國的來信好比催化劑一樣，引起楚國國內熱烈回應。楚懷王經過了深思熟慮之後，終於做出了聯合齊國的決定。

從幾次的反覆中可以看出，楚懷王並不缺乏勇氣和追求，但他最為缺乏的是堅持精神，遇到事情優柔寡斷、反覆權衡。甚至為了眼前的一點小利益，就會改變既定的國策。正是因為他的左右搖擺，才會在之前一次次和秦國的交鋒中被人牽著鼻子走，一次次葬送了楚國大好的戰略機會。

就在楚懷王再次接受了齊國邀約實現聯合的時候，考驗接著就來了：西元前三〇七年，秦國大舉進攻韓國的宜陽，韓國猛打死磕，宜陽大戰竟然讓秦國吃了大虧。當時楚懷王先答應救援宜陽，誰知卻一直看熱鬧，直到秦國付出巨大代價攻克了宜陽之後，才大模大樣的擺樣子追過來。這樣一番醜陋表演，以楚懷王自己的打算是既不得罪秦國，也不得罪齊國，但造成的後果卻是全都得罪了。

而且秦國獲得宜陽的結果，對於整個中原國家來說都是災難的。秦國又拿到了一個東進的跳板，再次出兵的時候，其戰略選擇也就更加靈活。

間接造成這個結果的楚懷王也就拉足了仇恨，楚懷王非但對這嚴重後果渾然不覺，反而還驚喜於另一個外交勝利。西元前三〇四年，楚懷王與秦國新國王秦昭王在黃棘會面，史稱黃棘之會。這是楚國與秦國的外交交鋒難得大獲全勝的一次，秦國歸還了楚國的上庸。秦國和楚國的關係再次進入到蜜月期。

秦國之所以如此示好，其中一個原因是秦國此時的掌權人宣太后（羋月），正是楚國人。更重要的原因是，這時候的秦國主要的敵人還是齊國，正需要楚國的支持。有楚國在東面分散齊國的注意力，才有利於秦國下一步的行動。至於上庸，早晚還是秦國的。

在這次會面的第二年，楚國就招了打。齊國大舉進攻楚國，由此拉開了垂沙之戰的序幕。

齊國之所以要打這一戰的目標很明確，絕不允許在自己的眼皮底下出來一個親秦國的楚國。而且對楚懷王這樣的人，親筆信都寫過了還是換不來他的誠信，那麼只有用刀兵來教訓他了。

可是一旦交手才知道不好教訓，雖然楚國屢次敗給秦國，但對付齊國還是有一定的心理優勢的。戰場在垂沙地區，也就是今天的河南襄城，楚國知道齊國戰鬥力強，乾脆就嚴防死守依託方城拼命抵抗，齊國一下子前進不得。當年齊桓公討伐楚國時就出現過這樣的場面，後來魏國進攻楚國時也出現過，基本上都是無功而返。

但這次齊國領兵的是打敗過秦國的名將匡章，匡章面對這個客觀的難題十分淡定。在經過了數次虛虛實實的引誘後，終於發動深夜突襲，導演了中國古代戰爭史上一次規模極大的渡河突襲戰，一舉突破楚國防線，橫掃了楚國的垂沙地區，楚國主帥唐昧兵敗身死。至此，昔日強大的楚國，先被秦國痛打，再被齊國痛打，在這場爭霸戰爭裡已經慘遭淘汰。

當了替罪羊

垂沙之戰失敗後，楚國萬萬沒想到的是秦國竟然趁火打劫。

眼看到齊國的崛起和強大的實力後，秦昭王確立了先與齊國修好的方針，剛過了幾天蜜月期的楚國也就不幸地成了替罪羊。

以秦國的風格，就是不和齊國打，那麼就和楚國打。於是和齊國修好沒多久，秦國於西元前二九九年對楚國發動了攻擊，連續攻克了八個城池。正當楚國舉國震驚時，秦國卻又送來了橄欖枝，秦昭王主動邀請楚懷王訪問秦國。

值得一說的是，秦國這封書信寫得相當感人，裡面除了追憶友誼，更敘說革命家史，說起了兩家之間的親戚關係。而一直被暴打的楚懷王這次也被感動了，不顧大臣們的反對，他慨然拍板：去！

楚懷王之所以要去，也是因為有歷史經驗，當年和秦昭王的會面氣氛非常熱情友好，而且還得到了上庸。這次又是在楚國最困難的時候，秦國也有向東的打算，可能真的想穩住楚國。不去，就給秦國口實；去，也許還有勝利機會。

許多後人嘲笑楚懷王這個決定時，其我們都忽視了這一點：這時候的楚國國力嚴重衰弱，已經沒有和秦國談條件的資格了。除了應約而去，還能如何？

結果正如好些大臣所預料的，楚懷王進了秦國境內後就在章台被扣留了。繼而秦國以楚懷王做人質，向楚國勒索土地。然而在這個問題上，楚國早就做好了應對。楚國太子橫從齊國回來繼位，也就是歷史上的楚頃襄王，秦國欲挾持楚懷王勒索的目的落空了。

計畫落空的秦國再次發動了對楚國的進攻，西元前二九八年的武關之戰，楚國再次戰敗，數萬將士被斬，十六座城池淪陷。而身在秦國的楚懷王，更在逃跑失敗後遭到秦國的囚禁，流落三年後客死秦國。

楚懷王的不幸遭遇，使得秦國和楚國之間成了真正的死仇，楚懷王本人也得到了楚人的同情。楚漢戰爭時，那位被擁立抗秦的楚王（熊心，楚懷王之孫），也被命名為楚懷王，就是表達的對這位老楚懷王的懷念。

但隨著這場風波的塵埃落定，楚國叱吒風雲的時代終於告一段落了。儘管楚國曾經給予秦國重大的打擊，但是從楚懷王被囚起，他們也就沒有了和秦國爭鋒的能力。

十一、華夏騎兵宗師

在戰國時期各國的變法運動中，大部分的變法運動側重點都在於經濟制度和軍事管理制度，即通過大張旗鼓的改革，以提高國家的稅收和提升軍事的戰鬥力。唯獨有一個國家，將變法的重點放在了軍事作戰思想的改革上。

這場改革的意義同樣是劃時代的，甚至比其他各國改革擁有更強的生命力。當中原的戰國時代成為歷史，甚至秦王朝都曇花一現之後，這場純粹的軍事改革卻依然深遠地影響著冷兵器時代的中原民族，使中原民族的軍事理念出現了劃時代的飛躍——這就是趙武靈王的胡服騎射改革。

騎馬的決心不好下

作為「三晉」之一的趙國，其政治、經濟體制的改革在戰國初期就開始了。

趙國的封建化過程大約是和魏國同步的，但發展的水準卻遠遠不如魏國。因為趙國的地理位置實在太過特殊，它位於山西北部地區，北方面臨游牧民族的騷擾。不只是中山、樓煩這些游牧部落，強大的匈奴民族也已經染指中原漢區，而地處北方要衝的趙國、燕國受害最深，北方的農業生產每年都要遭到很大的破壞。

所以有樣學樣的經濟政治變法，根本不能解決趙國的致命問題。在國土面積狹小、生存環境惡劣、人口稀少的情況下，趙國的改革重點必須要把大部分的精力放在打造一支強大的軍隊。

這支軍隊的數量也許無法成為六國裡最多的，但是作戰素質和軍事理念必須成為六國最強的。在當時，中原漢地的主要作戰方式還是戰車配合步兵。戰車的作用雖然日益縮小，卻仍有相當重要的意義，但是在迅猛的騎兵面前，傳統的戰車加步兵的作戰方式很容易成為敵人射殺的活靶子。

趙國從三家分晉開始，就長期陷入兩面作戰中，南方要抵禦中原諸國的軍事打擊，北方要抵禦游牧民族的侵擾。兩線作戰下，擁有一支強大先進的軍隊格外重要。最先進的軍隊是當時興起的騎兵，所以學習游牧民族的作戰方式，建立一支「胡服騎射」的精銳騎兵就成了趙國的必然選擇。

「胡服騎射」的宣導者，是西元前三二五年起在位的趙武靈王，他是趙國的第六任國王。在即位的最初二十年裡，他曾三次率軍與北方游牧民族作戰屢屢遭到慘敗，游牧民族迅烈的作戰方式給他留下了慘痛的記憶。

經過數年精心的研究後，身為軍事家的趙武靈王，果斷拋出了「胡服騎射」的主張。西元前三〇二年，胡服騎射行動正式推行。主要內容就是趙武靈王帶頭穿胡服，全國上下的老百姓都穿胡服，然後引進戰馬建立一支高素質的騎兵部隊。

此舉在當時引起軒然大波，皇叔公子成等竭力反對，許多大臣想不通好好的華夏族卻要穿蠻夷的衣服，這成何體統？但趙武靈王的決心異常堅定，他自己穿胡服，大臣、百姓都要跟著穿。不穿的，先辯論，後來辯論也沒用就直接治罪。

在這樣強硬的政策下，胡服騎射在全國推展開來了，到了第二年趙國就擁有了一支強大的騎兵部隊。隨後趙國發動北征，擊敗了長期騷擾趙國邊境的中山、樓煩、林胡等部落，把包括今天山西北部以及內蒙古中部的大片國土收到了趙國的囊中。這片國土的獲得，對趙國最重要的意義就是得到了寶貴的戰馬產地，從那以後一直到明朝時期，從屬於「燕雲十六州」的山西北部地區，一直是中原王朝重要的產馬地帶。

當時的趙國得到了打造一支強大鐵騎的基礎，之後騎兵力量迅速發展起來。雖然趙武靈王本人晚節不保，被他的兒子趙惠文王軟禁在沙丘宮，最後被活活餓死，但趙國的黃金時期已經到來。趙惠文王在位的時期，是趙國鐵騎嘯傲中原、摧枯拉朽的二十六年，中原的傑出騎兵戰將也在這時期橫空出世，成為秦國的最強對手，其中最傑出的就是趙國名將趙奢。

硬骨頭的稅務官

說到趙奢，在今天的知名度可能不算高，但說到他的寶貝兒子趙括，知名度就很高了。趙括這個倒楣孩子，多年以來一直被作為「紙上談兵」的反面教材，但他的父親趙奢卻是戰國時代的名將。在中國冷兵器時代騎兵戰術理念的發展中，趙奢是一個為歷代兵家所敬仰的「正面教材」。

早在趙武靈王於西元前三〇二年推行胡服騎射的時候，趙奢就是騎兵部隊中的一員。按《戰國策》上的記錄，他應該參加過趙國騎兵部隊早期的各類戰鬥，而在趙武靈王餓死沙丘宮後，趙武靈王的近臣大都被定了「叛逆」罪，趙奢也因此流亡燕國。當時的燕國也飽受游牧民族侵擾，且實力弱小，對這種擅長騎兵作戰的稀缺人才自然是展開雙手歡迎。之後的趙奢在燕國帶兵，做過燕國北方的重鎮上谷的守將，和游牧民族騎兵交手多次。但他思念故國，後來風聲鬆了又回到了趙國生活。

回到祖國的趙奢，一開始並沒有得到太多重用，只是被委派了一個收稅小吏的差事。但趙奢是個認真的人，再不起眼的工作也要幹出個樣子來。

趙奢一認真，結果捅出婁子來了。

趙國權臣平原君仰仗權勢拖欠國家賦稅，別人都不敢管，趙奢知道後二話不說當場殺了平原君身邊九個親信。這可捅了馬蜂窩了，平原君可不是一般人，他是赫赫有名的戰國四君子之一，手下三千門客，殺一個收稅的就和捏死一隻螞蟻一樣簡單。

惱怒的平原君一開始確實想「捏死」趙奢，但趙奢不懼，反而微笑著辯解說：「你地位這麼高貴，卻帶頭犯法，難道想被天下人鄙視嗎？」就這一句話，平原君當場就沒詞了。

平原君雖然經常犯法，但還是講道理的，對趙奢不畏權貴的表現反而大加讚賞。平原君一讚賞，趙奢的苦日子就熬出頭了。在平原君的推薦下，趙奢先被提拔為全國稅賦總管成了趙國的帳房先生，一樣幹得很出色。

到了西元前二八〇年，趙奢重新和騎兵結緣了。這一年趙國出兵攻打齊國，趙奢被任命為將軍。開戰之後，趙奢率領屬下部隊一路狂飆，他身邊的戰士都是他在很短時間裡培養出來的，然而個個身手不凡，對他極為佩服，樂得為他殊死效力。

結果一番拼殺，還沒等趙國主力部隊趕到，趙奢已經把齊國人打得稀裡嘩啦，順利拿下了齊國的邊城商河。商河是趙惠文王做夢都想得到的城市，之前曾經幾次派人攻打卻勞而無功，趙奢率狂飆突進的騎兵一舉拿下。戰鬥結束後，趙惠文王在國都擺酒慶賀這場大捷，趙奢沙場的第一場大戰出手就幹得漂亮。

橫挑強秦，一戰成名

這時候的趙國正是推行胡服騎射後的黃金期，在位的趙惠文王享受著老爹留給他的遺產。傑出的人才團隊、強大的軍隊、蒸蒸日上的國勢，它向東擊敗了齊國，向西數次挫敗秦國東進的企圖。

在魏國勢衰、齊國霸業曇花一現、楚國屢遭重創的局面下，趙國已然成為整個中原唯一能對抗秦國的力量。此時的趙國人才薈萃，文臣方面有不辱使命的藺相如，武將則有數次挫敗秦國入侵的第一名將廉頗。初涉軍旅的趙奢此時的歲數已經不小，卻還是一個新兵蛋子。在商丘之戰十年後，這個「新兵蛋子」再次一鳴驚人，讓橫掃六國的強秦見識到了他的厲害。

西元前二七〇年，秦國舉兵進入中原，圍困趙國的西北重鎮閼與，這是趙國抵抗秦國的重要屏障，一旦丟失趙國西北方就無險可守。可是閼與離趙國的大本營太遠，很容易遭到圍困，一旦要救援，趙國勞師襲遠，很容易被秦國以逸待勞。不救，會喪失戰略要地，後果很嚴重；救，很可能全軍覆沒，把老本都賠上。趙國沒秦國這麼多的人口，軍隊精兵金貴，損失掉一個都心疼。

這種局面下，趙惠文王先問久負盛名的抗秦名將廉頗，得到的答案是「路太遠，不能救」。又問另一個名將樂乘，答案是「打贏的勝算不大，不如不救」。兩個名將的話都是有道理的。最後又問當時還不太出名的趙奢，趙奢的回答很乾脆：「救！這就像兩個人在洞裡打架，狹路相逢勇者勝！」錚錚慨言，擲地有聲！

見趙奢決心這麼大，趙惠文王的膽子也粗了，你都這麼勇敢，那咱就勇敢一回！出兵以後的趙奢，一路上膽小得很，全在磨洋工，慢吞吞走了二十八天連閼與的影子都還見不著。趙奢的行動讓秦國人納悶了，要說救援，你磨洋工，要說不救，你來幹麼？為了試探趙奢，秦軍故意派間諜過來，卻被趙奢好言好語打發走了。虛虛實實下，秦國人最終做出了判斷：這小子是個窩囊廢，他就是來擺擺樣子的。

秦國人放心了，但趙奢卻爆氣了，秦國間諜前腳剛走，趙奢立刻傳令全軍火速集結，深夜向閼與開拔。第二天秦國人剛睜開眼，就發現連夜急行軍的趙奢已經出現在秦國人眼皮子底下了。之前所有的示弱，全都為了這一刻，趙國人精騎林立，馬刀雪亮，逼人的軍勢告訴秦國人：傻瓜，你們上當了。

上當就上當吧，我們秦國人可不是嚇大的，不就是打仗嗎？在短暫的驚愕後，清醒過來的秦國人火速集結部隊準備迎戰，一場大戰就要打響。秦國人這時候還是很有自信的，你趙奢來得快，可你們脫離輜重部隊快速奔襲，糧草後勤全跟不上，如果不能在短時間裡打敗我們，全軍覆沒的可就是你了。

秦國人知道，趙奢更知道。戰鬥開始後，秦國人的對策很簡單，全軍結成重甲軍陣，用長戈兵和弩兵護衛，以弓弩阻擊趙國的騎兵，只要能頂住趙國的騎兵，拖他三五天，趙奢就死定了。但開打之後，秦國人發覺並沒有什麼騎兵衝鋒，也沒有馬刀砍殺，一群趙兵只在對面搖旗吶喊擺出全面進攻的架勢，卻連箭都不放一支。秦軍暈了，要打你就打，不打你就滾，在這裡耍什麼花招？

趙奢當然不是為了耍花招，就在秦軍一頭霧水的時候，突然一個噩耗傳來：北山讓趙奢搶佔了。

秦軍這才明白，又上當了。

這一戰秦軍本來的戰術就是圍點打援，被趙奢算計了一把，忽悠了一下，無非是丟點臉。但臉可以丟，這個北山不能丟。北山是此戰的絕對制高點，得到了北山也就得到了整個戰爭的主動權。秦國是步兵多，趙國是騎兵多，幾萬騎兵從高山上憑速度橫衝下來，那陣仗就跟今天轟炸機高空轟炸一般！

結果秦國人被炸慘了，偷襲北山成功後，趙奢隨即發動了總攻。精銳騎兵從高山上直衝秦軍，迅猛的速度和精準的射殺，一下子就把秦國的弩箭重步兵軍陣衝得稀爛，天下無敵的秦軍第一次體會到全線崩潰的滋味。趙國的戰馬在衝鋒，趙國人的馬刀在拼命砍殺，戰無不勝的秦國人卻在崩潰，逃命……

閼與之戰，是商鞅變法以來天下無敵的秦國軍隊遭遇到的最慘重失敗。在戰局不利的局面下，臨危受命的趙奢以他精密的算計、虛虛實實的表演、一往無前的氣概、堅決果敢的勇氣，一步一步將秦國人算計進了死地，然後聚而圍殲。這一戰秦國的傷亡數字，各類歷史書上的記錄都很模糊，有說幾萬、有說五萬，但毫無疑問這是秦國人遭受的最大傷亡，此戰的另一個影響就是原本目中無人的秦軍好像患上了「恐趙症」，多年以來一直不敢再度東進。

不打無準備之仗

作為一個傑出的軍事家，趙奢也有自己的軍事理念，他的軍事理念歸納起來就是七個字：不打無準備之仗。

閼與之戰展現了趙奢比廉頗、樂乘等當時名將更果斷的一面，但實際上他是一個極其謹慎的人。他的原則是，沒有必勝把握的戰鬥堅決不打；所帶的軍隊如果沒有對敵人的絕對優勢也不能打。打仗的時候要千方百計地消耗掉敵人的銳利，磨滅敵人的士氣，把敵人拖得七葷八素之後，有絕對的把握以最小的代價收到重創敵人的最大效果。閼與之戰，就是一場把趙奢的智慧、勇氣發揮到淋漓盡致的戰鬥。

在當時的趙國名將中，如果說廉頗是一個最出色的防禦者，那麼趙奢就是一個最出色的進攻者。此戰對於秦國的另一大影響是，被趙國騎兵砍得七零八落的秦國人從此也開始高度重視騎兵建設，他們利用關中平原得天獨厚的地理條件，以及秦國人在畜牧方面的豐厚儲備，很快擁有了一支足夠和趙國爭鋒的騎兵部隊。騎兵，這個戰國時代中原軍隊的「舶來品」，從此在中原各路軍隊中更廣泛地推展開來。

閼與之戰後，趙奢因其卓越戰功被賜封為馬服君，成為與廉頗、樂乘等人齊名的趙國頂級戰將。在此戰結束之後，秦國因為傷亡慘重一時不敢東進，趙國的邊境也就消停了。沒仗打的趙奢，人生中最後的時光主要就是教育孩子，他的寶貝兒子就是後來被稱作「紙上談兵」的趙括。

但趙括到底是不是真廢，卻要說說著名的長平之戰！

十二、誰能拯救長平

如果要評選「老子英雄兒狗熊」的典型組合，那麼中國歷史上趙奢與趙括父子必然榜上有名。英雄父親趙奢，上章已經介紹了，但公認的狗熊兒子趙括，是不是真有傳說中那麼不中用？這個被看作是趙國罪人的將軍，在之後的兩千年一直被嘲笑。

梳理一下公認的長平之戰的線索，趙括似乎要背負最大責任。本來前線的仗打得好好的，換他上場後張牙舞爪地一衝，把四十萬軍隊全衝到了敵人的陷阱裡，最後落得活活被秦國坑殺的結局。更嚴重的戰爭後果是，趙國遭到了這樣的慘重損失後，從此一蹶不振，再也不是強秦的東進威脅，被秦國宰割甚至消滅的命運似乎已經無可避免。許多人甚至說，他是一個毀了趙國前途命運的罪人。

連趙括老爸，那位戰國時期最傑出騎兵名將趙奢的話都被人拿來佐證：「趙括這孩子，書讀得很好，頭頭是道，但都是紙上談兵，將來不能堪大用。」所以許多人就有理了，人家趙奢都這麼說了，可見趙括打仗有多麼愚蠢，犯的錯誤有多麼嚴重。

趙奢犯錯誤的地方，就是山西長平。他犯錯誤的那場戰役，就是西元前二六二年～西元前二六〇年的長平之戰。

趙國打得起長平這一仗嗎？

長平之戰，是一場決定秦國統一天下命運的戰役。秦國擊敗了中原唯一能與他抗衡的趙國，通過殲滅趙國四十萬精銳的方式，讓強盛一時的趙國從此奄奄一息，再也無力和秦國爭雄。從此之後，長江以北的中原大地再無秦國對手。

對這場戰役，後人關注頗多，因為這場戰役的結局讓人扼腕。四十萬精銳的趙國軍隊，為什麼在堅持了整整兩年後，以被敵人誘入險地的方式輕易的終結了自己的命運？主流的說法是，因為趙括紙上談兵、輕敵冒進，導致大敗虧輸。難道事情真的就這麼簡單？

要解讀長平之戰的敗因，或許還要從當時的戰國大勢說起。

西元前二六二年左右的戰國形勢已經形成了秦國一家獨大，楚國遭到嚴重削弱，唯獨趙國可勉強抗衡的局面。趙國經過趙武靈王和趙惠文王兩代君王的勵精圖治實力蒸蒸日上，特別是趙國的騎兵獨步天下，是六國軍隊中唯一可以在戰鬥力上與秦國抗衡的力量。

在閼與之戰中，趙國的名將趙奢採取示弱於敵、騎兵高速突襲的方式，一舉擊破秦國精銳鐵甲步兵，導致秦軍損失上萬。趙國騎兵的馬刀，給秦國人留下的是噩夢一般的記憶。

到了閼與之戰八年後的西元前二六二年，當年締造過閼與之戰輝煌的趙奢已經作古，勵精圖治的趙惠文王也已經過世，這時趙國的國君是第八代的趙孝成王。

趙孝成王的才略遠不及之前的趙武靈王和趙惠文王，但是廉頗、藺相如等名臣依然還在，他又是個性格寬厚的守成之君，他剛剛上臺秦國人就給了他一個下馬威。西元前二六六年，秦國人捲土重來發兵攻趙，連奪了趙國三座城池。趙國不得不用送王子給齊國做人質的辦法，換來齊國的援軍，這才平息了戰禍。

這次趙國之所以如此狼狽，一是因為趙奢不在，廉頗又是一個防禦型將領，守衛國土還可以，主動出擊卻不能；二則是此時趙國的北邊，正發生大規模的胡虜入侵，趙國的精銳騎兵大都開赴邊地守備，對東邊的秦國實在鞭長莫及。

趙孝成王雖然寬厚，卻也是有血性的人，對於秦國人送來的這份「上臺大禮包」，他自然不能忍受。

秦國人再次攻趙失敗後，轉換了思路，不再去碰趙國的硬釘子，開始猛揍趙國邊上弱小的韓國。西元前二六二年，秦國人的攻擊又開始了，這次他們的攻擊點選擇了韓國的北方重鎮上黨。上黨是連接韓趙兩國的門戶，對於韓國來說是抵抗秦國入侵的橋頭堡，對於趙國來說也是阻遏秦軍入侵的緩衝地帶，戰略位置極其重要。

秦國這次下了狠心，不惜血本要拿下上黨，秦國大兵壓境，斷絕了上黨與韓國本土的聯繫。事到如今，韓國國君沒辦法了，君臣經過商議準備把上黨送給秦國以求暫時苟安。但鎮守上黨的郡守馮亭夠硬，饒是如此還是死戰不降，彈盡糧絕之下馮亭總算折中了一下：「要投降，也不能投降你們秦國，我要投降趙國。」

馮亭的如意算盤打得很好，趙國的軍事力量是六國裡少有的能抗衡秦國的。以上黨做厚禮獻給趙國，可以使趙國前來援救上黨，這樣本來韓國和秦國的戰爭就變成了趙國和秦國的戰爭。秦國這股入侵的「禍水」，就可以引到趙國的身上，不管兩家誰勝誰敗，韓國到底是安全了。

這樣一來，趙國又面臨了一個和當年閼與之戰前類似的問題：當年是救還是不救，現在是要還是不要。

表面看，上黨這個重鎮戰略地位重要，現在韓國人平白送過來，等於是一個免費的大禮包，自然不要白不要。但消息傳來，反對聲還是有的，比如當年主張不救閼與的廉頗，這次也主張不救上黨。因為秦國人不是傻瓜，老子辛辛苦苦打了半天仗，怎麼能讓你趙國過來吃現成呢？大臣藺相如也持相同意見，認為接受上黨會引火焚身。但年少氣盛的趙孝成王不這麼想，怕人家來打，就不敢要地盤了？傳出去我趙國的臉面何在？要！秦國敢來搶，就讓他試試。

其實對於當時的趙國來說，要上黨還是不要上黨都是有理由的。不要上黨，可以暫時避免戰禍，至少得到休養生息的機會；如果接受上黨就必須提前做好和秦國開戰的準備。

趙孝成王偏偏走了一個「半路子」，接受了上黨，卻沒有派遣重兵防禦，只是派了一個小股部隊來此交接。這不是分明無視秦軍嗎？秦軍當然立刻由王齕率軍一通猛打，在秦國的猛烈攻勢下，趙軍迅速崩潰，上黨活生生地丟了，趙國的殘兵部隊敗退到了長平一帶。

事情到這裡差不多就結束了，但秦軍顯然不甘休，敢搶我的口中食，活膩了？打！還沒等趙軍喘過氣來，秦國就大軍壓境了。秦國這次是要玩真格的了，那咱也就陪著打真格的。

隨後，趙孝成王急命廉頗率領二十萬大軍趕赴長平。廉頗到達之後，前鋒部隊和秦國接觸，很快就潰敗下來。關鍵時刻，廉頗轉攻為守，沿著長平一帶的丹陽河布防，抵擋秦國的進攻，這個決定是明智的。廉頗帶來的大多是此時趙國國內用於城池防禦的步兵，很少有最精銳的北邊騎兵軍團，而秦國一次性動用的軍隊不下二十萬，而且都是有豐富野戰經驗的老兵。這樣的情景，要是敞開了玩對攻，趙國是沒戲的。所以廉頗的打算很簡單：就地組織陣地嚴防死守，和秦國慢慢磨。

應該說這是廉頗的一個傳統戰術，他最大的特點就是防守，在陣地構築和梯次配置上都頗有心得，是一個擅長打防禦戰的名將。以前就靠這種「磨」的戰法，曾多次把秦國人磨走，這次他以為也一樣，秦國人無非是想給趙國點顏色看看，現在顏色給過了，也該拍屁股走人了。

但這次卻真的不一樣，廉頗夠有耐心，秦國人更有耐心，你廉頗磨，我秦國人也陪著你磨。結果，從西元前二六二年夏天開始，雙方沿著長平的丹陽河開始了漫長的戰爭，每天就是你吆喝兩聲，我回罵幾句，可就是不動手開打。恐怕廉頗乃至趙孝成王都絕對想不到，這一磨就磨了整整三年。

圍繞著長平這個小小的地方，秦趙雙方打了三年的消耗戰，戰略物資源源不斷運輸到前線。

秦國動用的兵力說法各異，但以廉頗二十萬大軍的數量，以及處於守勢的地位，秦國投入進攻的兵力應該不會少於三十萬，秦趙雙方五十多萬大軍，就這樣天天在長平乾耗著，五十萬人天天大眼瞪小眼地擺陣勢，看著壯觀，但吃喝拉撒消耗的全是錢。

這三年裡，秦國除了不斷增援長平外，還不斷地派使者出使中原各諸侯國，警告各路諸侯國不要管閒事，同時駐紮在韓國邊境監視韓國軍隊的一舉一動。但是在作為主戰場的長平，秦國人始終無法前進一步。

拖不起的趙括

漫長的消耗戰維持了整整三年，長平依然在趙國手裡，二十萬趙國軍隊沿著戰壕與丹陽河天天和秦國人乾耗。

似乎廉頗的戰術是成功的，他當然有自己的理由：秦國強，趙國弱，所以速決戰對趙國是不利的，持久戰對趙國是有利的。這理由一開始大家都以為很正確，但是隨著時間的流逝，越來越多的人認定這不正確了。

到了第三年的西元前二六〇年，連主持趙國大政的趙孝成王也認為這理由不正確。不正確的原因，按照《史記》的說法是秦國人使了反間計，散布說秦國人只怕趙括，只要趙括出馬，一個頂倆，能把秦國人打得稀裡嘩啦，然後傻呼呼的趙孝成王就聽了，接著任命趙括掛帥。行前趙括的母親拼命反對，說馬服君趙奢臨終前有遺言，趙括這小子只會紙上談兵，不能委以重任。可惜趙孝成王不聽，趙括就這樣順理成章地掛帥了，一起隨他出征的還有早已養精蓄銳多日從北方邊地調回來的精銳部隊，一共二十萬人，趙國最精銳的騎兵軍團都在這支部隊裡。

西元前二六〇年，趙括抵達了長平前線，和廉頗完成了交接。聞聽趙括到來後，秦國火速做出了決定宣布國家進入總動員，命令國內十六歲以上的青壯年全部從軍，準備參加決戰。同時將最傑出的將領白起調了過去，以這樣的動員規模，這時候在長平前線的秦國軍隊總數已經不下六十萬，雙方都動了血本了。

趙括到任後，按照《史記》的記載，就是他變更了原本廉頗定下的穩固防守戰略，引起趙國將士的不滿。白起到任後，對趙括採取了誘敵之計，故意在第一條陣線上布置了大批老弱殘兵，給趙括以秦國人力不能支的假象，終於讓趙括下了決戰的決心。

之後趙軍出擊，由趙括帶來的二十萬北方精銳打頭陣，一路勢如破竹衝殺秦軍，果然殺得秦軍丟盔卸甲。趙括大喜之下，命令全軍全線出擊，企圖一舉掃平秦軍。而陷阱就在這時候布下了，趙括一路追殺，沒想到越打秦軍越強，越殺秦軍越多。等著明白過來的時候，才發現自己身陷重圍了，怎麼辦？突圍！

四十萬趙軍以決死一戰的勇氣發動突圍和秦軍打得難解難分，可回頭一望，趙國的陣營早被秦軍派遣的兩萬精銳騎兵佔領了。就這樣秦軍端了趙括的老窩，卡斷了趙括的後路，四十萬大軍就這樣被秦國人包了餃子。

眼見敗局已定，趙括卻不屈不撓。四十萬趙軍一直被秦軍圍困了四十六天，斷水斷糧的情況下士兵們甚至要靠著吃同伴的屍體來維持生命。

趙括先後組織了四支突圍部隊，企圖從秦軍的包圍圈裡衝開一條血路，但是秦軍極其頑強，死戰不退。這時候秦軍在四面的包圍圈上布滿了弩箭陣，雨點般的弩箭輕而易舉地封鎖了趙軍的突圍。

數次突圍失敗後，趙括最終拿出了他父親「狹路相逢勇者勝」的氣概，率領饑寒交迫的趙軍向秦國人發動了最後一次決死的衝鋒，然而奇蹟沒有發生，秦國人的弩箭輕鬆地射穿了趙括的重甲，這位被稱為「紙上談兵」的將軍就這麼陣亡了。

四十萬趙國壓箱底的精銳部隊就這樣成了秦國的俘虜，之後為了徹底削弱趙國，這支軍隊被秦國人陸續殺死。一度足與秦國人爭雄的趙國軍團就這樣全軍覆沒了。

趙國到底錯在哪

長平之戰結束了，但對於長平之戰的爭論，後人們卻眾說紛紜。主流史書上無不說趙括紙上談兵、志大才疏，最後誤國誤君，甚至到今天他依然是「紙上談兵」的反面典型。但仔細看整個長平之戰的全過程，長平戰敗不應該讓趙括負全部的責任。

在上黨太守馮亭決定進獻上黨的時候，危機就已經向趙國人籠罩來了。趙國國內無論國君還是大臣對是否接受上黨意見不一，但幾乎沒有人看到這樣的事實：秦國人上來就是為了玩命的。

秦國這次對趙國的軍事行動，絕不單純地是為了一個上黨，更不是為了一個長平，他們的最終目的是要打一場殲滅戰，徹底消滅趙國的有生力量，使之不能成為秦國進兵中原的障礙。從一開始秦國重兵壓境長平，到後來陪著廉頗慢慢地磨了整整三年，再到最後徵召全國十六歲以上的青壯從軍，組成規模巨大的增援部隊馳援，以及最後趙國四十萬戰俘被殺害的事實，所有的一切都是秦國人苦心籌謀的一個過程。從一開始他們就要和趙國戰到底。

如果是這樣的目的，那麼早先廉頗採取的穩守戰略，其實就成了一種「慢性死法」。因為廉頗的消磨戰術，不僅僅在磨秦國更在磨趙國，五六十萬大軍在前線對峙三年，物資軍費的損耗是個瞠目結舌的天文數字。別說是戰國時代的小諸侯國，就是後來大一統的漢唐宋明等中原王朝，要承擔這樣的軍費開支也會吃不消。換句話說，如果秦國人決心傾家蕩產，不惜一切代價和趙國磨到底，最先堅持不下去的毫無疑問是趙國。

在這一點上，廉頗和趙國君臣上下都沒有意識到問題的嚴重性。如果有這個意識，趙孝成王就不會輕易做出接受上黨的許諾，這樣不給秦國戰爭口實，這場大戰至少還會晚一些發生；如果有這個意識，廉頗也不會採取這種磨洋工的方法；如果有這個意識，趙國在戰爭不可避免的情況下，也許會先選擇速決戰。在人類戰爭史上，小國對大國的戰爭採取這種相持戰的手段，在人口、財富、國家戰爭潛力都遠遠不及對方的情況下是注定要失敗的。

正因為如此，趙孝成王最後換上趙括就不難理解了。此時趙國的將領裡，廉頗等老將都是以「持重」著稱。最擅長打速決戰、殲滅戰的當屬趙括的父親馬服君趙奢，但趙奢此時已經作古了，子承父業的趙括也就成了趙國軍隊中最需要的速決戰類型將領。換趙括，很可能全軍覆沒；不換趙括，最後的結果也是被秦國拖死，很可能是整個國家筋疲力盡後的全軍覆沒。所以在當時改變戰術主動出擊，發動對秦國的決死進攻就成了趙國唯一可以做出的選擇。

除此以外，趙國就沒有其他辦法嗎？

其實趙國此戰的真正悲劇，就是以一個小國的力量去獨自對付強大的秦國。以趙國的國民經濟儲備當然經受不住這樣的消耗，如果趙國與其他國家聯盟，比如通過向富庶的齊國等國借糧草，或向其他國家求救兵的方式，戰爭的結果或許會不一樣。

但從當時的列國局面看，要做到這一點似乎比戰勝秦國更難。這時期的秦國在對外政策上做出了調整，採取了范雎的「遠交近攻」之計，對遠離秦國的齊國等國採取暫時通好的政策，但對鄰近的韓趙魏則摁住了猛揍，即使不能滅掉他們也要最大限度地削弱他們。

在與趙國的這場決戰開始之前，秦軍已經把所有可能出現的因素都考慮在內，他們的使臣反覆穿梭於中原各國，向他們遊說並威脅各國不要插手。除了趙國外，幾乎所有的國家都被秦國嚇怕了，完全抱著看客的心態在欣賞這一場其實關乎整個六國命運的戰爭。

在這場慘烈的大戰中，秦國的損失也同樣慘重：《史記》裡秦國主將白起自己的話說，參戰的士兵死傷過半。經濟消耗也同樣巨大，《呂氏春秋》裡記載秦國多年來的物資糧食儲備，在這場戰爭中被消耗一空，整個秦國都因為這場戰爭被拖得「士民倦」。在這場戰爭期間，如果能有一個國家有膽氣一點，在秦趙兩國相持不下的天平上輕推一把，整個戰爭的結局恐怕就是另一種結果了。

所以這正是趙括的悲劇，他在一個悲劇的時間點上被推到一個悲劇的位置，完成一次悲劇的衝鋒，哪怕掛帥的不是他，恐怕在那樣的局面下都會做出同樣的選擇。

如果說趙括一點責任沒有那也是不恰當的。整個戰役的過程證明，雖然他是一個攻擊型將領，但是在臨陣指揮兵團作戰和戰略預判上，比起他的父親確實差得遠，和秦國的白起相比更不是一個檔次。

趙國雖然實力弱於秦國，但並非沒有自己的優勢，趙國最大的優勢就是騎兵的高速衝擊。雖然在經濟實力和總兵力上弱於秦軍，但是中國歷史上不乏發揮騎兵優勢以弱勝強的戰役，趙括的父親趙奢所導演的閼與之戰就是這樣的妙筆。如果趙括可以在臨戰時冷靜一下，有他父親一般的睿智，能夠在撲朔迷離的局面下找到對手的弱點，打開勝利的突破口，反敗為勝的機會不是沒有。只可惜機會太少了。

十三、東西對峙，齊秦爭霸

西元前三四二年，應該是整個戰國時代的一個分水嶺。

在這一年裡，齊國通過圍魏救趙的戰術，成功牽著強敵魏國的鼻子走，以減灶之計誘導魏國追擊，最後在馬陵之戰中成功將魏軍全殲，魏國元帥龐涓陣亡。

這一戰的結果，標誌著戰國早期中原最強的魏國徹底衰落。魏國在此戰中失去了他們最精銳的「武卒」軍隊及最傑出的統帥龐涓，再也沒有逐鹿中原的本錢了。

但令人啼笑皆非的是，這場戰爭最大的受益者並不是取得大捷的齊國，居然是在函谷關遠遠觀望的秦國。

魏國的徹底衰落，使秦國掃除了東出函谷關的最大障礙，之後的兩年裡秦國連續對魏國佔有的河西地帶用兵，成功收復河西，迫使魏國向秦國屈服。從那以後，秦國東出函谷關逐鹿中原的通道就徹底打通了。這是自春秋時代秦穆公以來秦人的夢想。之後的戰國風雲裡，齊國並沒有因為戰勝魏國而取得在諸侯中的獨大地位，實力迅速膨脹起來的卻是漁翁得利的秦國。

但在馬陵之戰的早期，齊國依然保持著他們的強勢地位和擴張勢頭。從西元前三四二年到西元前二八四年的這五十八年裡，齊國相繼在位的君王是齊威王、齊宣王、齊湣王。這是齊國在戰國時代裡最風光的五十八年，他們打敗了魏國、擊潰了楚國、壓服了韓國、趙國，儼然成為當時中原最強大的諸侯國，也一度是秦國東出的最大勁敵。此時秦國在位的國君，分別是秦孝公、秦惠王、秦武王、秦昭王。這五十八年裡，齊秦兩國先後擊敗他們共同的對手——魏國。然後同時開始了擴張之路，一度成為諸侯中兩大最強力量。那麼，面對這個繼魏國而起的最強對手，秦國又是怎樣戰而勝之的呢？

觀念落後的齊國

在西元前三四二年馬陵之戰結束後的早期，齊秦兩國的對外政策幾乎都是各忙各的，很少有交集。

在馬陵之戰結束後的兩年，秦國發動了對河西的進攻，生擒了魏太子，殲滅了魏國十萬大軍。魏國最後一股有生力量就這樣消耗殆盡，此後也無力繼續逐鹿中原。

這時期的齊威王也在中原風光了起來。西元前三三四年，齊威王與魏惠王共同會盟於徐州，魏惠王主動承認了齊威王的國王身分，齊威王也投桃報李承認了魏惠王的國王身分，這件事情就是歷史上著名的「徐州相王」。在徐州相王的過程裡，先前強大一時的魏惠王對齊威王極其恭敬，此後魏王、韓王、趙王三王又在東阿拜見齊威王，對齊威王「北面事之」，這時候的齊威王，儼然已經成為中原諸侯裡的最強者。

這時期齊國和秦國唯一一次衝撞，發生在齊威王在位的晚期。當時的秦國東出函谷關，借道韓地發動了對齊國的進攻，結果卻被齊國邊軍打敗，事情最後以秦國遣使者謝罪而告終。但強秦的巨大威脅，已經隱隱地呈現在齊威王的面前。

與齊威王同時期在位的秦孝公，病逝於西元前三三八年，其子秦惠王即位。秦惠王上臺後先搞反攻倒算，殺害了商鞅。其實在清算完商鞅的初期，秦惠王也曾想過逐漸取消商鞅之法卻不得施行，一方面是因為商鞅變法在秦國百姓心中威望甚高，輕易搞推倒重來勢必引發變亂；二來是軍隊方面對商鞅的新法非常擁護，獎勵耕戰以及軍功授爵的制度給諸多軍將以實惠，槍桿子裡出政權的現實讓秦惠王也不得不默認既定事實。

但在秦惠王在位的早期，對商鞅新法的繼承是很消極的，甚至因為怨恨商鞅而驅逐了各國來到秦國的人才。

但在短暫的倒退之後，秦國的國力上漲之勢依然不可遏制。秦惠王打擊的對象，主要是臨近秦國的韓趙魏三國。

這時候的韓趙魏實力已經日益削弱，在東面被齊國控制，西面又遭到強秦的威脅。秦惠王的另一個大動作就是南下巴蜀地區，經過多年浴血奮戰平定了巴蜀，滅掉了當時的巴蜀政權，取得了以後進軍中原的後方基地。這一舉動使秦國真正獲得了戰國爭霸中的戰略縱深優勢，物產豐富的巴蜀地區成為日後秦國天然的大後方。

秦惠王在對商鞅進行了短暫清算後，很快又開始了銳意進取。在他即位的早期，曾經驅逐中原各國滯留在秦國的賓客，但他很快意識到了錯誤，開始大量招攬六國的人才。

比起秦孝公只用了一個商鞅，秦惠王的身邊是人才薈萃，外交家張儀、公孫衍，名將魏章、司馬錯、甘茂，都在這時期大放光彩。秦國在馬陵之戰後，趁著魏國衰弱的機會得以繼續東進奪取了魏國的上郡，從此關中平原進入中原的黃金通道牢牢地抓在了秦國的手中。

比起這時期的秦惠王，晚年的齊威王遜色很多。齊威王雖然戰勝了魏國，但是齊國的君臣似乎更滿足於列國對齊國的尊奉，至於開疆拓土、獲得戰略要地這些事情齊國人的興趣不大。

齊國君臣的觀念，依然還停留在春秋時期的「爭霸時代」，認為只要獲得大家表面上尊重的霸主地位，就恢復祖先的榮光了。這種滯後的觀念成為齊國沒有在馬陵之戰勝利後趁勢崛起的一大關鍵要素。

從個人品德上說，開創齊國霸業的齊威王與秦孝公、秦惠王有一個共同點就是信用人才。齊威王在位時大量選拔賢才，利用稷下學宮招募英傑。

但是秦國的用人標準與齊國最大的區別，就是秦國是一個新興國家沒有道德上的觀念束縛，更沒有舊制度的約束，所以在用人上可以不拘一格，廣招人才。而齊國畢竟是一個從舊奴隸制國家內部脫胎而出的封建制國家，這樣的國家性質導致他們在轉型的時候不可避免地帶有舊時代的種種軌痕，齊國人的宗族觀念、門第觀念比起秦國人來是更重的。

齊威王晚年沉浸於霸主身分的榮耀，成了齊秦兩大國國力迅速拉大的重要時期。西元前三一九年，齊威王病故，其子辟疆即位，就是歷史上的齊宣王。此時，齊秦兩國之間國力的差距已經顯而易見了。而聯合各諸侯國實力的合縱運動也已經興起，齊宣王在位的第一年六國就發起了合縱運動，推舉楚懷王為縱約長，西進攻打秦國。但楚國和齊國對此都持觀望態度。後來只有韓趙魏三家兵臨函谷關，結果韓趙魏三國被殺得大敗，遭斬首的就有八萬兩千多人。秦國強大的實力讓本來還沉迷在霸主身分中的齊宣王猛醒了，他必須要趕緊做出應對。

力圖一戰的齊國

在秦惠王第一次擊敗六國合縱之後，齊宣王終於意識到強秦的威脅。此時的秦國不再是齊威王晚年時被打得落荒而逃，不得不遣使謝罪的秦國，他們的實力膨脹速度之快是超出齊國人理解的。

此時齊國的優勢是他的「中原諸侯」身分。對於中原諸侯來說，齊國要的不過是霸主的榮耀，秦國要的卻是別人國土和政權，這一點的差別使得當時大部分的諸侯國在感情上還是都倒向齊國這一邊的。齊宣王登基初期，還是延續了父親「會盟諸侯」的政策，經常和韓魏趙三國舉行會盟接受他們的朝拜，期間和楚國以及魏國都發生過戰爭。但是秦國的強大，使齊宣王在西元前三一三年做出了聯合楚國的重要決定。

這時期的楚國在版圖上也處於一個極盛時期，楚國已經完全佔有了江東地區，吞併了越國故地。楚國地廣人多，可以募集百萬大軍，而齊國擁有富庶的經濟條件。兩家一個有人，一個有錢，自然一拍即合。

西元前三一三年，齊宣王和楚懷王舉行會盟，結成同盟共同對付秦國。但這個如意算盤很快就被秦惠王給打散了，秦惠王只派來了一個張儀，憑藉巧舌如簧，以六百里土地作誘餌，就讓楚懷王輕易背盟，撕毀了和齊國的盟約。惱怒之下的齊宣王做出了一個錯誤的抉擇，他主動聯絡秦國，提出結盟共同對付楚國，這個願望在第二年就實現了。

楚國在撕毀了和齊國的協議後，才知道被秦國忽悠了，所謂秦國許諾的六百里土地，完全就是哄著你玩的。盛怒之下的楚懷王發兵八萬攻打秦國，在丹陽與秦國名將魏章部鏖戰，意想不到的事情發生了，原先的盟友齊國竟然也出現在秦國陣營裡，和秦國一道將楚國殺得大敗。

齊宣王出了氣，但出氣的後果卻是嚴重的，齊楚之間的聯盟就此破裂，而兩家誰都沒有力量單獨抗衡秦國。齊宣王和秦國聯合大敗楚國的結果，就是秦國趁機奪取了楚國在藍田境內的土地，齊宣王忙活一場兩手空空。

通過和秦國的接觸，齊宣王真正意識到秦國的強大，讓他感慨萬分的是六國的人才怎麼都跑到秦國去了。為了能夠招攬人才，齊宣王加大了對稷下學宮的投入，結果諸子百家的英傑在此薈萃，包括墨家、道家、法家的各路代表都曾在稷下學宮遊學過，其中最著名的就是傑出的思想家孟子。

孟子初到齊國時，曾經非常興奮，他對外宣告說：「管仲只讓齊國成為了霸主，我要讓齊國統一天下。」對於孟子所堅持的儒家思想，齊宣王卻不感興趣，戰國時代刀兵無情，儒家那一套是不吃香的，孟子在遊學齊國幾年後黯然離開了。比起秦惠王招納的實用型人才，齊宣王身邊的英傑們以學者、文化人士居多，他自己也喜歡詩文唱和，但能夠安邦定國的人才卻是鳳毛麟角。

齊宣王在位初期，秦惠王完成了他人生中對外擴張的重要一步，於西元前三一二年徹底擊敗了匈奴義渠部落。義渠部落是匈奴的一支，在戰國早期經常侵擾中原。在這一年，秦惠王決定解決義渠侵擾問題，消除東進中原的後顧之憂，秦國採取焦土政策，用層層推進的辦法最終重創義渠部落。

也正是在這一年，秦惠王和齊宣王發生了兩次對決，都以齊宣王的失敗而告終。一次是秦國聯合曾經尊奉齊國的韓國和魏國一道討伐楚國，在擊敗了楚國奪取了江漢平原的大片國土之後，突然改弦易轍，向齊國發起了進攻，結果齊國丟失了在蘇北地區大片國土。

另一次是齊宣王自己挑起來的。趁燕國內亂的機會，齊宣王對燕國發動了閃電戰，僅用了五十天就打下了燕國的國都。燕國此時的易王后是秦惠王的女兒，這正好給了秦惠王出兵的口實。結果秦國兩路大軍，一路攻伐燕國本土，一路攻伐齊國，皆獲得了勝利。齊軍在短暫佔領燕國後，不但被趕了出來，連本土也遭到了秦國的侵擾。在這時期的齊秦爭霸中，齊宣王是處於下風的。

連年用兵的秦惠王於西元前三一一年英年早逝，年僅四十六歲。之後即位的秦武王是一個赳赳武夫，天生神力，是個霸王角色。他粗中有細，暫時停止了對齊國的大規模用兵，轉而開始對六國的分化瓦解政策。對魏王，他主動修好，拉攏魏國倒向秦國；對楚國，他扶植楚國治下的越國部落，掣肘楚國。

這時期的齊宣王，在經過了兩次對秦國戰爭的失敗後，開始把主要精力放在發展內政上。他在位的最後五年，對內發展生產、宣導文教、訓練士卒；對外對魏韓趙採取或打或拉的政策，將其盡可能地拉在齊國一邊。在齊宣王的晚年，秦武王英年早逝，秦昭襄王即位，他即位的早期大權掌握在太后以及穰侯魏冉的手中。在齊宣王過世的前一年（西元前三〇二年），在魏冉的奔走下，齊秦之間結成了聯盟，這時候的齊秦兩國暫時實現了「和諧」。

齊湣王的絕唱

西元前三〇一年，齊宣王過世，其子齊湣王即位。這位齊王在位十七年，既是齊國霸業的最後絕唱，也是齊國衰落的開始。

經過齊宣王晚年的休養生息，早期的齊湣王擁有強大的實力。這時候「連橫」、「合縱」兩大團隊奔走於列國，要麼聯合抗秦，要麼依附於秦，成為大多數諸侯必須做出「二選一」的難題，此時楚國屢屢敗給秦國無力北上，魏國早已衰弱，「合縱」的大旗也就被齊湣王扛了起來。

齊湣王即位初期，大權被戰國四君子之一的孟嘗君所掌握，銳意進取的孟嘗君開始頻繁地發動對外戰爭，積極介入到各國的內部事務之中。

西元前三〇一年，齊湣王先是介入到韓國的內部爭位鬥爭中，憑藉著齊國的軍事力量，扶持韓國太子咎登基，使韓國成為聽命於齊國的傀儡政權。之後又動兵楚國，以楚國與秦國結盟違反合縱協議為由，在垂沙與楚國交鋒。雙方沿著楚國的方城對峙六個月，最後齊國趁著江水退潮的機會，從淺灘處發動猛攻，一舉擊潰楚軍。此戰消滅楚軍兩萬多人，殺楚將唐昧，一時之間楚國很難再對齊國構成威脅。

齊國的一系列軍事行動，是為了大舉進攻秦國做準備。經過在中原地區的擴張，齊國終於建立起以自己為核心的反秦同盟。

西元前二九八年，齊國會同韓魏聯軍猛攻函谷關，秦國依託有利地形拼命抵抗，雙方鏖戰長達三年。結果，齊國主將匡章選派敢死隊進行偷襲，終於在西元前二九六年佔領函谷關。秦國的關中平原已然在齊國面前一馬平川。但在這關鍵時刻，齊國卻再次見好就收，滿足於秦國向齊國謝罪，隨即拔兵東撤了。合縱聯盟成立以來擊敗秦國最好的機會，就這樣被齊國自己放棄了。

齊湣王顯然不這麼想，他認為自己已經為父親齊宣王雪恥。齊湣王主動放棄的另一個原因，就是這些戰爭主要是由此時主持齊國國政的孟嘗君田文發動的，對於齊湣王來說，他不願意看到田文通過這些戰爭來擴展勢力，兩人的矛盾也日益公開化。為了對付田文，齊湣王重用從燕國投奔而來的蘇秦。

蘇秦是合縱運動裡的重要人物，最擅長舌辯，而且他在齊國沒有根基，在齊湣王眼裡是容易控制的。但齊湣王不知道，蘇秦來齊國是為燕國做臥底的。燕國在齊宣公時代差點遭齊國滅國，這時期在位的燕昭王一直在銳意復仇，蘇秦就是其中最重要的一環，齊國的內部矛盾、軍事情況透過蘇秦源源不斷地被燕國得知了。而且燕國同時和秦國也有姻親，所以當齊湣王對秦國不斷採取攻勢的時候，他不知道自己的頭上已經懸掛著一把凶器。

西元前二九四年，正銳意擴張的齊國發生內訌。因為貴族田甲發動劫持齊湣王的事件，齊湣王趁機對齊國的田氏貴族進行打壓，孟嘗君田文的相國職務也被剝奪了，接替孟嘗君職務的就是蘇秦。

和孟嘗君拉攏東方六國全力對付秦國的國策不同，蘇秦為了完成燕昭王交付的臥底使命，反而反其道而行之，竭力勸說齊湣王四處擴張，尤其是拿自己的盟友下手。此時是趙武靈王胡服騎射趙國崛起的時期，之後的幾年蘇秦竭力挑撥齊國和趙國的關係，讓這兩個鐵杆盟友逐漸交惡。同時積極勸說齊湣王攻打韓國、宋國等國家。齊湣王一連串軍事征戰的勝利，使秦國不得不對齊國側目。

這時期的秦國處於守勢，為了籠絡齊國，秦昭襄王主動要求和齊國並稱為帝，秦昭襄王稱西帝，齊湣王稱東帝，這幾乎就是春秋末年晉楚平分霸權的翻版。對平分霸權的要求，齊湣王很高興，但蘇秦知道如果此舉成功，齊國和秦國聯手其實力將更加強大。因此在蘇秦的勸說下，齊湣王主動取消了帝號，把秦昭襄王結結實實地「閃」了一把。示好不成的秦國，與齊國的交惡也就是必然了。

西元前二八七年至前二八六年的齊湣王自我感覺非常良好，這時期他通過對趙國和韓國的戰爭，把胡服騎射後軍力日益強大的趙國打得落花流水，又進一步削弱了韓國，這其實是幫了秦國的大忙。

西元前二八六年，齊湣王滅掉了宋國。滅宋一事激起秦國大怒，宋國是秦國當時在中原的重要盟友，宋國被滅等於拔掉了秦國安插在中原的釘子。這時期齊湣王的鄰居們，無論是北邊的燕國、趙國，還是東邊的魏國、秦國全部被他打過的，盟友都得罪光了的齊湣王很快招來了報應。

西元前二八六年，齊國剛剛滅掉宋國，秦國就在西線發動了進攻，借道韓國突襲齊國，將齊國打得大敗。之後秦國、燕國、趙國、魏國、韓國五國聯合伐齊，在濟水邊與齊國決戰，經過連年征戰，已經是強弩之末的齊國大潰。之後齊湣王被楚將殺死，齊國七十多個城市淪陷，雖然後來田單用火牛陣擊退聯軍，擁戴齊襄王復國，但遭到這一輪滅頂之災的齊國，也就徹底失去了爭霸的資本。秦國在與齊國經過五十八年的較量之後，終於藉中原諸侯之手，搬掉了他們東進中原的最大障礙。

十四、燕國改革，一場曇花一現改變戰國歷史

戰國七雄，不管結局如何，幾乎都有過風光的時候。這其中，就連絕大多數時候都是配角的燕國也不例外。從齊桓公春秋首霸起，燕國露臉的機會極多，但絕大多數時間都是給其他的風光國家當背景，至於爭霸之類的大事都與他們無緣。而在進入戰國時代以後，燕國的配角地位基本上也沒有什麼改變。特別是當各國都開始轟轟烈烈的變法時，燕國卻依然是死氣沉沉的模樣。以《戰國策》裡的說法，就是「凡天下戰國七，燕處弱焉」，戰國七雄裡就屬他家沒進步。

為啥沒進步？原因很多，但比較公認的一條是這個國家的危機感比較差。燕國的地理位置，位於整個戰國七雄裡最靠北。雖說常年同蠻族打交道多，但受到的中原國家的威脅卻也相對比較少。要打燕國就要考慮爬冰窩雪的風險，戰爭的艱苦程度極大，由於這一高成本，所以各國也就盡量不打它的主意。所以從春秋年間起，燕國摻和的事情不少，國力也不算強，但是挨打的次數相對也確實不多。

但是在進入戰國年間的白熱化階段後，情況卻不同了。比起極講究禮數的春秋年間，戰國時期的戰爭已經完全是你死我活。而且科技手段不斷進步，列國的戰爭水準越發上升，尤其是戰爭的動員能力和支撐能力，山遙路遠的燕國也就難逃挨打的命運。

於是從燕易王在位起，燕國的苦日子來到了。南方的老鄰居齊國的實力日益增強，正是四處吞併疆土的時候，血淋淋的大口就在第一時間咬向了燕國。一口氣連吞了燕國十座城池，逼著燕易王忍氣吞聲地求和，才算免了被進一步痛打。

而這場衝突對於燕國來說，最大的刺激還不是慘烈的失敗，而是幾乎毫無懸念的失敗過程。經歷過變法圖強的齊國，戰鬥力已經高速演進，遇到還堅持春秋傳統打法的燕國，幾乎就是輕鬆虐打，怎麼打怎麼贏，森嚴的城池被齊國幾下子就輕鬆攻破。落後就要挨打的滋味，燕國這下結結實實嘗到了。

所謂燕趙之地，多慷慨悲歌之士，極有血性的燕國又怎麼能忍受得了這樣恥辱的結果。西元前三二〇年，燕易王含恨而死，其子燕王噲繼位。這位胸懷大志的年輕國王，也決定順應舉國的呼聲，實現一個姍姍來遲的壯舉：變法圖強！

燕國的變法開始了，但萬萬沒有想到的是這從燕王噲到燕昭王兩代人，先是南轅北轍地自取其辱，後來又短暫自強的變法歷程，卻改變了戰國歷史的版圖。說燕國的這一段動盪是整個戰國歷史的分水嶺，恐怕也毫不為過。

燕王有理想

初登基的燕王噲，是個很有理想的人。

他的變法，口號喊得很低，但事情做得極多，特別是在考核官員等事務上，大膽地學習秦國等國家的經驗，包括軍功授爵等制度，燕國上下展開熱鬧的變法。

這樣大刀闊斧地變法也和其他國家一樣招來反對。但幸運的是，燕王噲信用的相國子之是一位非常幹練的人物，做事說一不二，手段強硬簡潔，輕鬆鎮壓了好幾場舊貴族的反抗行動，他把裡裡外外的關係都打理得特別好，就連燕王噲也深有體會：有困難，找子之。

表面看來，燕王噲和子之的關係十分類似秦孝公和商鞅，屬於君臣魚水情深的典範。但事實上，兩者卻有個截然不同之處，商鞅哪怕再囂張，也絕不會動秦孝公的權柄。子之卻恰恰相反，他的人生理想絕不是做個名垂青史的改革家，反而打算像田氏齊國那樣，借殼上市取得燕國的江山。

燕王噲的改革在緊鑼密鼓的進行，燕國的大國地位和國家實力也在蒸蒸日上。雖說依然不能和齊秦楚等大國相比，成就卻也不小，在他登基的第三年還參加了列國對秦國的討伐，雖說無功而返，但燕國的大國地位已然形成。

可畢竟沒有打勝仗，燕王噲忙活一頓後心思也逐漸冷靜下來。而子之取而代之的勁頭卻是有增無減。

燕國畢竟是一個有著悠久歷史傳承的國家，哪怕是當年田氏代齊也是數代苦心經營，一代代傑出人物運籌帷幄，最後才平安奪權。像子之這樣的人物，雖說貴為高官，可論起工作才能比起商鞅、鄒忌等同時期的頂級人物還是有很大的差距。想要取而代之，哪有這麼容易？

但萬萬沒想到的是，這個看似不可能的事情，子之竟然用一種匪夷所思的方式辦到了。

當時大臣蘇代，也就是戰國縱橫家蘇秦的族弟，出使齊國歸來。正渴望富國強兵的燕王噲立刻叫來蘇代詢問，想知道齊國到底有多強。未曾想蘇代竟然是子之的同黨，正好藉這個機會把齊國從頭到尾一頓貶，說齊宣王絕對沒有明天，因為他不信任自己的大臣。大王您如果要振興燕國，可不能學齊國啊！言下之意，就是必須重用子之。

這頓香風一吹，立刻把燕王噲吹得茅塞頓開，他本身就是一個性格非常軟弱的人，雖說擁有偉大理想但確實缺少扛事的能力。自從蘇代這一頓宣傳後，燕王噲對待子之更是信任有加，內政外交所有大事都放手讓子之去辦。

要是說子之真沒什麼業績卻也不盡然，從某種意義說是他開創了戰國時期的一大軍事改革：騎兵改革。在趙武靈王胡服騎射之前，子之就開始嘗試組建新型的騎兵部隊，另外燕國自身的封建化進程也是在他當政的時候加快了腳步，比如廢井田制、開阡陌、發展農業生產等國策都全力推動。僅以工作成績論，他確實是勞苦功高。

當然期間辦得最高明的還是子之個人實力的培養，在燕國這樣一個弱國，比起齊秦傳統強國來，權臣確實更容易取得成功。幾番強力改革後，從中央到地方子之的親信遍布，大小臣子們只知道有子之，不知道有燕王的情形更是變得司空見慣。

這種情況發展了不到兩年，子之幾乎就成了燕國的實際統治者，外加燕王噲發現自己對於學術比治國更有熱情，最喜歡關起門來研究學問，至於治理國家的瑣事乾脆交給子之做。

而在子之的熱心鼓噪下，燕國上下更形成一股全新熱潮，集體強烈呼籲讓子之正式接替燕王噲的王位，做燕國的新國王。這種事要是放在齊秦楚等國家，子之恐怕早就死上十次八次了，但是這位國王卻是毫不動怒：讓就讓！

為啥這麼痛快，首先是燕王噲實在不是治理國家的料，當了五年國王，每天被各種事搞得焦頭爛額，實在是幹不動了。更重要原因是在這五年裡，燕國的內外大權早就被子之牢牢把控住了，說句實話，有沒有燕王噲其實都一樣，還不如名正言順一點。

當然在這個問題上，子之絕不是一個人在戰鬥，他背後所代表的正是燕國正在崛起的新貴族，這些人藉著燕國的改革權力扶搖直上，傳統的燕國奴隸制的老貴族要麼被牢牢踩在腳下，要麼就是乖乖靠邊站。幾年的改革，燕國國內權力版圖的改變力度要比燕國自家國力的上漲大得多，改革改了五年，終於到了革燕國國王命的地步。

於是燕國的這一場熱鬧場面，很快從宮廷蔓延到了民間，從基層的百姓到各地的官員幾乎都在反覆宣傳，燕國要強大必須子之當國王。所謂「舉國意屬子之」，結果燕王噲也就順水推舟主動放棄權力，學著古代禪讓痛快地把王位讓給了子之。戰國歷史上一場匪夷所思的權力交接，竟然就這樣輕鬆完成。

但誰都沒有想到，這場過程十分荒唐的高層變故，卻是燕國一場大亂的開始。

個人能力差點事

按照今天一些學者的觀點，子之的篡權不但是實現他個人的狼子野心，其實也是燕國新貴族逼著奴隸主交權的一次行動，就其性質上說和田氏代齊差不多，但是就結果就差遠了。

其中最大的一個差距，就是個人能力。

子之的手腕非常強硬、做事非常高效，但是就政治家水準來說，和同時期的諸多改革家相比卻遠遠不在一個檔次上，在燕國做個國相還算能勉強合格，但要說身為國王統領一個大國卻是差遠了。

因為國相需要的是權謀，而國王需要的卻是氣度和胸襟。

子之最不合格的也就是氣度和胸襟，自從當上國王就開始翻臉不認人，大肆地排斥異己，甚至屢次興起牢獄，大力抓捕所有的反對者，昔日一些同黨的心腹也都紛紛和他翻臉。在位僅僅三年，結果就是「國大亂，百姓恫恐」，幾乎到了民不聊生的地步。

而一場奪權鬥爭，更把風雨飄搖的燕國鬧到了山雨欲來風滿樓的地步。燕王噲的兒子太子平就對子之恨之入骨，哪裡肯放過這樣好的機會，立刻聯繫了將軍市被一起合謀奪取王位。而這個秘密的謀劃，很快地就被燕國的老鄰居齊宣王知曉。

雖說齊宣王家族也是通過田氏代齊上位的，但對燕國這類似的情況，齊宣王卻十分仗義：子之這麼做是不合法的，他竊取燕國國王王位的過程是卑鄙無恥的，他害得燕國民不聊生，罪行更是卑劣的。太子平你不用擔心，齊國一定會全力幫你奪回王位。

齊國的一番好意，對太子平來說好比是乾旱中的春雨，雙方立刻一拍即合。於是在齊國的全力支援下，蓄滿力量的太子平於西元前三一四年向得意洋洋的子之砸出了重拳。先由市被包圍王宮，沒想到子之卻早有準備，太子平的突襲碰了釘子，連市被都叛變投降了子之。原先的篡位奇襲變成了拉鋸戰，太子平和子之各自拉起隊伍在燕國大打出手，幾萬人的軍隊自相殘殺，好幾個月分不出勝負。所謂「死者萬餘，百姓恫恐」，參考一下燕國的人口就知道這是真正的人間地獄。

但燕國最大的災難才剛到來。

就在燕國自相殘殺到最慘烈的時候，早在一旁冷眼觀看的齊國派大軍悍然越過邊境，大規模的向燕國殺來。齊國的大軍洶湧而來，而燕國的抵抗卻是綿軟無力，早就在內戰漩渦裡掙扎的燕國軍民已經毫無血性鬥志，更煩透了戰爭，對於齊國的進攻全都採取了不抵抗政策。而且齊國的宣傳攻勢也做得好，打出的旗號就是討伐萬惡的叛賊子之，這個口號一宣傳出去就是最好的作戰動員，齊國大軍所過之處城池紛紛投降，熱情的燕國百姓載歌載舞，歡天喜地迎接齊國大軍，就像見到了親人一樣。

就在這樣的熱鬧氣氛裡，「士卒不戰，城門不閉」，齊國大軍高歌猛進，一下子就拿下燕國都城薊。但令滿懷期望的燕國官民們萬萬想不到的是，在攻破燕國都城的那一刻，齊國高高舉起了血淋淋的屠刀。

首先死於齊國刀下的就是燕王噲，更令人想不到的是齊國拍著胸脯保證支持的太子平同樣也被抓來處死。而倉皇逃跑的子之隨後也落入了齊國手中，被齊國軍隊剁成了肉醬，整個燕國的最高層在這場動亂鬧劇中幾乎全被齊國人一窩端。

但讓燕國百姓最為涼水澆頭的是，齊國不但殺掉了燕國的國君王室，更不拿燕國百姓當外人，想殺就殺想抓就抓，齊國軍隊在燕國土地上耀武揚威，更下定決心紮根不走。

如果說之前的燕國已經形同人間地獄的話，那麼接下來齊國就讓燕國人知道什麼叫真正的地獄。無數的城池被毀，好些村莊被屠戮劫掠一空，燕國的倉庫糧食成批地往齊國拉，大批的燕國官員貴族成天被拉出去處決，在戰亂中呻吟的燕國人嘗到了做亡國奴的滋味。打著拯救燕國名義而來的齊國，才是一條真正的餓狼。

而「餓狼」齊國這頓鬧，把血腥味弄得四處飄散，周邊的好些國家都跑到燕國來趁火打劫。就連一直被趙國魏國欺負夠了的蕞爾小國中山國竟然也跑來分一杯羹，一口氣奪取了燕國數百里的土地，讓這個死而復生的小國撿了個大便宜。而亡國的陰雲正籠罩在這個傳統大國的上空。

但幸運的是，燕國確實氣數未盡。

雖說被齊國佔了大便宜，但不幸中萬幸的是燕國先前基本都是不抵抗，雖然被齊國端了都城，但其軍隊的實力依然存在。在認清楚了齊國的真面目後，燕國上下積攢的怒火終於如火山一樣噴發了，老百姓有錢出錢有力出力，團結起來痛打齊軍，今天被打個悶棍，明天被打個埋伏，佔據在燕國的齊軍很快地被搞得焦頭爛額。

當然更幸運的是，燕國的王室並未絕嗣，燕公子一直在趙國做人質。而這時正好是經過胡服騎射的趙國強勢崛起，開始挑戰齊國東方霸主的地位，趙武靈王又怎會錯過如此大好的機會？立刻大張旗鼓，派遣精銳騎兵護送燕公子回國。而一直在函谷關冷眼觀望的秦國也摻和進來，表示絕不接受齊國滅燕的結果。事實明擺在眼前，齊國如果一意孤行吞併燕國，就要承擔獨自與秦國趙國兩大強敵開戰的後果，齊宣王權衡利弊後吐出了到嘴的肉從燕國撤軍。

狠狠地將燕國大地蹂躪一番後，齊國大軍撤退了，留下的是在一片廢墟中登上王位的燕昭王，和一個飽受戰火的燕國。

在齊宣王看來，這次燕國行動雖然沒能吞滅燕國，但已經最大限度的削弱了這個老鄰居，而且還得到了大量的糧食財富，可以說賺個盆滿缽滿。但是其中一個後果，他卻至死都沒有想到。

齊國這次蹂躪，重創了燕國也拉足了仇恨，受到耍弄和肆虐的人對齊國更是充滿著復仇的怒火。而幸運登基的燕昭王，更下定了一個終生奮鬥的目標，要變法自強，更要讓齊國血債血償。

一代英主燕昭王

作為一位在風雨飄搖中登位的國王，燕昭王的履歷卻是極不簡單。

他人生的大半歲月都是在趙國度過的，趕上的又是趙武靈王胡服騎射實現變法自強的年頭。他每天耳濡目染趙國的成功經驗，他的理想與見識比起父親燕王噲要高得多。

由於見多識廣，因此真正主持起變法來，他的手段就很專業。首先是大力求賢，不惜血本招攬人才，而且還用了一個與商鞅南門立木異曲同工的妙招。專門找來一個叫郭隗的名士，特意為他修造了豪華的住宅，更以隆重的禮節拜他為師，享受崇高的待遇。這就等跟全天下的人說：連郭隗這樣的人都能在燕國受到重用，你們還等什麼？

這樣的廣告效果一打出去，收穫立刻爆滿，各國的頂尖人才成群結隊地朝燕國而來。而且有一些還是搶老對頭齊國的生意，比如說鄒衍，他當時戰國最傑出的科學家，同時也是在稷下學宮非常受尊重的人才。這位老先生在稷下學宮不但享受高官厚祿，而且地位非常的尊貴，他到魏國訪問時，魏惠王專程到郊外去迎接；他到趙國時，趙國位高權重的平原君，側著身子恭恭敬敬地迎接他。如此傑出人物，燕國如果不拿出一些特殊手段，想要留住人才是很難的。

但對燕昭王來說，這些都難不倒他，他只用了一招竟然就讓習慣了被尊重的鄒衍老先生感動不已。他親自用衣袖裹著掃把，在前面為鄒衍帶路，一邊走一邊把一路上的垃圾全掃掉，等於是為鄒衍老先生做清潔工。而且等到鄒衍上課時，他更做出一個讓人瞠目結舌的舉動，主動跑到學生位置上就坐，以弟子的禮節聆聽鄒衍的教誨。這幾件事蹟傳開讓整個列國都譁然，人才自然組團往燕國跑了。

雖說尊重人才，但燕昭王的目的性非常強。並不是什麼樣的人才都收，除了富國強兵的人才，他最需要的則是能夠幫他一雪前恥打敗齊國的人才，尤其是歡迎軍事方面的人才。在經過了長時期的篩選後，他終於物色到了一位堪比孫臏的傑出軍事家：樂毅。

這位頂尖軍事人才，就是之後他攻破齊國一雪前恥的利器。

樂毅的出身非常高貴，他是魏國人，祖先就是當年曾經為魏文侯血洗中山國，開疆闢土的名將樂羊。有這樣強大的祖先，樂毅自幼的家學傳承相當地好，但生不逢時的是他的祖國魏國在他青少年的時候就已經淪落成為戰國年代裡的醬油角色，再也不復昔日的勇猛。就連樂毅的故鄉靈壽，這時也成了趙國的國土。於是年輕的樂毅也就改弦更張，去了正熱火朝天地實行變法的趙國。

在趙國的土地上，才能出眾的樂毅很快就嶄露了頭角，他的軍事才華甚至引起了平原君等權貴們的注意，一路被舉薦，身分地位扶搖直上。如果正常發展下去，應該很快就會在趙軍中獨當一面，為趙國的事業開拓疆土。

但人生的意外，有時候就是這麼突然降臨。趙武靈王一生勇猛，沒想到臨了卻鬧出了被兒子困死沙丘宮的事件，偏偏身為普通官吏的樂毅也被捲入其中。眼看就要被清算，於是樂毅當機立斷，走為上計。先是逃到了祖先曾建功立業的魏國，憑著一身本領也算發展得不錯，甚至還作為使節到處出國訪問。但看看魏國的局面，樂毅的心裡就涼了。這個傳說中的戰國首霸，非但沒了昔日榮光，反而正越活越窩囊，胸懷大志的樂毅難道就要在這個國家窩囊一輩子。

就在這樣的人生迷茫裡，樂毅知道了燕昭王的求賢令，他出使燕國時更親眼看到了這位燕國新國王的氣度與理想，一下子就為之深深折服，出使任務還沒有完成就立刻做出了留下的決定。

而對樂毅這個決定，正銳意圖強的燕昭王高興得就像挖到寶，如果說以前優待郭隗、禮敬鄒衍都還有些作秀的成分，那麼這次對待樂毅卻是確確實實的託付。立刻認命他為亞卿，也就是執掌燕國軍政大權的高官，扛起了燕國的改革大業。

比起當年燕王噲重用子之，燕昭王對樂毅的信任可謂有過之而無不及。

但比起善於耍權謀的子之，樂毅卻是個幹實事的。臨危受命之後，立刻出手抓住了燕國改革的重點，首先是明奉法、審官斷。也就是確立法律，有法必依，比起子之當年完全靠手腕來鎮壓群臣，樂毅要讓燕國的管理法制化。然後是「查能而授官」，也就是設立官員考核制度，真正按照官員的才能和政績來選派官職，杜絕一切親貴當道的景象。最重要就是「施及陰隸」，也就是從中下層老百姓甚至奴隸當中選拔人才，特別是一切為軍隊大業服務。只要是戰鬥力強的人才都可以從軍，都可以用軍功來換取自己的自由身，只要打仗不怕死有功勞，改變人生絕不是夢。

樂毅的這三條變法，堪稱深得商鞅變法的精髓，雖然也遭到了阻力，但比起商鞅變法的慘烈，樂毅遭到的阻力卻是小得多，由於舉國上下一致擁護，變法很快熱烈地展開了。

為什麼這麼順利，首先是燕昭王的全力支持，當然更重要的原因是經過了燕王噲改革和子之之亂，反對變法圖強的舊貴族被一掃而空，整個變法基本就沒有阻力了。所謂不破不立，正是這個道理。

也正是在這樣好的條件下，燕國經過了二十八年的強力變法國力蒸蒸日上，很快成為了一方大國。而進步最大的正是軍隊戰鬥力，在樂毅的苦心經營下，本就英勇善戰的燕國士兵戰鬥力直線上升，更滿懷著一顆雪恥之心，大家就盼望著能夠早日向齊國復仇。

但雖然形勢一片大好，但以燕國和齊國的力量對比看，所謂復仇依然是看似天方夜譚的事情，因為此時的齊國實力正如日中天。

斷送齊國霸業

當燕國正賣力發展的時候，也正是齊國實力膨脹到頂峰時期。

此時的齊國正是齊湣王在位時期，比起齊宣王時期雄霸中原的大國地位又更進了一步。齊湣王時代向南打敗了楚國，向西則一度攻克了函谷關，逼得素來驕橫的秦國也咬牙忍辱求和，在齊國的頤指氣使下退還了大批原先侵佔韓趙魏等國家的國土，齊國的威望空前暴漲。

當時的情況，以《史記》的說法是「諸侯皆欲背秦而服齊」，也就是把齊國當作霸主而臣服。而更叫燕國看起來絕望的是，一直和齊國互掐的秦國似乎認輸了。秦昭襄王主動向齊湣王示好，提出兩家互相稱帝，齊湣王稱東帝，秦昭襄王稱西帝，也就是兩家聯手一起瓜分天下。

在這段時期齊國和秦國相互爭霸，意圖雄霸東方的齊國，成了旨在統一天下的秦國東出函谷關的最大障礙。多年來秦國挖空心思想辦法要除掉這個障礙，結果戰場上互有勝負，戰場外更是針鋒相對，幾乎誰都佔不到誰便宜。

而且讓秦國更加抓狂的是，在這一時期中原大地合縱的大潮蜂起，中原六國連續組織了多次聯合討伐秦國的軍事行動。雖說絕大多數的行動都失敗，但讓秦國驚恐的是齊國已經開始藉助這股力量和秦國為敵。特別是齊國曾經組織了三國聯軍，三年苦戰攻克了函谷關，讓秦國丟了一把大臉，這樣的場面持續下去，秦國想要一統天下的美夢恐怕會落空。

然而就是在這樣的不利局面下，燕昭王終於找到了戰勝齊國的鑰匙。既然可以合縱攻打秦國，難道就不能合縱攻打齊國？

因為對於中原國家來說，秦國雖然是虎狼之國，但畢竟距離遙遠，對於眼前來說真正最大的威脅卻是齊國。

經過幾代苦心經營，綜合國力已經達到頂點的齊國，此時雖然具有雄視天下的實力，卻不幸趕上了一位極其缺乏戰略眼光的齊湣王。

齊湣王一輩子好勇鬥狠，對待周邊的鄰居基本上就是不服就打，直到打服為止。而且還耳根子軟，最愛偏聽偏信。

眼光敏銳的燕昭王抓住了這難得的機會，立刻緊鑼密鼓地行動，以樂毅的謀劃就是「莫如與趙及楚魏」，也就是許諾分給楚國、魏國和趙國好處，讓他們與燕國聯合一道討伐無道的齊國。由於多年以來，齊國在中原拉夠了仇恨，結果幾大強國一拍即合，韓趙魏楚燕五國組成了聯軍，戰國歷史上最大規模的一場合縱戰爭就此爆發，對象不是秦國而是齊國。

西元前二八四年，著名的濟水大戰爆發，親自坐鎮指揮的齊湣王被樂毅靈活的用兵打得潰敗，齊軍一敗塗地，五國聯軍長驅直入。但出於對齊國的恐懼和彼此之間的不信任，其他幾個國家的軍隊在佔了便宜，拿到幾個城池後見好就收了。真正咬住不放的還是樂毅，親自率領燕國主力，一路長驅直入，連拿下齊國七十多座城池，這下齊國的情況比當年燕國還慘，齊湣王在混亂中被殺，整個齊國就剩下了即墨和莒兩個小城，在燕國浩蕩的兵威面前奄奄一息幾乎就剩下一口氣了。

對這既得利益，燕國十分珍惜，比起當年齊宣王的殘暴，燕國這次採取了更加務實的辦法。嚴格規定紀律，廢除齊國的殘暴法令，所過之處收買人心，一心一意要把已經拿下的齊國城池消化成燕國自己的土地。同時一口氣冊封了二十多個燕國宗室，用以鞏固在齊國的統治。在燕昭王的謀劃下，只要爭取了齊國民心、穩定了上層基礎，依託兩個小城苟延殘喘的齊國，覆滅只是時間問題。

如果照著這個局面發展下去，那麼戰國的歷史必然會出現一個令人驚訝的走向。昔日強大的齊國一夜盡滅，領土財富被燕國打包全收，完成對齊國吞併的燕國必然會一夜拔地而起，成為繼齊國之後又一個抗衡秦國東進的強大力量，甚至短期之內中原國家也會拜服在燕國的腳下。

就在燕國吞併齊國的過程裡，燕國的其他版圖也是滾雪球般地瘋漲，東北的遼東地區已經盡數成為了燕國國土。但就是在這黃金時代，燕昭王卻突然病故了，新繼位的燕惠王恰恰是樂毅的死對頭，於是忠心耿耿的樂毅很快地就被燕惠王清算。樂毅交出前線指揮權後，倉皇地逃到了趙國。這位書寫了戰國時代一場空前戰爭奇蹟的名將，在趙國得到了英雄般的禮遇，被封於觀津。

燕惠王得意的以為他繼承了父親的遺產，又順利地搬掉了最大絆腳石，沒有想到正是他這荒唐的行為，給老對手齊國續了命。一直堅持在即墨抗戰的齊國名將田單，使出了著名的火牛陣，打敗了接替樂毅的騎劫，竟然一路乘勝追擊光復了所有國土，把燕國軍隊趕出了齊國，一場讓齊國幾乎頂的災難就這樣幸運躲過。

然而最後的事實證明，這場爭鬥沒有勝利者。敗掉大好局面的燕惠王，失去了燕國雄霸天下的機會。可笑的是，他還把責任歸罪給跑去趙國的樂毅，氣得樂毅寫下了名篇《報燕惠王書》，既向天下人表白了自己的忠誠，更叫燕惠王這位敗家子成了列國的笑柄。

然而真正的勝利者，還是在函谷關外旁觀的秦國。在秦國統一六國的大業裡，燕國和齊國的這場爭鬥好像是一塊天降的餡餅。燕國打敗了齊國，卻沒有鞏固勝利果實，隨著齊國的反撲被打回了原型。而躲過滅頂之災的齊國也從此一蹶不振，再也不復當年稱霸東方的風采，秦國一直沒辦法對付的齊國，就這樣以一種匪夷所思的方式倒下了。這次燕國的曇花一現，卻成了改變戰國走向的最大意外事件。

十五、最後的君子：信陵君

君子是些什麼人

到了戰國中期以後，隨著各國變法的完成、封建制度的確立，在許多國家裡出現了這樣一群奇特的人。

這些人住著高大的宅院，家裡財產豐厚，特權也很多，國君們對他們客客氣氣。家裡平時養了一些奇奇怪怪、白吃白喝的人，但都不是一般人，不是精通武藝，就是擅長辯論，甚至還有人精通科學，都是懷有才能的人。這些住在他們家裡的人叫作「門客」，但真遇到事情都會賣命效力。

這些位高權重的人，當時被人叫做「公子」，在後世他們則被稱為「君子」——各國享有特權，位高權重的新貴族。

這些「君子」又是怎樣產生的呢？

原來，戰國時期的主要國家，在經歷過變法之後，那些新貴族有了政治特權，財富迅速壯大。他們中有崇高名望和卓越能力的新貴族，就被稱為「君子」，意思是僅次於國君的人。

而新貴族要想成為君子，只有地位、勢力、財富、門客還不夠，最重要的就是要有名望。整個戰國時代出了四位著名的君子，史稱「戰國四君子」——魏國信陵君，趙國平原君，楚國春申君，齊國孟嘗君。

這四個人的共同特點是很有錢、很有權、養了很多門客、都有好名聲，身分也很特殊。魏國信陵君魏無忌，是魏昭王的小兒子，魏安釐王的親弟弟；趙國平原君趙勝，是趙武靈王的兒子，趙惠文王的弟弟；孟嘗君田文，則是齊宣王的侄兒，齊湣王的堂兄弟；春申君黃歇，家族是楚國世代公室大臣。都是各國國君的自家人。

在戰國，有他們這樣身世背景的人很多，但只有他們四個被稱為君子，一是因為他們有神通廣大的門客，二則是他們的人格魅力。

這四位君子，都有很多神通廣大的門客，比如魏王寵愛的妃子如姬，父親被人殺害，魏王想盡辦法也能沒找到凶手，信陵君知道後下令門客幫忙，沒多久就把凶手殺掉了。

孟嘗君的門客也很厲害，有次他被邀請到秦國，秦王圖謀殺害他。結果孟嘗君的一個門客學狗叫混入秦國倉庫，偷來了孟嘗君先前送給秦王的狐皮錦袍，賄賂秦王愛妃，在秦王愛妃的幫助下得以脫逃。在逃出關卡的時候，又碰上關卡以天黑為由拒絕放行，另一個門客學雞打鳴，讓守關士兵誤以為天亮了，果然開關放人，這才逃出險地。成語「雞鳴狗盜」就是這麼來的。

能招來這些神通廣大的門客，靠錢是不夠的，更要靠人格魅力。孟嘗君對門客非常優禮，　次有門客嫌自己吃得差，結果孟嘗君把自己碗裡的飯給門客看，原來兩人吃的都一樣。門客羞慚無比，立刻自殺謝罪。

平原君在趙國亨有免稅特權，一次有個新來的收稅官上門收稅，平原君不但不生氣，還向趙王推薦這個稅官，此人正是後來戰國時期第一騎兵名將趙奢。他們能夠招攬門客，除了財富地位外，就是靠辨別人才的眼光和包容人才的胸襟氣度。

但要論起對國家的貢獻，特別是危難時期承擔責任的勇氣和中流砥柱的價值。這四位君子中，最為傑出的則當屬魏國信陵君。

信陵君，名無忌，是魏昭王最小的兒子，兄長正是魏國國君魏安釐王。由於他以信陵為封地，因此才被叫做信陵君。

信陵君還有一樣十分出名的成就，就是養士。

會養士的信陵君

養士，在戰國時期是個十分流行的風氣。

就如前面所說，幾位與信陵君齊名的人物，麾下都是人才薈萃，知名度特別高。比如孟嘗君，被強制請到秦國談工作，眼看談不攏就要被扣留，卻在幾名門客的巧妙掩護下成功脫身。又比如趙國的平原君，麾下有一個不顯山露水的毛遂，在後來的邯鄲保衛戰中，硬是以黑馬之姿閃耀了一把，憑藉犀利的辯才說動楚王發兵救援趙國。這段毛遂自薦的典故，也不知激勵了多少奮鬥中的年輕人。

但後世對他們的行事作為難免有一些批評，最有名的來自北宋政治家王安石。在王安石的眼裡，所謂養士三千的孟嘗君，其麾下的門客基本上就是混混，除了學雞叫就是偷東西，幹的全是上不了檯面的事情。也正是因為這些人在，所以才會讓正經的人才沒有了出路。

可要是以這樣的標準來看待信陵君，就不得不佩服，而論養士的效果，信陵君毫無疑問是最強的。

首先最強的一條就是成本，養士一般拼的就是錢。戰國年代，士人的地位十分獨特，精神地位獨立且極有尊嚴，想要籠絡住一個有才的士人，沒錢通常是萬萬不能的。在錢的方面，幾位君子都是各自比拼著。比如平原君，除了給錢給東西還額外發福利，上等門客的配劍上都裝飾有珠寶；春申君的門客，穿著的鞋子都是用珠寶做成；至於孟嘗君，養士花錢更是如流水，以至於家中開銷常常捉襟見肘。

而信陵君卻是用尊重對待他的門客。

其實在戰國年代，士人的人格都是出名的獨特，很多真正有才能的人物，看重的並非錢財而是尊嚴。信陵君十分了解這個道理。

因此信陵君在養士的問題上採用了非常獨特的方式：禮賢下士。只要是自己看中的人，他就會放下身段主動登門拜訪，言談舉止恭恭敬敬傾心結交。而且他有極高的情商，屬於那種一見面就會給人有如沐春風的感覺，十分地有親和力。

而更與其他幾位不同的是，和信陵君真正密切接觸的士人很多都是社會的下層人物。這點雖然和孟嘗君類似，但是孟嘗君所收攏的都是一些有特殊才能的社會下層人物，而信陵君所結交的都是一些普通人，平時不顯山露水，也看不出有什麼特殊才能。

最有影響力的事情，就是信陵君結交大梁城的守門人侯嬴。在旁觀者的眼中這位傳說中的賢人是身分卑賤的草民，信陵君卻是大動陣仗以非常隆重的禮節，親自邀請侯嬴去他家赴宴，而且還一路恭恭敬敬地為他牽馬駕車，把大家都看呆了。

對信陵君的這番好意，侯嬴處之泰然。不但大搖大擺的接受，更做出了一件讓旁觀者都抓狂的事情。路上遇到了好朋友屠戶朱亥，侯嬴竟然不管不顧地拉著朱屠戶聊起了家常，兩人一聊就是半天，卻把信陵君晾在一旁，堪稱囂張到極點。

而對這種沒禮貌的行為，信陵君自始至終都表現得非常地淡定，一直保持著微笑，對侯嬴的行為十分容忍，在大庭廣眾之下給足了侯嬴面子。

按照司馬遷的說法，在戰國四君子中，真正能夠「以富貴下貧賤」的唯獨信陵君一人。

這也就意味著，雖然同為四君子但信陵君的眼光和襟懷已經遠遠超過了其他三位。

從理論上說戰國四君子都是非常愛國的，但孟嘗君一生都在和國王爭權，也因此幾起幾落；平原君相對比較慨然，但也幹過偷稅漏稅的事情。而其中最無私的當屬信陵君。

這其中最重要的區別就在於養士的態度。比起其他幾位以擴充自己的勢力為目的，信陵君的態度很單純只是想為國效力。

號稱門客最多的孟嘗君，他的門客最主要工作就是替他經營封地。而後來與齊王鬧翻了，不得已遠走他國，翻過手來對齊國反手一擊，更是毫無負擔，那些昔日跟著他保衛齊國的門客後來又跟著他反攻齊國。

而比起這樣的行為，信陵君卻堪稱是真正意義的愛國者。以明朝人王世貞的評語「信陵君之好士也，以有魏也」，也就是說如果沒有信陵君以及他所招攬的人才，魏國的命恐怕早就搭上了。

王世貞能夠給他這樣高的評價，正是因為信陵君人生裡最燦爛的一筆：竊符救趙。

差點讓歷史改道

說起竊符救趙讓後人最感動的是，信陵君在趙國危難時刻的挺身而出。

作為魏安釐王最小的弟弟，信陵君在魏國的身分地位是十分尊貴的。有很多類似他這樣背景的人物，要麼藉助權勢經營自己的產業，要麼爭權奪位，總之只要夠自私，生活總是過得風光。

但信陵君卻偏偏選擇了最難的一條路，為魏國的家國大業拋頭顱灑熱血。

信陵君是一個極有責任感的人，年輕時就立下了志向，要以自己畢生的熱血與努力阻止虎狼秦國東進的腳步。因此多年以來不遺餘力的招攬門客，正是為了這件事。

早在長平之戰爆發前，信陵君的努力就已經收到顯著的效果。他部署的眼線，讓他輕易獲得了秦國在長平大戰前後許多重要的情報，其得悉情報的速度要比趙國前線主帥們快得多。戰局的走向基本了然於心。

最了解他的能耐的人，莫過於他的兄長魏安釐王。有一次魏安釐王正與信陵君下棋，正好有急報說邊境有警，趙王正帶著大隊人馬殺來，當場把魏安釐王的臉給嚇白。沒想到信陵君卻不慌不忙，告訴哥哥一定要淡定，趙王只是來打獵，絕沒有入侵的意思。事實證明他是對的。因為信陵君的情報網，甚至已經部署進了趙王的深宮裡，照著文言文裡的說法，就是「有能深得趙王陰事者」。

但信陵君所做的一切事情，絕非為了個人的威權，而是為了對抗強秦的威脅。對信陵君的警覺，不但魏國理解的人少，就連兄長魏安釐王也是十分無感。這位得過且過的魏國國王，早已經沒有了先祖曾經反覆虐打秦國的霸氣，反而對秦國極度地畏懼，幾乎到了秦國打個噴嚏，他都要緊張一整天的地步。平日就知道奢靡享樂，遇到秦國挑釁就忙不迭地割地換太平。

有這樣無能的哥哥，終於把信陵君徹底逼成了反對派。多年以來，他在朝堂上經常和哥哥爭論，尤其對秦國應該採取什麼態度的問題更是反覆爭吵。以信陵君的說法，秦國「非盡亡海內天下，必不休」，也就是秦國的狼子野心絕不是魏國割讓土地就能滿足的，這個國家的真實目的是吞併一切可吞併的土地。

不但看到了秦國的野心，信陵君更為了魏國的未來勾畫了一個最好的辦法，那就是聯合韓國、楚國以及趙國組成一道抗擊秦國的屏障，只要這四個國家互相呼應，就一定可以把秦國阻擋在函谷關內。如果這個戰略構想成型的話，那麼就算秦國最終能統一六國，時間恐怕也要延遲。

但是在大家被秦國嚇破了膽的年月裡，信陵君的這個計劃其實是很難實現的，因為就連魏安釐王都覺得他不切實際。但在接下來的竊符救趙事件中，信陵君將以他卓越的表現回擊了這樣的輕視。

竊符救趙，發生於西元前二五七年，當時的趙國在經歷了長平之戰的慘敗後，立刻被秦國乘勝追擊，都城邯鄲被團團圍住，此時已經到了生死存亡的一刻。

而趙國唯一的救命機會就是向老鄰居魏國求援，從任何理由看魏國都是必須救援趙國的，可是魏安釐王早已經被秦國嚇破了膽，況且秦國已經放話誰要敢救趙國，那麼秦國料理了趙國後，誰就是下一個被修理的對象！

這狠話一放出來，整個關東六國都慫了。即便有趙國平原君帶領使團苦口婆心的遊說楚國，饒是有毛遂橫空出世的一頓痛罵，說得楚考烈王勉強派出援軍。但是楚國這支援軍絕大多數時候還是在一旁觀看風景，直到最後局勢逆轉才像模像樣地殺了一把，完全指望不上。

連這樣都指望不上，魏國自然更是難指望。魏安釐王拒絕發兵，此時信陵君卻勇敢地站了出來。

在求援無望的情況下，信陵君做出了最悲壯的抉擇。先是集合了自己所有的門客，大張旗鼓地殺向趙國，決心要帶領這些門客和趙國軍民一起赴死。關鍵時刻還是昔日信陵君曾經禮遇的侯嬴和朱亥攔住了他，在侯嬴的巧妙籌謀下，信陵君藉助如姬的幫助，偷來了魏安釐王用來調兵的虎符。然後信陵君到軍營假傳王令，又以朱亥錘殺魏軍主帥晉鄙，成功奪取了這支軍隊的指揮權。

而後信陵君展現了他磨練已久的軍事才能面對強大的秦國精銳軍團，他先以一場昂揚的戰前動員，激發了全軍高漲的士氣，然後又巧妙地指揮成功突破了秦軍最薄弱的環節，一下就打開了秦軍的防線。在這場你死我活的廝殺中，戰無不克的秦軍再次嘗到了敗仗。竊符救趙的光輝一筆，成了秦軍戰史上十分慘痛的記憶。

信陵君以自己出色的表現證明，他打敗秦國靠的不是運氣而是實力。十年之後，他又再次率領五國聯軍大戰秦國，硬是打出秦國自長平之戰後最悲慘的一仗，嚇得秦軍敗退進入函谷關。自從齊湣王時代三國聯軍攻打函谷關後，一直被秦國欺壓的關東六國還沒有這樣揚眉吐氣過。

信陵君，就這樣成了秦國揮之不去的噩夢。

但立下大功的信陵君，心頭也有一個揮之不去的陰影。儘管救了趙國，卻辜負了自己的祖國魏國，特別是老將軍晉鄙的死更是自己的責任。因此在竊符救趙之後，趙王本來要封賞給信陵君五座城池，信陵君卻只是一個勁的勸酒，到最後硬沒給趙王開口的機會。他在趙國整整待了十年，直到秦國大舉進攻魏國，他在門下幾位門客的勸說下終於捐棄前嫌回到了魏國，並帶領聯軍大破秦軍。

而對於秦國統一天下的大業來說，信陵君回到魏國是一個比戰場失敗更大的危機。在經過了竊符救趙的壯舉後，信陵君的威名已經傳遍了列國。此時他已經完全有條件放手去執行四國屏障計畫，一旦計畫得以實現，恐怕秦國統一天下的步伐要大大地延後。

但是萬萬沒想到，在這個關鍵時刻幫了秦國一把的竟然是魏安釐王。這位嫉賢妒能的國王對於信陵君的猜忌始終未消停，特別是當信陵君歸來後大破秦軍，魏國暫時解圍後，他更是立刻剝奪了信陵君的兵權。

聰明的信陵君自然知道了兄長的用意，他也就順坡下驢一直沉迷於酒色享樂裡，直到四年後英年早逝。他的過世就意味著秦國東出的另一個障礙已經不復存在了。

十六、最後一次合縱

信陵君的去世，對於志在一統天下的秦國來說，毫無疑問是個大好事。

自從信陵君死後，秦國就過上了一馬平川的日子，從此肆虐中原各國，秋風掃落葉一般地吞疆併土，終於將六國全數掃平。

這時候距離秦國一統天下，還有二十二年時間，在秦國進入加速模式之前，它必須要煎熬過最後一個考驗：合縱。

合縱這件事，算是秦國自從商鞅變法後長期打交道的老對手了，陣仗經常很大，人數經常很多，隊伍經常很雄壯。也不是沒有險過剃頭的時候，連函谷關都曾被齊國拿下過，但絕大多數都是雷聲大雨點小。

雖說秦國是各國共同的對手，但列強還是一人一家一個心眼，又都知道秦國打仗狠，為了眼前的利益基本上是能不招惹就不招惹，實在要合縱也是擺個樣子，見風向不對立刻就跑。難道就真沒有成功的合縱？不是不能成功，而是難度太大。必須得是有名望的人統帥，而且還要有正確籌謀，帶領大家走上勝利道路。這樣的人物實在太少見了。西元前二四三年信陵君去世，等於一杆大旗也倒了。合縱這事，似乎就更沒人幹了。

然而就在信陵君去世兩年後，一場突如其來的合縱風暴再度向秦國撲來，原本看似一團散沙的趙楚燕魏竟然組成了強悍的聯軍，殺氣騰騰的撲向秦國。這回絕不是像前幾次出工不出力的擺樣子，各路聯軍十分團結，打起仗來配合得井井有條，士氣更高漲得爆棚，衝鋒陷陣都不用動員，百戰百勝的秦軍與之交手，一不留神竟然吃了虧。眼看著殺氣騰騰的聯軍朝著咸陽猛撲過來了！合縱，這次是真的。

這次合縱怎麼會來真的呢？因為在信陵君去世後，一個名不見經傳的趙國人卻默默地站了出來扛起了合縱這面大旗，並親手導演了這一場劇烈的合縱風暴，成為秦國在高歌東進之前最為慘烈的一場生死考驗。

這個人，就是趙國名將龐煖。

在風雲際會的戰國年代裡，龐煖是個標準的小人物，雖說他官位不低，家族也很顯赫，戰功也不少，但是在史料裡的記錄卻是少得可憐。雖然是個熟面孔卻從來不是主角，很多重大的歷史事件都會出來說點話、辦點事，但是想要被大書特書確實很難。

如果要給秦國的敵人列一個排行榜，那麼這位龐煖絕對有資格排進前幾名，就憑他在西元前二四一年給秦國帶來了沉重一擊。

雖然身世和出生年月都沒有明確記錄，但是龐煖在戰國歷史上的出場，卻是相當地早，早到什麼時候？趙武靈王胡服騎射的時候！確切說來，距離這最後一次合縱六十年前，也就是西元前二九九年左右，那時的龐煖就已經是頗有名氣的兵家，有名氣到可以和趙武靈王來論兵，正是那一次和趙武靈王的論兵裡，龐煖留下了一句名垂青史的經典名言：百戰而勝，非善之善者也，不戰而勝，善之善者也！

只要稍微了解中國戰爭史就知道，龐煖的這句話在後來兩千年的中國古代戰爭史上被引用的頻率有多高，好多次的重大戰爭或者重大的談判場合，甚至很多名臣的奏摺裡都反覆引用過這段話。能說出這段話的龐煖理論上應該很紅才對，起碼在當時能給趙武靈王說出這番話，還能不飛黃騰達嗎？事實上還真沒有，因為和他說話的是即將餓死在沙丘宮的趙武靈王。

隨著趙國發生國變，一代雄主趙武靈王悲催地餓死在沙丘宮，留下這句豪言的龐煖命運也立刻發生了轉變，確切的說是立刻就消失了。最普遍的說法是他跟著他的老師一起去隱居了。他的老師是誰？又是個很低調、很陌生的名字：鶡冠子。

鶡冠子，其實是一個別號，並不是確切的人名，這又是一個戰國時期的神秘人，可惜真實姓名已經不為人知，僅有可知的史料是他常戴著羽毛裝飾的帽子，因此被稱為鶡冠子。別看他行動古怪人神秘，這個人確實是有真本事，他是戰國時代道家的重要學者，思想格外別致。認定世界上一切事物都是發展變化的，人必須要學習這樣的變化才能不斷的進步。他和他的門徒們還編訂有文集《鶡冠子》，內中的文字筆力雄渾，堪稱先秦散文的經典代表。如此文采、思想薈萃的強人，教出來的徒弟自然也不會差，龐煖就是其中一個。

在趙國國變之後，普遍的看法是龐煖跟著鶡冠子離開了趙國，來到了鶡冠子的祖國楚國，師徒找了一座深山隱居起來，然後就一道做學問度過了漫長的時光。這段時日裡，師徒兩人除了鑽研學問，更寫了很多重要的文章，不單有軍事思想，更包括戰國時代許多的自然科學思想，歷史價值十分重大。

這樣的時光幾乎佔去了他的大半人生，直到四十多年後，有相關史料說那時的龐煖已經近八十歲了，此時趙國卻突然又想起他來了。

其實所謂突然又想起來，只是個客氣說法，真正說法應該是：趙國，不得不想起他來。因為這時趙國已經到了人才嚴重凋零，軍事壓力極大，國家命運到了悲慘的地步！

有多悲慘？除了我們熟悉的長平之戰外，最大損失還是人口，四十萬精壯人口一下全喪命，可以說最厚實的老底都給賠了進去。屋漏偏逢連夜雨，西邊的秦國不停地進攻，北邊的燕國也不停地搗蛋，就看準了趙國好欺負，隔三差五就大舉進攻一下。新登基的趙悼襄王被搞得焦頭爛額，就在趙悼襄王急得快抓狂的時候，有人給他推薦了這位隱藏的神人：龐煖。

此時距離當年龐煖離開趙國已經時過境遷了，而今活躍在戰國經濟政治舞臺上的幾乎都是龐煖孫子輩的人，可接到趙悼襄王邀請後，龐煖沒有半分猶豫依然興沖沖地趕到了趙國。而且別看他八十多歲了，腦袋卻依然清楚、說話條理清晰，很快地趙悼襄王就被折服，這位半生隱居的強人就這樣開始了自己的傳奇人生。

這人生第二春，就遇到了一位半世紀前的老朋友：燕國大臣劇辛。

話說這劇辛也是個強人，年歲和龐煖差不了幾歲，名號卻比龐煖大得多。早年他也是趙國的大臣，和龐煖一起共事過，沙丘之亂後他同樣離開了趙國，不過沒有像龐煖選擇隱居，而是改換門庭來到了燕國。當時正是燕昭王求賢若渴的年月廣招天下賢人，這位法家的名流人物很快就脫穎而出。

當時的燕國人才彙集，有軍事家樂毅，也有戰國不世出的天才科學家鄒衍。但即便群星閃耀，劇辛也是非常出色的一位，舉兩個例子就能說明這人的能力有多強。一是燕國和齊國開打前，正是劇辛走遍列國一頓巧舌如簧的遊說才令諸國結成聯盟，對齊國形成了包圍態勢。二是在樂毅一口氣橫掃齊國七十多城池的時候，突然大喊不要打的依然還是劇辛。他義正辭嚴的教育樂毅，齊國不是這麼容易滅的，燕國最佳的選擇就是逼迫齊國服軟，先交割部分城池，先把現有的利益穩固住。如果當時燕國真聽了劇辛的話，最後田單用火牛陣翻盤的機會可以說是非常低的。

因為這強大的能力，到了龐煖重新出山的時候，劇辛已經是燕國重量級的人物。而這位強人也迅速給燕國設定了下一個戰略目標：攻打趙國。

燕國打趙國已相隔有一段時間了，一直就想著趁趙國元氣大傷的機會撈上一票，上一次大張旗鼓出兵，結果被廉頗痛打。這時候聽說趙國請來了龐煖，當時的燕王喜也就動了心思，而劇辛更是興奮。他和龐煖早就認識，但就是因為認識反而認為龐煖好對付，因此積極請戰，果然被燕王任命為統帥，浩浩蕩蕩殺奔趙國。

這場老朋友對話，是八十多歲的龐煖第一次獨立帶兵，但出手就是大動作。打了一輩子仗的劇辛，碰上了修練半輩子的龐煖，根本不是同一個等級。結果一交手，劇辛率領的燕軍全軍覆沒，列國更是震驚：趙國，怎麼又多了這麼一匹老黑馬?!

憑著迅速上漲的巨大影響力，龐煖趁熱打鐵繼續了合縱事業。與其說是他的威望影響，還不如說是列國都感受到此時正是找秦國算帳的大好機會。此時的秦國是一代梟雄呂不韋專權，當時的秦王嬴政正在裝孫子，好似一隻魔獸正在打盹，正好是痛打秦國的時候。

大好的機會加上龐煖的名號，列國之間難得出現了一拍即合的景象，浩浩蕩蕩的聯軍很快組織起來了。除了剛被揍的燕國和已經膽小怕事的昔日強國齊國沒有參加，這次聯軍彙集了韓趙魏楚四個大國。龐煖被任命為統帥，一出手就是電光火石，一戰就先拿下了秦國邊境門戶壽陵，正當秦國急忙部署防禦的時候，叫秦國人大跌眼鏡的事情發生了：龐煖根本沒有像秦國人預料的那樣，從正面挺進函谷關，反而來了個大迂迴妙筆，直接繞道山西永濟，打算從背面襲擊函谷關。

這個思路體現了龐煖高超的戰略思維，聯軍的戰鬥力和秦國相比還差得遠，函谷關又是易守難攻的地方，也只有這個辦法才可以真正找到攻克函谷關的機會。這個辦法確實也把秦國嚇到，但遺憾的是秦國這個時候有能人——呂不韋。

身為一代梟雄，呂不韋的才能自然強大，這次的合縱風暴，他更親自上陣率領軍隊在陝西臨潼北和龐煖相遇。此時的戰局對秦國已經是非常不利。秦軍地利優勢不明顯，兵力更是有限，而且一旦有失咸陽必然不保。

呂不韋畢竟是呂不韋，他一個辦法就破解了龐煖的天才戰略，不和龐煖正面交鋒，只抓住兵力最多的楚國軍隊下手。雖然楚國軍隊人數很多，但是路途遙遠趕來，這個時候軍隊最疲累，果然一場奇襲讓楚國立刻潰敗，只這一下就把合縱的大毛病打了出來：各國聯軍紛紛主張撤退。獨木難支的龐煖只能無奈地咬牙點頭，恨恨離開。戰國歷史上最後一次大規模合縱，就這樣無奈的收場了。

龐煖後面的歷史已經不見於正式的史料，傳說倒是留下了一籮筐。他的幾個經典名篇收錄在《漢書》裡，為歷代軍事家所推崇。可是戰國此時的大勢已經明瞭，再天才的戰略也無法扭轉！

最後一個公子也走了

在龐煖合縱失敗後，是不是六國裡面真的就沒有人可以威脅到秦國了？

理論上說，還是有一個的。

這個人在龐煖的合縱事業上就起了關鍵作用，列國能夠再次聚集起來，表面看是靠龐煖的戰功，其實卻是他的感召。

而以知名度論，他和信陵君被公認是同等級的人物，他不但能威脅到秦國，還能和秦國的太后上演一段轟轟烈烈的愛情。

這個正史野史都出名的重量級人物，就是戰國四公子之一楚國的春申君黃歇。

從某種程度上說，春申君黃歇的「公子」稱號是最名不符實的，這倒不是說他能力不足，而是身分不夠。

在戰國時期能夠被稱為公子的人物，不是有錢有權就可以的，拼的更不是誰家的門客數量多，最關鍵的一點就是出身要好。必須得具有王室的血統才能擁有公子的身分。看看其他三位就知道，孟嘗君是齊國的王室，平原君是楚國的王室，信陵君是魏國王室，唯獨春申君比較特殊，屬於典型的庶民身分起家的。元朝人許衡讚歎說：戰國之四君，其可稱者，唯一春申耳。也就是只有春申君是憑著真才實學獲得這個地位的，至於其他三位？基本是拼爹！

雖然許衡這個說法，對其他三位不太公平，距離事實也比較誇大，但其中有一點不誇大的就是春申君的能力。

在他嶄露頭角的時候，楚國正開始走向悲慘之路，連舊日的國都都被秦國端了，昔日雄視天下的霸主地位遭到了極大的打擊，而春申君能在這個年代脫穎而出靠的就是過人的才幹。

讓他能夠嶄露頭角的一件事，發生在西元前二七三年。

當時楚國已經狼狽地遷了都，在河南淮陽重建了政府，但秦國卻還不甘休仍然不斷用兵，非要生吞了楚國不可。但秦國也知道楚國太大了，他獨自吞不下，乾脆又拉上了韓國和魏國，大家一起動手瓜分。

這時候的楚國精銳軍隊幾乎賠光，哪裡還有力量抵抗，楚頃襄王急得跳腳。此時的春申君恰恰以口才聞名，於是擔當了使命來到秦國，執行一個看似不可能完成的任務：說服秦昭王改變主意。

這個看似艱難的任務，春申君竟然只用了一個很簡單的辦法就完美地達成了。

他給秦昭王上了一篇文章，文章裡毫無低聲下氣求和的意思，反而是擺開了講：你秦國實力強不假，可我楚國也差不了太多，咱倆就好比兩隻老虎在互掐，不管誰輸了，贏的一方也是慘勝，利益最大的是誰？看熱鬧的，也就是你拉來的韓國和魏國。

這些話說得很犀利，但能不能讓秦昭王聽進去，春申君輕鬆地抓住一個論據：你還記得當年吳越爭霸的事情吧，當年的吳王夫差多猛，眼看就要把齊國滅了，結果呢？齊國沒滅掉，卻被越王勾踐抄了後路。您一個勁想滅楚國，是不是也是想要韓國和魏國抄您的後路？

這話一說出來，叫秦昭王驚出一身汗，可秦昭王不是被嚇唬大的，秦國的實力有多強他心知肚明，韓國和魏國抄秦國的後路？以這兩國家當時的實力說，這個玩笑有些大！

春申君也早就料想到了，對付這如狼似虎的秦昭王，嚇唬只是震驚他，但不可能徹底說服他。不過一番嚇唬已起到警示作用了，接下來就是關鍵了，春申君熱情洋溢的說：您只要不打我們楚國，管保你有好處——楚國和您修好了，就可以幫著您逼迫韓國，韓國必然會臣服，魏國也會跟隨，那麼齊國、趙國也會臣服於你，這樣北方就都是你的了。

這話一說，才真是一個清醒劑，雖然春申君不可能這麼好心，但這一番時局分析卻是相當到位。秦國真想要一統天下，最先不該翻臉的恰恰是楚國，必須要循序漸進才行，於是一場眼看要降臨在楚國軍民頭上的滅頂之災就這樣被春申君巧妙地化為無形。

這場精彩的表現後，春申君果然在楚國出名了。如果說這件事是他為國家立下的大功勞，那麼幾年後營救被軟禁在秦國的楚國太子更是居功厥偉。

當時的楚頃襄王，生命已經到了彌留之際，但是最大的難題還沒解決：太子在哪？太子一直被當作人質扣押在咸陽，想要政權平穩過渡就先得把人要回來。

嚴格說這個困難度比說服秦昭王撤軍還大，沒得到的楚國土地是秦昭王眼前的肉，狠狠心還可以不要，但是此時身在咸陽的楚國太子熊完，卻是秦昭王已經咬到嘴裡的肉，哪裡有這麼容易吐出來？可是春申君還是有辦法。

他先找到秦國此時位高權重的丞相范雎，為什麼找他？因為他很明白范雎的國策，他一向堅持的就是遠交近攻策略。以范雎的觀點，這時候的秦國恰恰應該和楚國保持好關係，才能真正執行一統天下的戰略。

而在見到范雎後，春申君更用了一個辦法就叫范雎拍案而起去遊說秦王放人：我們楚國可不止太子一個人，現在楚王病重，您不放也就罷了，留著太子在這裡吃喝玩樂，我們在國內再找一個太子不就完了？但到那個時候，我們以前答應給秦國的好處就不管用嘍！

這個意思表達到位，范雎果然急了，當場連和楚國太子肝膽相照這類狠話都說了出來，更是立刻行動。誰知這一次，鐵了心的秦昭王連范雎的面子也都不給了：想回家看看是吧，楚國國情有變化是吧，派人回去看看不就得了，楚國太子著什麼急啊，在咸陽老實待著哪裡也不許去，橫豎就是不放人！

沒想到春申君的決心更堅定，你不放？就算是騙也要把楚國太子騙回去。春申君用了自己的方法，他留下來做掩護，楚國太子化妝後悄悄逃走順利地回到了楚國。而春申君就慘了，差點就被秦昭王給殺了，但他還是侃侃而談、一身正氣，看得秦國官員十分驚訝！更讓秦昭王刮目相看，范睢又趁機灌迷魂湯：現在這個楚國王子，不管怎麼說都還是親秦國的，如果真把楚國人逼急了，捧一個反秦國的人出來當國王，您真是哭都沒地方哭去！

意識到這個問題的秦昭王火氣也消了大半，真的就不追究了，反而彬彬有禮的把春申君送回楚國。這下子春申君更是人氣爆棚，聲望節節攀高，更得到太子的誠心感恩。隨著楚頃襄王過世，太子登上王位，是為楚考烈王，春申君也跟著水漲船高，成了楚國的令尹，一人之下萬人之上，更獲得了春申君的爵位。

這時的春申君聲名鵲起，當時成了和趙國平原君以及魏國信陵君並肩的人物，作派也很相似，也喜歡養門客。春申君的門客素質很高，知識水準絕對是重量級的，最典型的就是大思想家荀子，不但投入到春申君的門下，一度還擔任過蘭陵令，十分受器重。

如此的辦事風格加上位高權重，門下各種人士紛至沓來，一支屬於他的強大團隊終於建立起來了。而楚國在春申君的治理下，雖然國土面積比強盛時期要小得多，但是軍事實力和民生經濟都在高速復甦，最直觀的一個結果是：著名的竊符救趙事件，還有一個左右勝負的關鍵，就是楚考烈王派遣春申君在武關觀望，最後勝利時也加入了戰團。在春申君時期的楚國，國力之強盛從中也可以窺見一斑。

春申君的政績更是滿滿亮點，他親手整頓的軍隊，戰鬥力脫胎換骨，幾次戰鬥都打了勝仗。西元前二五五年，正是春申君帶兵將北方的魯國打得名存實亡。西元前二四一年，龐煖那場打到秦國家門口的壯烈戰役，真正撐場面的還是春申君，正是春申君從中穿針引線，才使得列強團結到龐煖的身邊來，給了秦國歷史上一次少有的痛擊。

但是當這次合縱最終還是以失敗告終時，春申君的敗招也就接二連三的開始了。先是回國之後，慌不迭地跟楚考烈王做報告，大王您別生氣，咱還得遷都，結果又把楚國的都城搬到了壽春，這次遷都一頓折騰，更叫列強看了笑話。

但最為悲催的，卻是春申君做的另一個荒唐事：為楚考烈王培養下一代。

培養下一代是好事，為什麼說荒唐？那時的楚考烈王，雖然對春申君信任有加，但是生命已經走到了尾聲，偏偏膝下沒孩子，那該怎麼辦？有個投機小人李園跳出來了，先把自己的妹妹介紹給春申君，果然把春申君迷住了，然後給春申君吹枕邊風，我現在有了您的骨肉，您不如把我獻給大王，這樣你的兒子以後就是楚國的國王，那不更權勢滔天？

要說這主意夠雷，可春申君偏信，他一直以來的風格就是最簡單的方法解決最難的問題，真以為這是個好法子，果真這麼做了。李園的妹妹被獻給楚王，又如願生下了男孩，在春申君感覺自己真是一步到位，隨著楚考烈王的病入膏肓，他開始憧憬未來的生活。

可是他的門客朱英卻看出了其中的危險，苦苦的勸說。但是人有了權又上了年歲，腦子就是暈，從前那個睿智精明的春申君不見了，此時只有個一意孤行的春申君。結果楚考烈王過世後，春申君就上當了。西元前二三八年，春申君在入朝的路上被李園埋伏殺手殺掉，滿門受誅。這位戰國四公子裡的最後一位就此謝幕。

而他的死，更是楚國命運的注腳：楚國最後一次可以崛起，與秦國分庭抗禮的機會，隨著春申君的死已經不存在了。

十七、韓趙魏的衰落

戰國時代的一大特徵，就是舊勢力的瓦解。這裡所謂的舊勢力，不僅包括奴隸主貴族階層，更包括春秋時代那些盛極一時的諸侯國。

春秋時代的爭霸，雖然霸主有五個，但真正作為主線的是晉國和楚國的南北爭霸，對於春秋時代的諸侯國勢力秩序來說，晉國和楚國就是這個秩序一南一北的天平兩端。戰國時代的統一過程，首先就是這兩個國家的瓦解和衰落過程。

相比之下，晉國的瓦解更快，在戰國的早期通過三家分晉的方式完成了韓趙魏三國的劃分。之後這三個國家中的魏國和趙國，都曾在中原諸侯爭霸中盛極一時。魏國是戰國時代第一個通過變法強大起來的國家；而趙國的胡服騎射政策，使他們一度成為整個戰國時代僅次於秦國的第二軍事強國。其中最弱的韓國，也是戰國七雄之一。但是這三個國家的衰落最終都無可避免，其中的過程不同，結果卻殊途同歸——被秦國滅掉。

宋朝文學家蘇洵在他的《六國論》裡，對韓趙魏三個國家的衰亡痛心疾首，他認為這三個國家的存在和強大，就是阻止秦國吞併六國的關鍵所在。只要崤山以東的中原諸國能夠集中力量援救韓趙魏三國，大家團結一致抵抗秦國，那麼六國就會免於被滅亡的命運。蘇洵說得容易，這個過程實施起來又何其難？且不說此時的六國，在無力對抗秦國的局面下，想得更多的是自保，即使是三個國家本身最後也成了扶不起的阿斗。

在秦國統一六國的過程裡，韓趙魏三國是遭受兵災最多的國家，從早期鄙視秦國到後來被秦國打，再到最後怕被秦國打。這就是他們衰落的過程。

被欺負至死的韓國

三國中最弱小的是韓國，從始至終它幾乎都沒有強大過。

韓國的疆土，包括今天的山西南部和河南北部，在早期瓜分晉國後，它就是實力最弱小的一家，無論是國土面積還是軍事力量，都無法和趙魏兩個國家相比。

三家瓜分晉國後，早期的韓國一度神氣了一把。在西元前三七五年，當時的韓哀侯滅掉了鄭國，將國都遷移到了新鄭。和早期的魏國、趙國一樣，戰國初期的韓國也進行了變法，不過韓國的變法比較特殊，它不像其他諸國採納了法家思想。

韓國的變法起於韓昭侯在位時期，他啟用了申不害為相，開始了「修術行道」的變法過程。申不害的變法思想，雖然也有加強中央集權、強化國君威權等積極內容，但其主要思想來源於黃老學說，而且注重「術」，即國君需要用各種方式來統御群臣、強化權威，提高國家的行政效率。

這樣的改革比起魏國、齊國、秦國來，可以說是相當不徹底。申不害在韓國折騰了十五年，雖然韓國一度振作，但他並沒有建立一個封建化的國家制度，所以即使在變法推行最成功的時期，韓國也不是強國，反而在韓昭侯去世後韓國陷入內亂，變法就此失敗。但是，申不害的改革也是有些效果的，正是這十五年的改革使韓國確立了戰國七雄的大國地位。當然，是最弱的一個「大國」。

韓國的發展主要存在三個問題，一是國家舊貴族力量強大，改革不徹底；二是韓國所在的地區，處於魏國、秦國、齊國等國家的夾縫之間，生存環境非常艱難；三是韓國的歷史上，沒有出現諸如齊威王、秦孝公、魏文侯這樣的強勢君主，所以韓國從建國開始就注定了他在戰國歷史上的弱者地位。

其實韓國也有比較好的條件，比如韓國的弩是射程最遠的，秦國攻打韓國時，還專門蒐集韓國的弩拿回去研究。韓國在經過了短暫的鼎盛時期後，很快就陷入了衰弱，尤其是魏國和秦國相繼崛起後，韓國的日子就一天不如一天。魏文侯稱霸時，對韓國、趙國採取通好政策，成為了韓國的保護國；但到了魏惠王在位時，打擊的重要對象就是韓國。

魏惠王希望能得到韓國的國土，既作為防備秦國東進的緩衝地帶，又能夠得到肥沃的土地。但這時期同樣強大的齊國，通過「攻其必救」的戰術，在馬陵重創魏國，總算救了韓國一命。在這一場戰爭開打前，為了盡可能地削弱魏國，齊國故意遲遲不救韓國，一直等著韓國打得彈盡糧絕了，並表態向齊國效忠，這才大張旗鼓地出兵，魏國被打敗了，但韓國也基本被打殘了。

這時韓國的苦日子才剛剛開始，因為西邊的秦國崛起了。秦孝公在位的時候，一面對魏國發動戰爭，收復河西失地，也一面大力攻打韓國。西元前三五九年，剛剛走上變法之路的秦國，在攻打魏國失利後，轉而拿韓國開練，多次擊敗韓國。這時候在位的韓國國君是韓共侯，他是個夠硬的人，打不過秦國就聯合趙國、魏國等兄弟國家一起上。可倒楣的是，這時期魏國自己能對秦國保持軍事優勢，可每次和韓國聯軍都被秦國打得大敗虧輸。

比如西元前三六六年，當時還沒有變法的秦國，就在洛陽擊敗了韓國、魏國的聯軍。不久後魏國單獨和秦國打，就把秦國打得狼狽逃竄。隨著秦國變法力量的增強，魏國也保護不了韓國了，韓國就越發遭到秦國的欺凌。韓昭侯在位的晚期，正是任用申不害改革的時期，他果斷地參加了「合縱」陣營，意圖聯合中原諸侯共同對付秦國，但第一次就抬腿碰了滿腳泥。

西元前三一八年，韓國參加了魏楚趙燕組成的五國聯軍，企圖攻打函谷關，但接著就被打了個稀裡嘩啦。韓國歷史上對秦國的唯一勝利，是在西元前二九四年，韓國參加了齊國的伐秦聯軍，經過三年苦戰攻克了函谷關，迫使秦昭襄王歸還了侵佔韓國的國土。但好景不長，不久之後齊國遭到五路討伐，勢力一蹶不振。秦國不但奪回了歸還韓國的領土，還捎帶著佔領了另外一大片。韓國是受秦國欺凌最多的國家，打也打不過、躲也躲不起。合縱沒用，反抗沒用，怎麼辦？

經過了多次失敗以後，韓國乾脆想開了，不就是喪權辱國嘛。西元前二七五年，韓國被秦國白起大敗遭斬首四萬，韓國也就徹底歇菜了，對秦國採取了逆來順受的政策。

秦國要打仗，還沒打就立刻求和，秦國要錢要地，二話不說通通給。韓桓惠王在位的三十六年，是對秦國最逆來順受的三十六年，這期間秦國多次發兵攻打韓國，韓國連還手的勇氣都沒有了。

特別是西元前二六二年，秦國攻打韓國的重鎮上黨，韓桓惠王不敢抵抗，竟然要求上黨守軍向秦國投降，之後造成了韓國上黨郡守馮亭向趙國投降，引爆了後來長平之戰的導火索。在整個戰鬥裡韓國根本不敢插手，眼睜睜地看著趙國和秦國浴血廝殺，只圖一時平安。

韓桓惠王在位時也曾有過想法，他重新推行申不害的改革，但是效果甚微。韓國國內此時已經處於國土嚴重萎縮、政令不通的局面了。

他幹的另一件傻事，就是在西元前二四四年派工匠鄭國進入秦國，假裝忽悠秦國修鄭國渠，企圖讓秦國把龐大的軍事力量都消耗在水利工程上。但事與願違，鄭國渠的落成讓秦國從此收穫了百年之利，灌溉了萬畝良田，軍事作戰能力大大增強。如此做法只能是給秦國做嫁衣裳。

這位一生有過想法卻毫無建樹的國君，卻有一個傑出的好兒子，戰國時代最著名的法家思想家——韓非子。

西元前二三八年韓桓惠王去世後，即位的韓王安（韓廢王）繼續推行「割肉餵虎」的政策。每次秦國稍微有風吹草動就忙不迭地割地，割了十幾年，最後到了無地可割的地步。西元前二三一年，秦王嬴政派內史騰率領十萬大軍南渡黃河，滅亡了韓國，將韓國的國土劃為秦國治下的潁川郡。戰國七雄裡最弱的韓國，就成了第一個被滅亡的國家。

鐵血的趙國

三晉大地，抵抗秦國最為劇烈的就是趙國。

長平之戰後趙國四十萬精銳報銷，這是滅亡趙國最好的機會。西元前二六〇年，挾長平之戰的餘威，秦國起初向趙國提出割地的苛刻條件。山窮水盡的趙國依然硬氣，趙孝成王經過和群臣商議後，決定拒絕秦國的無理要求，寧可整個趙國全都戰死也不能接受秦國的強盜條件。此事引起了秦昭襄王的大怒，決定乘勝追擊徹底滅亡趙國。

這個決定在當時卻引起了反對，帶頭反對的就是長平之戰的總指揮白起。白起深知長平之戰秦國只是慘勝，一場長平血戰秦國的精銳部隊死傷過半，國家糧食儲備消耗殆盡，如此局面實在不宜再打仗。結果觸怒了秦昭襄王，像白起這種戰功卓著的地位本身就是危險的，後來白起被秦昭襄王殺掉，秦國等於自壞長城。

西元前二五九年六月，秦國動用五十萬大軍，發動了旨在滅亡趙國的邯鄲戰役，趙國在兵力不足的情況下，全國軍民同仇敵愾，採取依託城池防守、堅壁清野的方式，將秦國大軍死死地拖在趙國的邯鄲城下。為了這場戰鬥，趙國拼了血本，他們拒絕了秦國的割地要求，反而割讓給齊國六個城池。請求齊國提供糧食，做好了糧食的儲備，然後放棄了野戰，和秦國打起了城池攻防戰，兵力不足就男女老少齊上陣，非要秦國血債血還不可。驕橫的秦軍再次在趙國身上嘗到了苦頭，廉頗再次發揮了他善於打城池防禦戰的優勢，率領四十萬軍民誓死抵抗。趙國平原君散盡家中的財產和糧食分給軍民，把自己的妻妾也編入了軍隊中和秦國人決死一拼。慘烈的戰鬥持續了整整一年，秦軍傷亡過半，卻仍然不能衝進邯鄲城，而這時候的趙國也已經彈盡糧絕，卻還在苦苦支撐。

在關鍵時刻，魏國公子信陵君上演了竊符救趙的故事，偷來了魏國調兵的虎符，調動了八萬大軍增援趙國，而平原君率領的使團也從楚國搬來了援軍。在魏國、楚國援軍的夾擊下，趙國憑藉著堅韌的意志頑強地抗爭，師老兵疲的秦國終於崩潰了。

長平和邯鄲之戰是對趙國的國力極大地削弱，趙國喪失掉了大量的人口和精銳部隊，國力一落千丈。西元前二五一年，連戰國七雄中實力比較弱小的燕國都趁火打劫，當時燕國的丞相栗腹出使趙國，藉機查看趙國虛實，他認為趙國的人口大多已經損失在長平之戰和邯鄲之戰中了，現在趙國剩下的大多是孤兒寡婦，如此局面正是滅亡趙國的大好機會，自不量力的燕王動心了。西元前二五〇年，燕國發動了對趙國的侵略戰爭，誰想一開戰就慘敗，趙將廉頗和樂乘兩路出擊，殺得燕軍屍橫遍野，最後竟然一路殺到了燕國境內，燕國差點被滅了國。之後的八年，趙國三次和燕國爆發戰爭，先後迫使燕國割讓了十多座城池。在西元前二四三年的趙燕之戰中，趙國年輕的騎兵將領李牧脫穎而出。趙國和燕國的戰爭既重新鍛鍊了軍隊、煥發了士氣，更得到了燕國大量的人口和重鎮，實力開始有所恢復。

趙孝成王過世後，趙悼襄王即位。他在位的早期，趙國的軍事實力有所恢復，特別是以李牧為代表的年輕將領開始展露頭角。趙悼襄王登基後的第一年（西元前二四四年），李牧就給了他一個開門紅，戰勝匈奴！

戰國時代，不僅僅是中原諸侯紛亂爭霸的英雄史，也是中國北地百姓飽受匈奴人肆虐的血淚史。列國的諸侯在中原戰場上打得激烈，匈奴的騎兵卻在中國北方千里邊塞上如入無人之境。莊嚴的戰車步兵方陣在胡人的馬刀下化成送肉上俎的砧板，與匈奴人的搏鬥彷彿是與自己影子之間無望的追逐，成為一代又一代華夏軍人心中揮之不去的噩夢。

還好趙國擁有了李牧。從趙武靈王胡服騎射開始，漢家騎兵用無數的鮮血與犧牲灌溉著戰勝游牧騎兵的勝利之花，直到西元前二四四年，一個叫李牧的趙國將軍親手在雁門關外摘下那燦豔如血的果實。在這之前，他是趙國支撐國家安危的柱石；在這之前，他的趙國騎兵隊是連秦國也懼怕三分的王者之師；在這之後，東西線到北線，他像一個疲於奔命的救火隊員奔波在趙國邊境每一寸戰火燃燒的土地上。北上雁門，是這位一生未嘗敗績的將軍軍事生涯中最沉重的一場挑戰，他將面對的是中原騎兵從未曾戰勝過的強敵。綿延數十年的北地烽火與殺戮，注定將在他的手中成為一個凝血的終點。

遺憾的是，當時的中原騎兵並不具備與馬背民族在大草原上爭鋒的實力，主動出擊的結果勢必是一場羊入虎口的自殺式攻擊。李牧出人意料地選擇了沉默與忍耐，匈奴肆虐侵擾的時候他在忍，舉國攻擊他膽小怯懦的時候他也在忍，將士們滿懷激昂求戰的時候他依然在忍，「不抵抗將軍」的恥辱彷彿是一塊沉重的石頭，一度壓在他堅如鋼鐵的脊樑上。魯迅說真的勇士敢於直面慘澹的人生與淋漓的鮮血，李牧漫長的忍耐不是怯懦的退縮，而是在沉默中爆發的固有前奏。

反擊的那一天終於到來了，西元前二四四年的春天，大舉南下的匈奴人第一次嘗到了漢家刀鋒掠過脖頸的痛苦滋味。誘敵深入、疲敵勞頓、重兵合圍，在沉默中忍耐已久的李牧運籌帷幄以步兵居中阻擊、戰車弩兵遠程射殺、騎兵軍團兩翼合圍，訓練有素的趙軍彷彿是一架運轉嚴整的機器，在轉瞬間扼住十萬匈奴騎兵命運的咽喉。兩路包抄的一萬三千名趙軍騎手彷彿兩把在青石上磨礪了已久的鋒利砍刀，輕鬆地撕開匈奴人看似不可戰勝的騎兵軍陣。驕橫的匈奴單于第一次體會到了被人魚肉的痛苦滋味，一整天的會戰很快地演變成一場絕望的殲滅屠殺。十萬匈奴騎兵全軍覆沒，匈奴單于僅帶了十幾名隨從倉皇逃竄。「胡人不敢南下牧馬」，賈誼筆下統一的秦王朝傾國之力謀取的慘勝，在李牧的手中以畢其功於一役的神奇方式實現了。

此戰的勝利，暫時解除了匈奴對趙國北方領土的威脅。而這位趙悼襄王也是趙國最後一位大有為的君主，他銳意振奮、整頓武備，聯合諸國對抗強秦，企圖重振趙國的聲威。之後的九年裡，趙國向北打敗燕國，削奪燕國的國土用以補充。在西元前二三八年，趙悼襄王還曾大敗秦國蒙驁十萬人的進犯，之後在大臣姚賈的運作下成功說服了齊國、楚國、燕國三國，四國結成了抗擊秦國的同盟。東方諸國迎來了長平之戰後最好的聯合抗秦局面，但此時天不佑趙，趙悼襄王在西元前二三四年去世，可謂壯志未酬。這位頗有作為的帝王，一生也做了幾件錯事。他寵信奸詐小人郭開，在郭開的讒言下，趙悼襄王廢除了原太子，立不肖兒子趙遷做繼承人，又趕走了功勳卓著的老將廉頗，這一切都為後來趙國的滅亡埋下了伏筆。

趙悼襄王過世後，趙王遷即位，這就是在位八年的趙幽繆王，就是他把頑強的趙國推向了滅亡的深淵。在他即位的頭兩年，秦國數次發動進攻，這時候因為郭開專權，殺害了促成齊楚燕趙四國聯合的能臣姚賈，聯合抗秦的局面已不在。孤軍作戰的趙國被打得大潰，喪失大量人口土地。到了第三年，無奈的趙幽繆王把李牧從北方邊境調了回來，李牧果然爭氣，在肥之戰中再次重創秦國軍隊。這場發生在西元前二三三年的大戰，也是趙國給秦國最後一次沉重的打擊。

在肥之戰立下戰功的李牧，在戰後卻落得了「自毀長城」的悲劇。從中挑唆的還是那個小人郭開。郭開受了秦國的賄賂，向趙幽繆王誣陷李牧造反，趙幽繆王果然上當。西元前二二九年，李牧被趙幽繆王殺害，僅僅三個月之後，秦國就勢如破竹地進入邯鄲，趙幽繆王被俘，趙國宗室趙嘉逃到代地繼續立國。西元前二二二年，趙嘉在山窮水盡之下降秦，三晉大地抵抗最劇烈的趙國就這樣滅亡了。

割地割亡的魏國

在三晉國家中，最先崛起的是魏國，戰國最早進行變法的也是魏國，曾經欺負秦國欺負得最狠的還是魏國。

在西元前三四二年的馬陵之戰中，魏國徹底失去了他強國的地位。西元前三一九年，晚年屢遭挫折的魏惠王過世，結束了他榮辱交織的一生。但魏國在中原的重要地位，卻因為合縱運動而凸顯出來。

在公孫衍發起的合縱運動中，繼魏惠王登基的魏襄王是主要參與者之一。西元前三一八年，魏襄王任用公孫衍為相，成為合縱運動的發起國。魏襄王這個人還是很有志氣的，意圖重新恢復魏國的霸業。這時候的魏國，國家實力大為折損，正是需要休養生息的時候，但魏襄王卻採取了連年動兵的政策。在他登基的第一年，就參加合縱聯軍攻打秦國，結果反而被秦國重創。魏襄王的立場不堅定，受挫後立刻倒向了秦國一邊，第二年乾脆作為秦國的小弟對齊國發起了進攻，結果又被打得頭破血流。當時的魏國，單獨的國家力量根本無法和齊秦兩大國的任何一個抗衡，魏襄王的銳意進取其實加速了魏國的衰敗。

魏襄王在數次出兵碰壁之後，最後還是明確了立場，從西元前三一一年開始，他正式倒向了秦國，終其一生死心塌地地跟隨了秦國。但與此同時，魏國又藉著幫助秦國征討其他國家的機會，開始對秦國討價還價。在魏襄王的晚年，當時的秦惠王迫於齊國的威脅，為了拉住魏國同意歸還侵佔魏國的部分領土。魏國在遭到秦國數年的打擊後，總算得到了一次外交上的勝利。

魏襄王去世之後，他的兒子魏昭王在位的十九年，是魏國國力逐漸衰弱的一段時期。早期的魏昭王改變了魏襄王聯合秦國的國策，倒向了齊國。他即位的第二年，就主動發起了對秦國的戰爭，結果再次被擊敗。西元前二九三年，魏昭王遭到了戰國歷史上僅次於長平之戰的一場慘案，他和韓國聯合進攻秦國，在伊闕被秦將白起打得大敗，一戰被斬首了二十四萬人，韓魏兩國的家底，幾乎被白起一戰殺光了。三年以後，魏昭王破天荒地做出決定主動向秦國割地求和，換取暫時的安定。魏國也就成了戰國七雄中第一個通過割地向秦國請求和平的國家，這個壞頭一開後面就是各路諸侯有樣學樣了。

魏國的割地，不但沒有換來和平，反而換來了秦國更慘烈的打擊。就在魏國割地後的第二年，秦國發動了大規模的進攻，一口氣奪取了魏國六十一座城市。從此以後，魏國就再也不是一個大國了，其版圖在魏昭王時期幾乎縮水了一多半。當然，魏昭王在位期間也不是沒有「風光過」，他曾經參加討伐齊國的聯軍，在濟水擊敗齊湣王，但這一戰的結果，是幫秦國掃除了東進中原的一大對手，對魏國未來的命運可謂雪上加霜。

魏昭王去世之後，魏國更無法和秦國叫板，參加合縱的膽子也沒有了。魏昭王身後的魏安釐王、魏景湣王，都把對秦國「土地換和平」當作基本的國策，和韓國一樣基本上屬於逆來順受了，唯一神氣一把的事情，就是信陵君竊符救趙。但這件事情上，魏安釐王早被秦國嚇破了膽子，不但不敢救援長平之戰後依然血戰抗秦的趙國，更在事後遷怒於信陵君。之後的幾代君王就在一次次土地換和平中度日，國土日益縮小，一直到西元前二二五年，魏國被秦國徹底滅亡。縱觀整個過程，或許蘇洵的那句話最能概括：非兵不利，戰不善，弊在賂秦。

十八、就這樣一統天下

秦始皇平滅六國終結了春秋戰國長期分裂的局面。平滅六國的起點，始自秦孝公改革後的東出爭雄。秦國從秦孝公開始，經過了秦惠王、秦武王、秦昭襄王、秦孝文王、秦莊襄王，一直到西元前二三八年嬴政親政。

這整整一百二十三年，是秦王朝吞疆併土的一百二十三年。秦惠王時代，秦國徹底收復了河西，打通了東進的道路；向南佔領了巴蜀，擁有了穩固的後方基地；佔領了楚國的關中地區，削弱了楚國的實力。

秦國形成了對六國諸侯的獨大局面，打垮了原本是秦國東出勁敵的魏國，壓制住了同樣有吞併中原之心的楚國，佔領了統一天下的制高點。之後的秦昭襄王是另一個重要的時代，這時秦國相繼解決了齊趙兩個爭天下的主要對手。對一度和秦國並稱為最強國家的齊國，秦國組織了五國聯軍殺入齊國，使遭到重創的齊國再也無力和秦國爭鋒。之後秦國以必勝的決心，發動了對趙國的進攻，動用了全國青壯年男子參戰，在長平消滅了趙國四十萬精銳軍隊，一度是天下第二的趙國從此徹底失去了和秦國叫板的本錢。

在這期間裡，秦國一共八次擊敗中原諸侯組成的反秦聯盟，累積消滅六國軍隊一百五十萬人，在當時全中國人口不過兩千萬的情況下，這是一個非常觸目驚心的數字，意味著中原六國的青壯年，在秦國的歷次戰爭中遭到了沉重的損失。與此同時，秦國還佔有了天下三分之一的土地和五分之三的財富，這時候秦國的控制區域包括今天的陝西、甘肅、寧夏、四川、山西、河南、湖北、湖南等地區。

西元前二四七年登基的秦王嬴政，彷彿是一個在球門前捕捉到時機的射手，他的前代君王們經過一輪輪配合，將球很適時地送到了他的腳下，最後等待他完成臨門一腳——統一天下。

說了不算的嬴政

事實上，對於當時的嬴政來說，要做到這些很不容易。因為這時候的他說了不算。作為後來君臨天下的秦始皇，這時登基的嬴政只有十三歲，國家大權掌握在太后以及相國呂不韋手中。尤其是把持朝政的呂不韋，是這時期秦國真正掌權的大人物。

呂不韋和秦王嬴政的關係，各類小說以及電視劇裡總是津津樂道。許多影視作品都說呂不韋其實是秦王嬴政的親生父親，這個說法在正史中沒有任何證明，但可以證明的是對待少年登基的嬴政，呂不韋的表現比爹還爹。

呂不韋的發跡，起於秦莊襄王回國即位後。因為他對秦莊襄王有恩，所以被立為相國，秦莊襄王不是一個精明能幹的君主，所以秦國大政都是由呂不韋來操控，國家大事的處理都是由他拍板定案。秦莊襄王在位三年裡，呂不韋做的最重要的工作，是於西元前二五六年滅掉了東周，這等於是宣告了秦國繼周天子之後的正統地位。之後他又在山西北部設立太原郡，重新攻佔了當年導致長平浴血的上黨郡。秦國全面進攻中原諸國的戰略態勢已經全面形成了。秦莊襄王僅在位三年就去世了，呂不韋以相國身分把持大權。這時期的他大權獨攬，甚至國家大事的奏摺都拿回到自己家裡去批閱，根本不給嬴政處理政事的機會。與此同時，他又和嬴政的母親——太后私通（**兩人本來就是夫妻，當年呂不韋為了巴結公子異人，將老婆送給了他，然後生下了嬴政**）。他非常貪婪，在洛陽等地設立壟斷的商鋪，壟斷當地的貨物貿易從中大撈特撈，可以說是集權臣和官商於一身。這樣的人物，不招嬴政恨是不可能的。

呂不韋在嬴政親政前做的另一件重要事情就是編書，他找人編纂的《呂氏春秋》，是戰國文化的集大成者。呂氏春秋一書，全面闡述了當時新興地主階級要求改革的思想，書中有許多諸如「世易時移，變法亦宜」的思想，都成為後來嬴政執政的指導思想。比起戰國時期的諸多權臣，呂不韋的行為其實不算過分，在嬴政面前也並不飛揚跋扈。但他真正引起嬴政猜忌的，一是他和太后之間的不清白關係，而且為了掩蓋這個不清白，呂不韋反而越描越黑，介紹了一個假太監嫪毐入宮和太后私通，藉此撇清自己和太后之間的不正當關係；二是他對六國的四君子有樣學樣，自己也招納了三千門客，儼然一派獨大勢力，這樣的情形是高度中央集權的秦帝國所不能容忍的，所以呂不韋的命運也就早早注定了。

嬴政西元前二三八年親政。而這時候的嫪毐，在和太后打得火熱的同時也生出了政治上的野心，他和太后生了兩個兒子，企圖串通太后發動政變，立自己的兒子當小皇帝。年輕的嬴政，屬於少年老成的類型，嫪毐的一舉一動早在他的監視之下，結果嫪毐還沒有行動就被嬴政逮捕了。藉著嫪毐的案子，嬴政順水推舟宣布了呂不韋的罪狀，解除了他丞相的職務，遠遷他回四川。呂不韋因擔心嬴政追究，在路上服毒自盡了。就這樣，少年登基的嬴政這才坐穩了秦國的王位。

在呂不韋掌權的這段時期，秦帝國的對外擴張暫時停歇，甚至轉入守勢的時期。這段時期趙國正好是很有想法的趙悼襄王在位，他成功恢復了當年的合縱聯盟，不但擊敗了秦國的進犯，甚至還帶領著齊楚燕趙四國聯軍攻打函谷關，驚出了秦國一身冷汗。趙悼襄王雖然有志向，但並非英主，寵信小人郭開，隨著趙悼襄王的英年早逝，中原諸侯已經再沒有人能夠對秦國構成威脅了。

而韓惠文王這時期為了防止秦國東進，故意派韓國工匠鄭國來到秦國，忽悠嬴政開鑿鄭國渠。嬴政起先上鉤，後來查明鄭國的身分和來歷，一怒之下要治鄭國的死罪，但是鄭國的肺腑之言卻讓他改了主意：「這個水利工程，也許只能幫韓國多延續幾年的國祚，卻能讓秦國收百年之利。」因此眼光長遠的嬴政將這個水利工程繼續了下去。但被忽悠的感覺總是不好的，嬴政一怒之下，就遷怒於那些生活在秦國的外來人，這些人在當時叫作「客卿」。西元前二三六年，嬴政發布命令，要求那些滯留在秦國的「客卿」們，全都必須在限期內離開秦國，消息一出就炸了鍋，眾客卿怨聲載道，但你埋怨又有什麼辦法，秦國法律森嚴，不聽話就要被嚴懲，還能怎麼辦？這時候，一個年輕的客卿站了出來，他大膽地抨擊嬴政的政策，認為嬴政這樣做是把人才都趕走，屬於自己拆自己的台。這番大膽的上奏，反而得到了嬴政的賞識。這個年輕的客卿，就是後來的秦國相國李斯。

在李斯的進諫之後，嬴政收回了驅逐秦國客卿的命令，反而從中大力選拔人才，除了李斯之外，另一個得到嬴政重用的重臣就是來自魏國的尉繚。這個尉繚的師承很有意思，他所在的學派叫做「為商鞅學」，這是因為當時商鞅變法成功，得到了許多法家人士的敬仰，所以許多人就自發地組成了這樣一個研究商鞅變法的學派，尉繚正是其中的佼佼者。嬴政非常賞識尉繚，經常和他吃在一起、住在一起，一有機會就拉著攀談。之所以這樣重用，是因為尉繚是一個有長遠眼光的人，他認定六國統一不難，關鍵是要循序漸進，採取軟硬兼施的策略，用遠交近攻的方法完成大業。這時期的秦國，不缺李斯這樣的文臣，也不缺少王翦這樣能征善戰的將軍，真正稀缺的正是尉繚這樣具有卓越戰略眼光的統帥，所以嬴政把國尉的職務交給了他。值得一提的是，這位尉繚是中國歷史上著名的軍事家之一，他的兵法著作《尉繚子》是和《孫子兵法》齊名的軍事寶典。作為一個「兵家」，尉繚看人看事的眼光都很精準，比如在趙國問題上，他曾經建議嬴政收買趙王身邊的寵臣，施反間計害死李牧，李牧的含冤身死，始作俑者其實是尉繚。他對嬴政的看法是「缺少恩德，心似虎狼，得天下後會吞食天下人」。後來的事實證明，全被他不幸言中了。

先易後難，步步為營

嬴政統一六國的戰爭，始於西元前二三〇年。他採取先易後難的方式，打擊的第一個目標選擇了當時苟延殘喘的韓國。這一年，他派內史騰兵渡黃河，攻打韓國。這場出兵只不過是例行公事，韓國早已經沒有抵抗能力了，只是和秦國稍微接觸了幾下就立刻繳械投降，韓國就這樣亡國了。

嬴政之所以第一步先打韓國，也不僅僅是因為吃柿子挑軟的。依照尉繚的設計，秦國統一天下的路線圖應該是先佔領韓國作為跳板，然後滅掉趙國和魏國，最後滅掉極東的齊國。這是一個非常明智的戰術，可以通過包圍的態勢吞併掉各路諸侯國，更可以讓秦國避免可能遭受的夾擊。

在初戰告捷以後，秦國的第二步卻碰到了小釘子，秦國的第二步是滅趙國。西元前二二九年秦國出兵，這次秦軍再次受挫，又被李牧大敗。眼見使用武力無效，於是秦軍搞起了反間計，收買趙王遷（趙幽繆王）的寵臣郭開進讒言，結果李牧被害，秦國搬開了一隻攔路虎，後面的事情就沒有懸念了。趙王遷俯首稱臣，趙國公子趙嘉逃跑到了代地，趙國已經不成氣候了。

趙國完了，下一個對手就是燕國，這次嬴政又碰上了一個「插曲」，這就是著名的「荊軻刺秦王」事件。燕國太子丹派刺客荊軻假裝覲見秦始皇，卻趁機拔刀行刺，幸虧秦始皇反應夠快，搶先砍斷了荊軻的腿，這才撿回一條命。大難不死的嬴政立刻下令進攻燕國。西元前二二六年，秦軍佔領了燕國的都城薊，燕王殺了太子丹請降，隨後逃到了遼東——為了一時的偏安，連親生兒子也不要了。秦將王賁在進攻燕國的時候順便把盤踞代地的趙王嘉也給滅了。

早期的秦國滅六國戰爭，雖然出了一點小插曲，但總體上還是順利的，秦軍節節勝利，一路勢如破竹。但太順利了，卻未必是好事，一個難啃的硬骨頭就在眼前——楚國。

在戰國的最後階段，如果說哪個國家還能給秦國製造一些麻煩，那應該只有楚國了，這時期的楚國，國都郢都早就被秦國佔領了，他們遷都到了壽春地區。深知楚國巨大經濟軍事潛力的嬴政，決心要拔除這個大患。但他一開始並沒有把楚國當盤菜，畢竟這是一個屢敗於秦的國家，還能鬧出多大的風浪。他請手下的將領估算一下，滅楚國需要多少兵馬，結果老將王翦說是六十萬，年輕將領李信說是二十萬。嬴政一開始圖方便就聽了李信的話，結果二十萬大軍殺到楚境，沒多久時間就灰飛煙滅了。事實證明王翦的看法是正確的，楚國雖然屢遭重創，但是他們地廣人多、民風剽悍，戰爭潛力非常巨大，輕視他們的結果就是自己要吃苦頭。

吃了苦頭的嬴政，很快就學乖了，他立刻向王翦道歉，邀請王翦出馬。王翦還是老樣子，咬死了牙關不鬆口：六十萬大軍，一個人也不能少，否則免談。這次王翦要什麼，嬴政就給什麼。出發的時候，王翦的表現卻很奇怪，他一會兒向嬴政要官，一會兒向嬴政要賞賜，可謂獅子大開口。大家都覺得這老頭是不是瘋了，王翦也不爭辯。他心裡明白嬴政根本不是一個胸襟寬廣的人，大將領兵在外，不被人妒忌是不可能的，不讓國君猜忌更是不可能，所以必須要擺出一副貪得無厭的樣子，告訴嬴政我不要權，只要錢。事實正如王翦所料，他的這些動作嬴政不但沒有生氣，反而非常高興。

王翦進入楚國邊境後，就在楚國的邊境要地駐紮，並不急於發動進攻。對面的楚國大將是同樣擁兵幾十萬的楚國名將項燕，兩軍在邊境相持了足足一年，項燕最終支持不住全軍撤退，王翦趁機追殺，一舉重創項燕部，楚國集結的百萬大軍就此灰飛煙滅。這一戰其實打得凶險無比，王翦勞師襲遠，本身在補給供應等條件上就不如對方，這種相持戰原本是有利於「主場」作戰的項燕。但問題是此時秦國的戰爭支持能力已經強大到了可怕的程度，剛剛報銷了二十萬軍隊，接著又派來六十萬，物資儲備也足夠豐厚。相比之下，失去了郢都的楚國，沒有了傳統的經濟區，戰爭補給能力已經大大下降，王翦正是看準了這一點，才放心大膽地和楚國人磨洋工的。秦國人磨得起，楚國人卻磨不起。

之後王翦趁熱打鐵，不但打得項燕全軍覆沒，更一舉拿下了楚國的都城壽春，楚國的國君也被王翦俘虜。春秋戰國時代的超級大國楚國也亡國了。楚國的亡國也意味著秦國滅六國的計畫此時已經成為定局了，因為殘存的齊國是無論如何也抵擋不了秦國的。

西元前二二一年，秦國由王賁率軍，奔殺了最後一個目標齊國。這時候齊國的末代國君，是在位四十四年的齊王建。因為秦國長期實行「遠交近攻」政策，所以齊王建一直有個錯覺，認為秦國是他的友好鄰邦，多年以來凡是找上門來請求齊國伸出援手抵抗強秦的，齊王建都一概不理。這下報應來了，所有的諸侯都滅亡了，誰還能救他？結果王賁兵不血刃地平定了齊國。就這樣，中國歷史迎來了一個劃時代的時刻。戰亂分裂上百年的中國，終於重歸統一了，而且不再是當年鬆散的諸侯國分封，而是一個統一的中央集權的國家——秦王朝。

南平百越，大功告成

西元前二二一年，嬴政滅了齊國，這一直被看作是春秋戰國局面的結束，中國統一大業的完成。而事實上在嬴政的眼裡，統一尚未完全到來，因為還有一片國土需要劃入大秦帝國的治下，那就是南方百越地區。

所謂南方百越地區，就是楚國以南的廣袤國土，包括今天東南的福建、廣東，西南的雲南、廣西。在春秋戰國時期，這裡就生活著大大小小的越族部落，楚國之所以勢力壯大，就是因為楚國世世代代都在吞併著南方的越族部落，從而可以獲得廣袤的土地和豐富的人口資源作為他們北上爭霸的本錢。等到秦始皇滅六國的時候，這時秦帝國的版圖，向南包括了今天浙江、江西、湖南一帶，更南方的領土尚未在秦帝國的治下。

所以在嬴政滅了楚國之後，秦軍刀槍並沒有入庫，參加滅楚戰爭的六十萬秦軍，就地在楚地整編，時刻等待著即將到來的下一場戰爭。西元前二二〇年，在徹底平定了中原地區後，五十萬秦軍揮師南下，開始了他們大規模對中國南部的征伐。秦軍首先進入福建地區，滅掉了當地的閩越政權，在此地設立閩中郡，福建第一次歸附到中國的版圖之中。與此同時，秦軍又經湖南進入廣東地區，滅掉了當地的南越各部落，將今天的廣東、廣西乃至海南島全部劃到秦帝國版圖之中。

對於天下無敵的秦軍來說，南征的過程卻是比平定六國更曲折。在一開始順利的進軍後，秦軍很快遭到了頑強的抵抗。秦軍的主將屠睢性格殘暴，在當地殘忍好殺，激起了當地部落的劇烈反抗，許多地區都是平定了之後又叛亂。而常年生活在北方的秦軍士兵，也不習慣南方潮濕的天氣，許多士兵因此病倒了。瘟疫的流行、戰局的不利都讓秦軍這次南征陷入了膠著狀態。

但嬴政的決心是堅定的，既然開弓就沒有回頭箭。經過了三年浴血奮戰，秦軍在撤換了主將屠睢之後，由任囂、趙佗等人在當地採取籠絡百越的政策，終於爭取到了當地越族部落的支持，誠心歸附到秦帝國的統治之下。此後，秦帝國在當地設立南海、象郡、桂林三個郡縣，中國東南的福建、廣東、廣西、湖南各地歷史性的被收入中華的版圖之中，從此連成一片。

在平定南越地區後，秦帝國在廣西興安縣開鑿靈渠。這條三十公里長的運河，解決了當地秦國駐軍的吃水和運輸問題。其獨特的水閘式河道，是人類運河開鑿歷史上的創舉，西方國家一直到了十九世紀開鑿巴拿馬運河時，才採用了類似的辦法。

在修築運河的同時，秦帝國更在今天廣東、廣西和湖南之間開闢了四條驛道，這四條驛道一直可以延伸到秦帝國的國都咸陽。從此以後，中原和南方的交通開始連接了起來。對於中國統一多民族國家的形成來說，這是和結束戰國分裂同樣有意義的「國家統一」事件。

在秦帝國成功平定南越之後，秦帝國的疆土也大體成型，北方包括了中原地區和遼東地區，向西抵達甘肅，向南抵達了海南島和越南北部。這個版圖也是後世中國封建王朝的雛形版圖。

十九、秦始皇錯了多少

西元前二二一年，統一天下的秦王嬴政，在功成名就後的第一件事就是要給自己換一個名號。天下統一了、諸侯都滅了，再當大王恐怕就顯得寒磣了，如此大的功業也該找一個比大王更顯貴的稱呼。他命令手下的博士們為自己提供封號，那些書呆子們冥思苦想了許久，總算送上一個泰皇。他們解釋說這個稱呼好得不能再好了，泰的意思是大，皇就是是三皇五帝，加起來的意思是您老人家比三皇五帝還大。可嬴政還是不滿意，想了想折中了一下，留下了後面的皇字，然後自己開動腦筋加了個帝字，這樣一個新名詞就誕生了——皇帝。嬴政很滿意，就這麼叫！好聽！從此中國封建社會的最高統治者，有了自己的名字——皇帝。中國有了自己歷史上的第一個皇帝——嬴政。他的名號叫秦始皇。

之所以選擇皇帝這個詞，秦始皇還是費了一番苦心的，「皇」在漢語的意思裡有「大」的含義；至於「帝」，那是古代中國人心目中統治整個世界的至高無上的天神之首。加起來的意思就是大大的天神。這等於是明明白白地告訴老百姓，我，嬴政，這個皇帝是代表上天來統治你們的，我手中的權力是上天給予的，一萬年也不會變。從中國封建社會大一統時代開始，中國的最高統治者，就有了君權神授的色彩。

但是這個大一統的封建王朝——秦朝，只維持了區區十五年就在聲勢浩大的秦末農民起義戰爭中毀滅了。當時的秦始皇自稱一世，他的兒子要叫二世，他期待他的政權能夠綿延萬萬年，可惜僅僅是十五年。

說起秦國二世而亡的原因，許多熟悉秦國歷史的人都把原因歸結到秦始皇的「暴政」身上，普遍的觀點是，秦始皇好大喜功、濫用民力以至於玩火自焚，國家衰亡。那麼事實真的是這樣嗎？

秦朝的治國理念

在說到秦始皇在位時期的功過之前，必須要正視的是秦始皇面臨的一個現實問題：新生的秦王朝，究竟要建成一個怎樣的國家。

秦始皇的國家政權是在平定六國的基礎上建立起來的，雖然他可以用武力滅掉諸侯統一全國，但是現實的問題是六國的政治體制、經濟結構都是千差萬別的，秦國的政治制度是否能夠完全移植到六國的身上？是完全照搬秦國的制度統治六國，還是建立一個新的國家制度？這一點，在最早的時候沒有人知道答案。

與政治制度相關的還有經濟制度，六國的經濟條件和經濟體系是不一樣的，更重要的是文化傳承也不一樣。秦國的經濟、文化、法律是否適用於其他地區，會不會因為推行不當引發變亂，這一切也都是一個未知數。

所以秦始皇的國家，就是建立在這一切未知數上。西元前二二〇年的中國，面對的是數百年來未見的變局，國家走向一種全新的國體，這個國體應該怎麼運作，沒有人有經驗，包括秦始皇本人。

即使是跟隨秦始皇多年的官吏們，對這個問題的意見也不一。當時的丞相王綰，就曾經建議秦始皇將自己的兒子冊封在齊楚故地，因為這是「祖制」，當時的大臣除了李斯之外，大部分都贊成這個制度，秦始皇本人也一度動搖，但李斯拿著春秋戰國的動亂來作對比，使秦始皇打消了這個念頭。當下宣布在全國推行郡縣制，建立國家直接掌控的中央集權。

這個政策從穩定國家政權角度看是沒錯，但是在當時很多人不理解，尤其是在東部的齊國等地區。齊國是一個儒生眾多的國家，這些儒生最在意的就是西周的宗法、祖制。在他們眼裡的秦始皇，就像是當年垂拱而治的周天子，現在拿到天下了，卻不想著分封，這是大逆不道的事。更何況郡縣制推行下去，也不是完美無缺的，首先面臨的問題就是當時秦國委派為郡縣地方官的官員，大多都是來自於秦國本土，貿然進入了一個自己根本不熟悉的地方，這個官當得能舒坦嗎？

所以，在西元前二一三年，山東儒生淳于越在宴會上建議分封，當場諷刺秦始皇「事不師古而能長久者，非所聞也」，將秦始皇激怒，結果在李斯的挑唆下，秦始皇下了焚書之心，開始活埋不聽他話的儒生，這就是秦始皇暴政之一的「焚書坑儒」。

秦始皇下令燒毀了大量珍貴典籍，並坑殺了四百六十多名儒生，可謂殘暴之至，但這樣的殘暴卻不是無緣無故的恨。秦始皇本身就對儒家不感興趣，他在乎的是法家，在乎的是權謀霸道之術，儒家君君臣臣的君臣關係他根本不想用，所以做出殺掉儒生的決定也就順理成章。

而秦始皇這麼做，也是受了李斯的挑唆。李斯這個人最大的毛病就是喜歡給別人「下藥」。早年就是因為他的緣故，坑害了原本秦始皇很想重用的韓非子。這次他妒忌的目標不是一個，而是一群人。改朝換代了，六國的人才，全都進了秦國的人才庫，特別是儒生群體，以山東的儒生為核心，英傑薈萃。說不定這些人哪天就會威脅到他的地位，所以必須要早做準備，能轟走的就趕緊走，轟不走的就往死裡整，反正要把這些人對他的威脅降低到最小。

其實儒生的反對、淳于越的指責都是小事，關鍵問題是這時秦國面臨的最大威脅，一是外部面臨匈奴的威脅，二是國民經濟在戰亂後的凋敝。

關於這兩大威脅，在秦國統一初期的情勢是非常嚴峻的。先說匈奴問題，這時期匈奴的勢力還沒有後來漢朝時候強，卻已經是草原三大游牧部族中的一支（另外兩支是大月氏和東胡），此時的匈奴佔據河套平原，正對著秦朝國都咸陽所在的關中平原。如果這個戰略要地被他們拿在手裡，整個中國北部就都暴露在他們眼皮底下，他們想打就打，想搶就搶。原先的趙國和燕國此時已經滅亡，當地雖然有秦軍留守，卻基本上處於不設防狀態了，所以不解決匈奴問題是不行的。

而國內經濟問題也同樣嚴峻，秦國連年用兵，花費巨大，自身的財政缺口就很大。而六國經歷過戰亂，正是民力疲敝、經濟困頓的時期。這時期的另一個重要問題就是六國地區的經濟制度不一，新的國家財政體系必須馬上建立起來。國家要想振作，必須要通過經濟體系的整合掌握國家的稅收，這樣軍隊才有資本打仗，邊防才能夠鞏固。

所以秦始皇在登基之後，首先採取了兩個政策。一是迅速地把郡縣制推廣到全國，在新佔領的領土上設立官衙，鞏固統治。與此同時，秦國由蒙恬率領三十萬大軍北進，經過浴血奮戰，從匈奴人手中收復了河套平原，建立了防備匈奴的核心基地，暫時解除了匈奴對南方漢地的威脅，「胡人不敢南下而牧馬」正是這一段時期。必須承認秦始皇北擊匈奴的一戰並非是窮兵黷武，如果當時不主動採取出擊政策，任憑匈奴肆意劫掠，那麼北方的漢地就永遠無法安寧。而且在收復河南地後，秦始皇為了節省開支，命令蒙恬就地屯田，結果河套地區的糧食不但能夠自給，還可以供應給其他周邊軍鎮。這些措施在當時都是明智的。

在內政經濟方面，秦始皇很快建立了自上而下的官僚體系，全國分為四十六個郡，中央在地方確立了嚴格的集權統治。在經濟方面，比較重要的一條就是「使黔首自實田」，也就是說讓老百姓自己核查土地數量，然後上報中央，這就等於是徹底掃除了殘存的井田制，使新的封建土地制度在全國迅速成型。這一條對於秦國統一後經濟制度的確立以及經濟的發展，都是有著關鍵意義的。在此基礎上，秦王朝的土地賦稅制度也建立起來，國家的賦稅徵收，分為口租、口賦和雜賦，基本上是沿用秦國時代的土地稅收政策。所謂的口租就是農業稅，即田賦；口賦就是人頭稅；雜賦就是每年臨時徵調的稅賦。秦朝的農業稅是繳十分之一；人頭稅的數，和西漢文景之治時期基本持平，大約一百二十錢左右。這兩樣在當時，都算不得太重的稅。至於雜賦，一般都是在遭遇戰爭的時候臨時徵調的，現在天下太平，老百姓的負擔表面上看也不會太重。另外貨幣、度量衡、文字也都在這一時期統一了，秦國的法律《秦律》也頒布全國實行。分散的中原六國，漸漸被秦始皇聚集成統一的力量。綜觀這些行為，我們必須承認早先的秦始皇還是很有勵精圖治一面的，在整合國家力量、加強中央集權方面都做得很不錯。

暴政有多暴

秦國國事的惡化，通常的說法是「暴政」，暴政的內容主要包括大興土木營造宮室，修築秦始皇陵墓、阿房宮等。但真正勞動百姓最甚的是三項重大工程，一是修築長城；二是修築國內的驛站道路；三是整治國內的河道。

這三項大工程，幾乎都是同時展開的。秦始皇開鑿的運河範圍非常廣，在平滅六國後的第二年，就曾經發動十萬民夫整治江南的邗溝，以及山東的濟水運河。與此同時，秦始皇派三十萬大軍收復河套平原後，又一口氣徵發了四十萬民夫整修長城。西元前二一九年，秦始皇又再次徵調四十萬民夫整頓國內的驛站，以關中平原為中心，修築了連接中原以及南方的驛站道路。

這三項大工程，從作用上說都是對國家未來發展有好處的。修築長城可以起到抵禦外敵的作用，後來的漢朝就受益頗深；開鑿運河有利於促進農業生產，這也是具有長遠的意義；而修築驛站更可以促進國家交通，加強各地的聯繫，保證國家的統一。但是就在這短短幾年裡，秦始皇連續徵調了九十萬民夫，要知道當時全國的人口才不過兩千萬人。這九十萬民夫，大部分都是青壯年，也就是說全國至少有三分之一的青壯年都被秦始皇拉出來幹工程了。

這樣的結果也就可想而知了，生產遭到破壞，老百姓家幹活的就剩下老弱了，生產能力自然大打折扣，生產能力下降，國家的財務稅收當然也要打折扣。而此時，秦始皇也在進行著征討南方越族的戰爭，不斷向南方越族地區增兵。打下地盤後，一面要修築中原通向南方的驛站，一面又要修築南越地區的水利工程。在這種狀況下，原本剛剛在中原地區幹完活的民夫，一下子又盡發到了南方地區，離鄉背井是最痛苦的事情，怨聲載道也就很自然了。當然，開發越族地區是有積極意義的，比如說促進了國家的統一和民族的融合，但這些偉大的意義，對當時的人是沒感覺的，士兵們只知道他們被派到一個艱苦的環境下作戰，常年得不到休整。老百姓只知道天下好不容易統一了，皇帝卻又逼著我們幹活，拿著我們當牲口使喚，對秦始皇的憤懣也就一天一天地積攢起來了。

而秦始皇最大的錯誤，不是在於他做了這些事，而是在於他同時做了這些事。看看當時南北方的分布就知道了，在秦始皇統一六國後的最初六年裡，秦國三十萬大軍壓在北方對付匈奴，五十萬大軍壓在南方對付百越。這一南一北就是八十萬大軍，等於兩線作戰，即使是一個現代化國家，兩線作戰也往往是兵家大忌，何況是一個立國不久、經濟凋敝的新興封建制國家。軍隊的事情還不算，徵調民夫更是剝皮抽筋，在南方越族地區平定後，秦始皇陸續調動了四十多萬民夫南下開鑿運河、打通驛道，這些人大部分都再也沒有回來。也就是說，秦國在立國之初，最需要休養生息的時候，卻一直有大動作、一直在折騰。這些原本沒錯的事，卻偏偏超過了秦帝國這時期的承受底限。

但問題是，秦始皇為什麼會犯這個錯誤？有說他好大喜功的，有說他不知下情的，有說他性格殘暴的。然而從根本上，我們不得不說秦始皇做這種事情很正常，因為這就是秦國國君的習慣。

看看戰國時期秦國的歷史就知道了，秦國在秦孝公改革後的一百三十多年裡，就一直處於不斷地折騰。從秦孝公到嬴政，秦國除了有過短暫的罷兵外幾乎是無歲不征，但是秦國的國民經濟不但沒有拖垮，反而越來越強。秦國歷代國君在使用民力上，從來都是不吝嗇的，比如秦昭襄王時期，就曾下令全國十六歲以上的男子全都從軍開赴長平戰場，也因此奠定了長平之戰的勝利大局。這一場戰爭讓秦國傷亡過半，但是僅僅一年後，秦國又以五十萬大軍包圍邯鄲，卻遭到了魏國、楚國的聯合夾擊，大敗虧輸。即使如此，秦國也很快地恢復過來，不管每次他們的犧牲有多大，傷亡有多慘重，他們這種迅速的療傷能力是六國裡任何一個國家都不及的。

秦國之所以有這樣的快速復元的能力，不是因為秦國人覺悟高，而是來自兩個方面。一是商鞅變法後，經過兩個階段的持續推行變法，確立了秦國人對法律有絕對的敬畏感。這種敬畏感製造了秦國令行禁止的特徵，幾乎所有出使過秦國的六國使臣，都曾羡慕秦國官員的嚴謹守法。但這樣的條件，是無法短期內複製給其他諸侯國的。另一個重要條件是，當時秦國有獎勵軍功的政策，發動戰爭本來就是給草根們出頭的機會，而秦國人天生剽悍尚武的性格，使他們從來不懼怕死亡。但是那些新被平滅的六國人卻不是這樣的，拿著對秦國百姓的政策對待他們，只能說是找錯了對象。

但秦始皇顯然認識不到這一點，當年秦國以區區一二百萬人口，就可以發動百萬人的軍事行動。現在我手裡有兩千萬人，只動用七八十萬人進行大型水利工程又怎麼能說濫用民力呢。但問題是他手裡的兩千萬人來自於五湖四海，他的百姓也不止包括關中平原。在國家剛剛統一，人心思治的情況下，卻依然繼續在折騰任誰也不會滿意的。

當年秦國變法的實質是動用國家機器的力量樹立嚴格的法律，建立一個高效率的專制國家。在統一了六國之後，秦始皇也打算這麼做，但是時機和經濟條件都不成熟。偏偏秦始皇自我感覺很好，折騰的事情越來越多。至於他被人指摘的各類劣跡，比如修阿房宮、修秦皇陵、整日驕奢淫樂，其實這些都是做皇帝的「小節」問題。最主要的問題是他沒有搞清楚國家建設的主次問題。

秦始皇具有果敢的性格、頑強的精神、豪氣干雲的作派，確實是一個天生的王者。但是他最大的毛病，就是他的戰略選擇問題。早年在滅六國的時候，為決定征討六國的順序，他曾經舉棋不定，最後還是在尉繚的幫助下才確定了國家統一的最後決策。秦始皇具有堅決的執行能力、狂熱的工作欲望和權力欲望，但是他最缺少的，恐怕就是有的放矢的素質。這一點素質的差別，使他在登基之後演出了這一齣鬧劇。

但更大的悲劇是，他很多錯誤的決策從他即位之後就一直在繼續著，秦始皇從西元前二二〇年起，就開始營造富麗堂皇的阿房宮；而在西元前二一八年起，他的驪山墓葬群也開始修築，一個秦皇陵就調動了七十萬民夫。他忘記了一件事：六國滅亡後最需要的不是大工程、大面子，最需要的是要撫平戰爭的創傷。平定越族的戰爭原本是可以暫緩的，秦始皇偏偏想幾手都要抓。既要恢復經濟，又要修建巨大工程，最後長城修起來了，秦朝卻搖搖欲墜了。

秦始皇在世的時候並沒有意識到他的錯誤，而且還洋洋得意。他登基之後多次出去巡遊，比如東巡、南巡，勞民傷財更是無數。巡遊同樣也是有理由的，此時國家初定，各地人心惶惶，巡遊可以起到安定人心、穩定國家大局的作用。理論上說是沒錯，但老百姓的要求很簡單，他們只想要安安心心地過日子。秦始皇晚年開始信任方士，到處求神仙想要長生不老，甚至還派了徐福東渡日本。完成統一大業後的秦始皇，其表現和他平滅六國的征戰時期判若雲泥，為什麼會有這樣的改變呢？

其實在中國歷史上，像這種國家結束分裂後又迅速陷入戰亂的朝代不止秦朝這一家，比如西晉、隋朝。但是西晉和隋朝都是經過了幾十年修養生息後完成國家統一的，國家的財政儲備和人口數量都要遠遠好於秦朝。但即使如此，一旦使用民力不當，國家內外政策失調，就會立刻陷入分崩離析的狀態。無論是古代王朝還是現代文明國家，其內外政策都好像是天平的兩端，只有天平保持平衡，國家才能保持長久的穩定。而秦始皇的政策卻是在天平的兩端拼命地加砝碼，結果就是整個天平斷裂。

其實所有關於秦始皇的評價中，有一個人的評價是一針見血的，就是曾經在秦始皇手下做過國尉，中國歷史上的傑出軍事家尉繚。最出色的地方就是有卓越的戰略眼光。在確定滅六國的方案時，正是他制定出來正確的策略，保證了秦國順利完成國家統一。然而尉繚看人的眼光也很精準。

當年秦始皇還只是秦王的時候，他就一眼看穿了秦始皇最大的弱點：「缺少恩德，心似虎狼；在困境中可以謙卑待人，得志於天下以後就會輕易吞食人。」當時的秦始皇聽到這個評價，非但不生氣反而對尉繚非常賞識，因為在他眼裡這根本就不是什麼缺點。

這正是秦始皇的悲劇所在，一個心似虎狼的人在沙場上也許會是出色的將軍，但是在皇位上卻注定不是一個稱職的皇帝。同樣和秦始皇一樣有暴君稱號的隋煬帝，當年也是出色的將軍，可是在成為皇帝之後照樣幹得一塌糊塗。心似虎狼不要緊，缺少恩德也不要緊，中國歷史上那些名垂青史的好皇帝，心似虎狼的也不在少數。但秦始皇最糟糕的一點，就是尉繚評語裡的最後一句「得志於天下以後就會輕易吞食人」，這句話被尉繚不幸言中。說到底就是秦始皇不懂得壓制自己的欲望，一旦志得意滿就立刻露出了虎狼的面目。

在秦始皇活著的時候，各地對秦始皇的反抗就開始了，秦始皇一生最不缺少的就是「被刺殺」，但是他卻到死也不知醒悟。之後四處巡遊、耀武揚威、泰山封禪、炫耀榮光，秦國的氣數也在這些過程裡漸漸地被他透支乾淨了，同時被透支乾淨的還有他個人的氣數。西元前二一〇年，秦始皇病死於東巡路上的時候，而一場巨大的抗暴運動已經山雨欲來風滿樓了。

走到盡頭的法家

在秦始皇的悲劇中，似乎還藏一個後人關注不多的原因：秦國的法家傳統。

眾所周知的是，秦國的強大來自於商鞅變法，而商鞅變法的思想，主要來自於法家的思想。在亂世爭天下時期，通過嚴刑峻法，外加殘酷的外在生存條件，只要樹立起足夠的國家威嚴，就可以確保國家迅速集結戰鬥力，取得對外戰爭的勝利，並且日益走向強大。但是當國家走向統一，開始和平建設的時候，法家思想卻暴露出「至剛而無柔」的致命缺點。

法家思想的主要特點就是嚴刑峻法，讓整個國家都籠罩在恐怖的刑罰監督中，用嚴苛的刑罰來鎮壓一切反對者。但是隨著國家主要矛盾轉移，法家思想在休養生息時期，完全失去了它本身的積極作用。一旦有人揭竿而起，常年被高壓統制所造成的怨怒就會引發民間巨大的抗暴行動。就像馬背上打天下，馬背下治天下的道理一樣，法家思想可以打天下，但是法家思想卻難以治天下。一個缺少溫度，用冷漠和刑罰來約束人民的王朝，他的生命力也注定是僵硬的，即使強悍如秦軍、氣吞萬里如秦始皇，都不能挽救它的衰亡。

秦朝二世而亡，從某種意義上說也是法家思想在到達歷史頂點之後，迅速走向衰亡的歷史。事實證明，單純的法家治國，在亂世或許立竿見影，但在太平盛世反而會成為國家動亂與衰亡的催化劑。百家爭鳴的各類思想中，法家注定已經完成了它的使命，而真正有資格成為中國兩千年來封建社會傳承的是後來的儒家學說。後來的法家也只能將其核心要義化入儒家思想之中，成為儒家思想的一個重要組成部分，法家思想在戰國時代的風光，也只能留存在戰國時代了。

這就是秦始皇的悲劇所在，他的種種暴政有他個人性格使然，卻也有法家思想的影響使然。作為一個在法家文化環境裡成長的少年，更兼有祖上法家的代代傳承，要他主動地在得天下後轉換思路實行仁政，這是何其困難的要求。要求秦始皇做到這一點是不現實的，所以秦國要維持持久強大也是不現實的。

二十、科技革命改寫戰國歷史

要說春秋和戰國有什麼不同？歸根結柢只有經濟基礎的不同。

按照政治學的說法，也是社會生產關係的轉型期，種種大變革所帶來的深遠影響，最終還是要落實到老百姓生活狀態上的變化。縱觀從春秋到戰國的所有變化，從根本上說戰國改變的是中國人的生活。

且去看看，戰國究竟有哪些方向改變了中國人的生活？

地主是這樣來的

戰國改變中國人生活的一大方面，就是基層社會關係的變化。如果國家的經濟體系是一間房屋的話，那麼奴隸制的屋頂是奴隸主，地板是奴隸，這也是春秋的社會關係。而在戰國時代，這個關係隨著變法的深入、各個國家的轉型、奴隸制小國被平滅，早已經不復存在了。拔地而起的是一棟新房屋：封建社會關係。這個房子的屋頂，是地主；房子的地板，是佃農；房子的牆壁，是大大小小的自耕農。

在戰國時期的風雲變幻裡，那些大大小小的活動家、縱橫捭闔的國君、揮斥方遒的將領或許立場不同、陣營不同、觀點不同、敵友關係不同，卻有一點是相同的，他們的身分都是百分百的地主。

至於戰國時期社會轉型期的各類新階層，他們究竟是怎麼產生的？地主是怎麼產生的？

戰國時代的地主，是戰國風雲的絕對主角。在戰國早期瓜分奴隸制國家的狂潮裡，主角是地主；戰國時代百家爭鳴，那些持不同政見的學子們背後的利益團體也大多是地主；在戰國時代風雲變換的變法運動中，那些或剛硬或陰柔的改革家真實的身分還是地主。

羅馬不是一天建成的，地主更不是一天冒出來的。戰國時代扮演中流砥柱角色的地主，其實是經歷了一個相當長的形成過程。

戰國時代的地主，主要來源於三種類型，第一種是原先的奴隸主貴族，他們的身分很像後來英國資產階級革命的新貴族。在一個社會轉型的大趨勢裡，他們的鼻子比較靈，嗅到的風向比較準，很早就主動轉化了生活方式，雖然本屬於體制內的奴隸主，搖身一變在這個社會轉型期裡謀取了新的利益，成為新型生產方式的既得利益者。這其中的代表人物，如瓜分了晉國的韓趙魏三族和取代了姜氏齊國的田氏家族。

這些「新貴族」的特點就是腦子很靈光，而且在原來的奴隸主貴族內部大多都很不受待見。在舊體制下，他們雖然擁有封地，甚至和統治者有親戚關係，但是不具備世家大族那樣的特權，沒有對軍隊、政權的掌握能力，他們最主要的權力，就是在封地裡收取出產，保持富足的生活。

因為地位低，既得利益少，所以在這個社會的轉型期，他們的腦筋動得快，比如在自己的封地裡主動改變了剝削的方式，改變以前的奴隸關係為後來的地主與農民關係，盡可能地實施各種政策以提升農民的生產積極性。

在這個變革中，他們最早嘗到了甜頭之後就想要獲得更多，所以他們就要擴大自己的權力，向舊的貴族搶班奪權。甚至想要執掌一個國家的政權。這部分人的共同點是，他們本身就是從舊體制內蛻變出來的，身上無法切割與舊體制之間的聯繫，這也注定了他們進行的各類轉型改革最終是不會徹底的。

戰國時期齊國、魏國、趙國、韓國的國家政權都屬於這種情況，因此他們最後的衰弱，也是因為「保留了大量奴隸制殘餘」。

在整個的春秋戰國時代，「新貴族」還有另外一個群體——君子。這裡的君子，指的不是道德高尚的人，而是指戰國時代脫胎於舊貴族，又在新經濟形勢確立後，實力迅速壯大的新貴族群體。

這些人的普遍身分就是各個國家的王族宗室，他們的普遍特點就是擁有大量的土地，其財力富可敵國，經營大量的新興產業，包括農業、工商業，也放高利貸。他們自己的莊園裡有一套完全忠誠於自己的勢力班底，普遍的叫法是「門客」。門客最多的時候，可以達到幾千人，有時候甚至可以左右國家局勢，在中央集權制度初建的戰國時代，他們是中央集權制度下的衍生品，又是一群掣肘中央集權的「異類」。

這些人與國家的統治者之間，既互相利用，又互相制約，最後的結果就是他們的勢力隨著戰國時代的結束而結束，門客盈門的盛況也只能給後人徒增談資。這些人裡的代表人物，就是大名鼎鼎的「戰國四君子」——楚國春申君、魏國信陵君、趙國平原君、齊國孟嘗君，他們活著的時候大都是本國的驕傲，他們身後的幾千年裡一直被後人看作傳奇。但是真正完成統一大業的，卻是改革最為徹底，且沒有君子的秦國。

地主階層的第二個類型，就是戰國時代的官僚階層。他們取代了過去的舊貴族，成為戰國時代國家政權的執行者，成為國君中央集團的幫手，而他們成為地主的方式就是通過建立功勳，得到國君的土地賞賜。

戰國時代，國君對於臣下的最主要賞賜就是土地，尤其是在三晉地區的韓趙魏三國，當年魏王一次性賞賜給魏國國相公孫痤土地，最多的時候就有一百萬畝。吳起當年因為守備河西要地有功，魏王也賞賜土地二十萬畝。這一類地主的成分比較複雜，有的是舊貴族轉化來的，出身比較高貴，比如公叔痤；有的卻是百分百的草根出身，通過建立功業一步登天，吳起就是這一類型。

除了國君賞賜之外，有些官僚很有投資眼光，他們喜歡把所得的俸祿用來購買土地。比如那位紙上談兵的趙括對土地的熱愛程度就很高，甚至帶兵外出沿路看到好的土地就買下來。他母親也因為這個，斷定他沒有帶兵之能。在當時官僚階層購買土地的情況很普遍，錢是容易貶值的，而土地卻是永遠不會貶值的。有了土地，不止是身分的象徵也是經濟的保障。

官僚地主階層的擴大，也和戰國各類變法中的一項重要政策有關：獎勵軍功。這項政策最早實行在魏國，後來商鞅在秦國發揚光大。這個政策的主要內容，就是把土地作為獎勵方式，授予那些在戰場上立過功的人。這些通過軍功獲得土地的官僚地主，和普通的官僚地主身分截然不同，他們往往是戰國政壇上的重要力量。

地主階層的又一個類型是很有「勵志意義」的，那就是布衣地主，這一群體有兩個類型，一種是平民中小地主；一種是從自耕農、手工業者，甚至奴隸轉化而來的地主。他們獲得土地的手段，主要是土地買賣。這個群體中比重最大的，就是工商業者出身的地主階層，戰國時代一句流行語是：以經商來發財，以土地來保財。在秦始皇登基初期權傾朝野的呂不韋，就是這一類型人物裡的傑出代表。

另外，許多自耕農通過個人的辛勤勞動，逐漸擁有了土地。這一群體主要分布在早期人多地少的秦國、趙國地區。

當時的統治者，普遍採取了獎勵墾荒的政策，國家提供農具並給予墾荒者法律上的保護。特別是秦國，只要你敢刨地，國家會盡量提供支援。商鞅在秦國實施的「廢井田，開阡陌」運動，更成為這一過程的催化劑，許多早期的自耕農們通過銳意地耕作，佔住了大量土地，搖身一變成為地主階層。在當時的中國，由於六國人口大量湧入，秦國所以人口迅速增長，因為那裡是從自耕農變成地主難度最小的地方。

農民的生活

有了地主，自然對應著要有農民，作為被地主踩在腳下的群體，戰國時期的農民主要包括自耕農、佃農、雇農三個群體。

其中自耕農有二個來源，一是奴隸社會的平民階層，但更多的卻是奴隸社會的逃亡奴隸。那些早期擺脫奴隸主統治的逃亡奴隸們，通過積極的墾荒，流亡到新的地區開闢新土地，逐漸成為了擁有合法財產的自耕農。

這一類自耕農，普遍分布在當時的秦國和楚國以及吳國地區，隨著中原地區的戰亂頻繁，大批奴隸逃亡，他們開始往地廣人稀的地區遷移，今天的華東、關中、江漢平原就是最好的目的地。

戰國時期不同國家的變法，內容雖然不同，但其中一個目的卻是相同的，那就是拼命增加自耕農的數量。因為自耕農數量的增加，意味著國家可以收取稅收的稅源擴大，保證新興的封建制國家建立完備的財政收支體系。

這一點上，戰國變法的宗師李悝曾經有過精闢的概括：農傷則國貧。但是對於各路諸侯國來說，自耕農的增加是最困難的，因為國君下面的地主階層都在想方設法地隱瞞人口，把大量的人口變為自己的佃農。

所以魏國變法的時候，採取的是國家提供農具和法律保護的方式來增加自耕農數量，而到了秦國商鞅變法的時候，卻採取了更加嚴苛的措施，嚴苛到如果一戶農家裡兄弟成人後不分家，就要遭到法律的處罰，且大力推行保甲連坐制度。

趙國名將趙奢早年做稅官時，之所以開罪了當時權傾朝野的平原君，也是因為平原君故意隱瞞人口、逃避賦稅。一個封建制國家勃興的時期，勢必是自耕農數量最多的時期，而一個封建制國家衰落的主要起點，就是日益嚴重的土地兼併。這個經濟規律從戰國時期就開始了。

戰國時期的自耕農，在富裕程度上還不能和後來的漢唐宋明相比，那時候生產落後、土地產量低，一家自耕農的土地大約在三十畝左右。他們擁有種子、農具，同時也要承擔繁重的賦稅。

戰國時期各個國家的稅率不相同，以魏國強盛時期的魏文侯時代為例，當時的魏國改革家李悝曾經估算過，一家有三十畝土地的自耕農，按五口人計算，每畝的糧食產量是三斗，他們需要承擔的稅賦大約是十分之一。交完稅的糧食除了自己吃外，剩下能拿去賣錢的大約有三分之一。賣糧食的錢，算上每年的衣服等開銷，也就只能勉強維持一個溫飽。這還是普通的生產年景，如果遭到水旱災害，自耕農破產就會成為普遍的事情。所以戰國時代，各國都非常重視水利的修築，用以維持生產的穩定。即使如此，戰國時代的自耕農，在貧困程度上要遠遠大於後來統一封建王朝下的中國農民。

比自耕農更慘的，就是佃農。佃農基本上就是奴隸制社會的奴隸轉化而來的，比起奴隸們的悲慘生活，他們的境況顯然好得多，他們租種地主的土地，有自己的生產農具。但是每年收成的一半要交給地主，同時還要承擔土地的賦稅，這樣他們要維持溫飽就更加困難了。佃農中有相當一部分人是破產的自耕農，他們遇到水旱災害無力承擔國家的賦稅，只好扔下土地逃亡依附於地主家中。《呂氏春秋》裡就曾記錄過：在秦趙長平之戰時，由於秦國朝不斷通過增加賦稅的辦法來保證前方供應，造成大量自耕農逃亡，許多自耕農寧願依附在地主家裡做佃農。

比起雇農來，佃農還算好的，因為雇農不但沒有土地，更沒有農具。他們有的給地主家做傭工，有的甚至在農忙時節，給富裕的自耕農幫傭。他們的生活水準已經直追當年的奴隸，韓非子的書中曾說，三個雇農的經濟收入都不足以奉養一個老人，足見經濟狀況之悲慘。

戰國時期同樣是有奴隸的，當時大工商業地主家裡，依然豢養著大批的奴隸，他們只有食物，沒有收入，有的甚至和牛馬一起放養。但這樣的局面已經不是戰國的主流。戰國時期，是地主和農民這一對封建社會關係正式確立的時期，中國封建社會的雛形已經在這一時期奠定。

拼的就是高科技

戰國生產體系和社會結構的變化，帶來的直接影響，就是生產水準的提升，確切地說就是中國工農業生產科技的高速躍進。如果用橫向對比來說的話，戰國之前的中國在生產水準上，與同時代的西方奴隸制國家是同步的，而戰國之後的中國卻已經把當時的世界遠遠甩在了身後。

戰國時代首先突飛猛進的就是農業的進步。諸侯爭霸表面打的是軍事力量，本質打的卻是錢糧儲備，所以戰國時期的諸國在農業技術改進上都不惜血本。最突出的表現就是大量鐵製農具的使用，根據考古發現，北到遼寧、南至廣東都有戰國中晚期的鐵製農具出土。

比如河南輝縣的戰國魏墓，曾經一次出土鐵器一百六十件，其中農具有五十八件。鐵農具和先前的石製、木製農具的最大區別，一是生產效率提升，二是可以完成深耕。原先無法被發展成耕地的荒地，因為鐵農具的出現完全可以被開墾成良田，而且越來越多的個體自耕農，也可以因為鐵農具的使用大力墾荒而擁有自己的土地，這不僅僅是一種生產方式的改變，更是一種社會結構的改變。

而另一個推動戰國農業發展的技術，就是牛耕。戰國時期牛耕已經作為一種普通耕作方式被大力推廣，用牛耕作就好比現代農業的機械化耕作。不但生產效率大大提升，而且還改變了戰國時期的農業生產比例。

在戰國之前，諸國中公認的農業強國，當屬中原的晉國和東方的齊國。然而在戰國之後，西北的秦國一躍成為頭號農業強國，其中重要的原因就是從商鞅變法開始秦國大力推行牛耕。他們本身就有豐厚的畜牧業儲備，耕牛的儲量極其豐厚，所以推廣牲畜耕作也就比其他六國得天獨厚。當時的秦國不但有牛耕，還有馬耕，而且秦國還有「國家福利制度」，只要是開墾荒地的農戶，國家免費提供牛馬等牲畜，這就使秦國的農業水準在短短幾年內有了飛速發展。

秦國之所以能夠在數次大戰中獲勝，特別是打贏諸如長平之戰等相持戰，其雄厚的國家錢糧儲備成為了重要原因。一種耕作方式的改變，使戰國時期中國的經濟版圖出現了顛覆性變化。

戰國農業的進步，另一個重要創舉就是在肥料上有了大的改變。戰國時期已經有了「糞種」，即運用動物的骨頭和麻子煮成汁攪拌，作為肥料來增加土地的產量。荀子在他的《富國篇》裡也曾說過：施糞肥田，這是農民該做的事情。當時的農業肥料，除了糞肥外，還有把野草燒成灰做成的綠肥。

這兩種肥料之後一直不斷發展，沿用到整個中國封建社會。戰國時代著名的學派「農家」，對於農業的耕作技術有非常詳盡的總結和闡述，包括深耕技術、糞肥的培育以及種子的識別和種植，這些在戰國時期都已經形成了完善的理論。秦始皇時期欲逐六國賓客，李斯就以水稻種植為例勸諫秦始皇，他說「原本只在南方種植的水稻，都能夠在秦國紮根，何況六國的人才呢」。這番話不但使秦始皇改變了「排外」的主意，更足見此時水稻在南方種植之廣。

戰國時期農業產量的變化，我們從魏國名臣李悝的自述裡就可看出一二，李悝認為戰國初期的魏國，一畝土地的產量是一石半，而在使用鐵器農具以及使用肥料後，產量最高可以提升至四倍，最少也可以提升一倍。也就是說，戰國時期的一畝土地，產量最高當在三石到六石之間。即使是最普通的一石半，根據英國學者李約瑟的記錄，比起同時期的歐洲來也至少要高一倍左右。

二十一、戰國商業：和戰爭一樣熱鬧

戰國時代最吸引目光的熱鬧事，莫過於戰爭。

千軍萬馬的廝殺，奇招迭出的兵法，騎兵射箭的改革，戰車的淡出，戰爭規模越來越壯觀，戰爭之外的博弈也越來越豐富。

但如果僅以為戰國的歷史就只是在戰場上，那其實就把戰國看得太簡單了。

這段戰火紛飛的歲月，既是對生產的嚴重破壞，但同樣也是一種催化劑。列國為了打贏戰爭，都要賣力地發展本國經濟，生產技術和農業產量高速進步，一個附帶的結果就是和戰爭一樣熱鬧的商業。

戰國的商業有多熱鬧？我們看看《史記》裡的一段話就知道：天下熙熙，皆為利來，天下攘攘，皆為利往。

而按照孟子的說法，這個變化更形象，在孟子的記錄下最早的商業貿易都是官府操縱的，基本都是以物易物，價格也是官府說了算，就算有些私人貿易也只能到鄉間去活動，這種人被孟子稱為「賤丈夫」，也就是最初的商人。後來由於這種活動多了，貿易的地點按照《公羊傳》的說法就被稱為「市井」。

進入戰國以後，生產已經高度成長，商品交易也越發熱鬧，原先被人看輕的私商們，非但不再被人瞧不起，反而是名流充斥、富商雲集，很多人更達到富可敵國的地步。戰國是苦難的戰爭時代，卻也是商業高度繁榮的黃金時代。

甚至可以這樣說，左右戰國命運乃至中國命運走向的也有這些商人們活躍的身影。

商人賺錢門道多

早在春秋晚期的時候，就有很多商人奔走於列國之間，靠倒買倒賣大發橫財，但他們真正成為一種規模化的政治力量還是從戰國年間開始。

特別是春秋晚期范蠡經商的成功例子後，進入戰國後以公卿大夫身分投身商業的人物也是越來越多。最典型的就是戰國的白圭，這位魏惠王昔日的國相是中國商人的祖師爺人物，《史記》裡讚歎說，他最擅長把握商機，懂得各種貨物的需求情況，能夠準確按照市場的要求買進賣出，轉手就是爆利。他在豐年的時候用絲來換穀物，到了荒年時又出售穀物，一下獲得巨大收穫。所謂「人棄我取，人去我與」，成為幾千年來中國商業的黃金箴言。

商業的發達當然也不可避免地帶來另一種商業現象興起：信貸行業。

戰國商業的一大流行景觀，就是高利貸橫行。比起各行業都可以加入普通商業，這個行業卻有硬標準，必須得是富豪甚至是政治權貴才有資格。最典型的一位，就是號稱「四君子」的孟嘗君。

這位齊國的宗室貴族在歷史上最出名的，就是擁有各懷絕技的三千門客，而他養門客的主要資金來源就是放高利貸。

他的封地薛地是他投放高利貸的主要市場，而且由於利益巨大，以至於每年到收錢的時候，當地的老百姓都十分痛苦。因此也有了一段美談：孟嘗君的門客馮驩看到人們實在還不上錢，乾脆靈機一動，假託孟嘗君的名義把所有的高利貸債券都燒了，結果老百姓高興了，孟嘗君氣得跳腳，大罵我這三千門客吃什麼。馮驩卻不慌不忙地說：你啥都不缺，就缺人心，我幫你免了債，是給你買人心。

後來的結果也正如馮驩所料，孟嘗君垮臺倒楣後狼狽地回到薛地，卻見薛地的老百姓扶老攜幼熱烈歡迎。孟嘗君這才感慨說，馮驩說的人心我總算看到了。

兩千年來，這個故事經常被很多人引用，不是用來說馮驩的聰明，就是用來誇獎孟嘗君的大度，但從中可以看到高利貸生意已經成了戰國時代普遍的現象，甚至普通的耕作百姓都要遭到這新興生意的無情盤剝。孟嘗君可以免了薛地的債務，但是更多的老百姓恐怕還在這債務之中掙扎。

戰國時代高利貸的盛行，不但造成老百姓的沉重負擔，甚至就連有些國君都為此糟了災。最典型的就是周赧王，這位堂堂的周天子到了戰國年間已經徹底成了擺設，如果說在春秋年間還有些價值，那麼戰國年間就已經徹底被閒置了。甚至連日常生活都成了問題，為了維持王室的開支就不得不向高利貸業者借貸，誰知道一來二去就還不上了，嚇得驚慌失措的周天子一度連王宮都不敢回，乾脆造了一個高臺讓自己成天躲在裡面，成語「債臺高築」就是這樣來的。

這段令人啼笑皆非的故事，既說明了當時高利貸風氣的盛行，也告訴我們能放高利貸的絕對都是當時惹不起的人物。

此時商人已經不再是下賤的行業，而是商人們在每個國家有其舉足輕重的力量，其中一位最有名的改變歷史的人物正是呂不韋。這位知名的土豪在邯鄲做生意的時候，認識了秦國公子異人，立刻就像找到投資標的一樣與之熱心結交，竟然就通過巧妙運作和大氣砸錢，把這位親爹不疼奶奶不愛的落魄王子成功地扶持成秦國國君，他自己也得以青雲直上成為執掌秦國大權的重臣。

說是戰國商業影響了戰國歷史走向毫不為過。

貨幣花樣真難認

戰國另一個商業發達的標誌，就是貨幣。

按照史料說法，中國鑄造貨幣的歷史可以追溯到大禹治水的時候，但是考古出土的物證卻證明，直到商周時代中國人買賣東西的主要貨幣依然還是貝幣，也就是貝殼。

在中國古代用貝殼做貨幣的歷史十分漫長，商朝、周朝的出土文物中，各種五花八門的貝幣極多。商朝主要是用天然貝，周朝卻是用人工鑄造的貝幣，主要是銅貝幣。這種貨幣的生命力十分漫長，直到秦始皇統一天下後才徹底消失。

而在戰國年間貨幣的一大進步，就是出現了新的貴金屬貨幣：黃金。

用黃金鑄幣，在戰國時代十分地流行，而且十分標準化，每一種黃金幣上，都有明確的鑄造時間和地點。與黃金貨幣同時改變的還有有錢人的財富觀，在戰國之前，要形容一個人多有錢，一般都是看他有多少土地莊園和糧食，但到了戰國年間那就是百分百看錢。在出土的戰國時代的文物遺址中都會發現有倉庫儲存大量的金錢，人們之間攀比財富也都是說自己有多少錢，這真正是個向錢看的時代。

但是雖說貨幣發展了，卻有一個相當嚴重的問題：貨幣種類太多了。春秋晚期的貨幣就特別不規範，每個國家在市面上流通的都有好多種貨幣，不但國家可以造幣，一些富豪權貴也有鑄幣特權，有時候買東西都不知道該用哪個好。

到了戰國時期，這個問題總算有所解決，各國都把鑄幣權收歸政府。但市場已經漸漸統一了，市面上流通的卻是各個國家不同的貨幣，如果羅列起來真是千姿百態。

在北方三晉地區流行比較多的，當屬鏟形貨幣。即鏟子形狀的錢幣。這種錢幣在當時叫做布幣，又以形狀不同分為各種不同類型。比如有圓足類型的，也有尖足類型的，是戰國各類貨幣裡流傳範圍最廣的一種，往北在今天遼寧吉林地區都有出土，往南在今天湖南湖北地區都有發現，出土最多的地區則是河北、河南地區，也就是以韓趙魏三國為核心流動的地區。

就材料來說，現今出土的鏟形貨幣，絕大多數都是銅製的，一九七四年在河南扶溝縣也出土過銀質的貨幣，不過數量十分稀少。

貝形貨幣主要在楚國地區流傳，也叫做「蟻鼻錢」。還有一種比較昂貴的塊形金版。這兩類貨幣，主要都在湖南、湖北、安徽、江蘇四地流通，主要都是楚國的地盤。

而在北方大地上，能與鏟形貨幣分庭抗禮的，當屬以齊國為代表的刀形貨幣。

作為戰國時代東方最發達的商業國家，齊國的工商業獨步中原，錢幣鑄造工藝更是遙遙領先。跟鏟形貨幣比起來，刀形貨幣的歷史要更久遠，最早的刀形貨幣竟然可以追溯到春秋中期，而且和其他類型的貨幣比刀形貨幣最大的優勢就是技術含量。從出土的刀形貨幣看其貨幣的銅錫含量比例，是同時期各類貨幣中最為合理的。

刀形貨幣的價值是最有實力的，以當時的物價一枚標準的齊國刀形貨幣，可以購買二百五十斤粟米，也可以購買二十三斤食鹽。按照戰國史料筆記的說法，許多戰國時代的有錢人，儲蓄財富最好的方法就是把財富兌換成齊國刀形幣。在戰國大多數歲月裡，刀形幣就是信譽良好的保證。

就刀形貨幣的流通範圍來說，有一些流通區域和鏟形貨幣是重合的，就範圍廣度來說也不如鏟形貨幣，可是出土量卻令人震驚。比如在燕國舊地的河北承德地區，一次性就出土過四千多枚刀形貨幣，比起鏟形貨幣的平民化，刀形幣更可以說是有錢人的遊戲。

但是在秦國一統天下之後，前面所說的幾種貨幣隨著戰國時代的結束都成了歷史的痕跡。真正一統天下並且成為之後兩千年中國錢幣制式的，卻是在戰國年間相對在中原不太流通的環形幣。

環形幣，因為其圓形的形狀也被稱為「圓錢」，這種錢幣出現最晚，主要流通於秦國以及周天子的區域內。秦國的圓錢，主要以重量和「銖」來計算，這也成了後來漢朝起中國貨幣的計量規則。由於環形幣的制式主要是圓形方孔，於是古人把財富稱為「孔方兄」。

從秦惠文王年間開始，隨著商鞅變法的成功，秦國國力的上漲和擴張的加劇，秦國環形貨幣的流通區域隨之擴大。同時秦國有著戰國時代最規範的軍工生產體制，雖然在鑄造貨幣的技術上比較落後，但規模化生產卻十分強大，每次征服一個區域就緊鑼密鼓地發行貨幣。因此秦國的環形錢雖然從範圍上無法和別的幣種相比，但是每一次出土的年代都非常集中。基本上把環形錢出土的時間串聯起來，就能把秦國一統天下的路線圖畫出來。

城市真熱鬧

與商業活動一樣旺盛起來的，就是戰國的城市。

戰國對於中國古代史的一個重大意義，就是它是中國古代城市的成熟時期。之後的兩千年中國歷史上的城市規模和形狀都是以戰國城市為建設藍本。

中國古代的城市在春秋以前不能說沒有發展，但發展的速度就如老太太走路，以出土的西周的城市遺址和商朝的城市廢墟做比較，無論是規模還是外型實在是相差無幾。

之所以有這情況，說到底還是制度問題。城市在奴隸制時代基本就是王公貴族的活動中心，就算是有平民百姓，他們也都要做農村的營生，所以在規模和熱鬧程度上都是十分有限。

另外有很多硬規矩，更完全限制了城市的發展。國都不能超過九百丈，卿大夫的封地也只能有五分之一或三分之一大小，稍微大一點就是僭越大罪。人口多一些的五千多人，少點的也只有幾百人，基本上所謂的城市就是這麼寒磣。

但從春秋晚期開始情況就不同了，到了戰國年間更是翻天地覆。

商業的發展、商品經濟的繁榮讓很多原本小規模的城市極速擴張。城市的規模越發擴大，人口日益增多，所謂的硬規矩早就被拋向了九霄雲外，再硬的規矩也無法阻擋這個強大的歷史規律。

於是舊城市的規模持續擴張，新興的城市更如雨後春筍般地湧現。戰國時期哪怕是大國裡普通的城市，也比春秋時代國家的都城要大得多，所謂「千丈之城，萬家之邑相望」，才是最真實的寫照。而且比起過去只有都城才算得上城市的寒磣景象，只要數得上的大國都是新興城市林立。按照

《鹽鐵論》的說法，中原地區僅齊國楚國魏國這幾個國家叫得上名字，但稱得上商業貿易繁榮地區的城市，總數就有三十個之多。放在之前的夏商周年代，這真是強大得不可想像。

更讓前代不可想像的則是城市的規模，比如齊國的都城臨淄，史書上記載有七萬戶，而以已經出土的古城文物來估算規模，按照相關學者的保守估計人口要在三十五萬人以上。僅出土城牆的總長度就有近四萬兩千公尺，總面積六十平方，大小城門已發現十個，主幹道寬八公尺，更有完整的排水系統，城市建設相當發達。

而臨淄城的繁榮程度，在當時更是天下聞名：集市上人擠人，抹一把汗就像下雨一樣，車子挨著車子，而且城市裡店鋪林立，各種行業都有，天下各種奇珍異寶雲集，場面十分熱鬧。甚至很多外國學者也來湊熱鬧，臨淄的繁榮程度，放在同時期的世界上也是數一數二。

除此之外，臨淄還有發達的娛樂業，特別值得一說的就是足球，當時叫蹴鞠。這是臨淄知名的體育運動，並很快流傳到列國，成為戰國起非常流行的中國傳統體育。

而臨淄的繁榮，也只是戰國經濟繁榮的一個縮影。七大強國的主要城市基本上也都達到了這樣的規模，戰國時代的中國可以說是當時全世界經濟最繁榮發達的區域。

而與城市繁榮相對應的就是交通的發達。

各主要國家之間，除了軍事道路外更有了四通八達的商業交通要道。北方從齊國一直可以通到遼東地區的陸路已經十分順暢；南方楚國的商業貿易網路，已經可以連接到今天的印度地區。張騫通西域的時候，從中亞的集市上可以看到來自巴蜀的綢緞，依照中亞商人的說法，這些物資都是楚人經四川販運到印度，再轉手倒賣到了中亞。比起漢朝開始通西域的絲綢之路，戰國時代通向世界的絲綢之路更早產生。

更值得一說的是海上貿易，作為東方最發達的商業地區，齊國的海上貿易在戰國就進入了黃金時代。今天山東的海陽地區，就是戰國時代重要的貿易港口，以此為中轉站和遼東甚至吳越地區都有商業貿易的聯絡。

而在中原腹地，貿易網路更是四通八達，國力弱小的韓國以及逐漸衰落的趙國和魏國成為了戰國時代中原貿易的集中地，以三晉國家為核心貿易道路通向東南西北四地，各地的貨物都雲集於此。正是這樣的交通演進，才為最後的天下一統鋪墊好了最厚實的基礎。

二十二、要強大，修水利

戰國時代列國之間的爭霸十分激烈，尤其是以統一天下為目標後，相互的爭鬥更是你死我活，各國都使出渾身解數。

比較常見的招數，常規說來就是戰爭。攻城掠地的死掐，打得動就打，打不動就談，文明的說法叫連橫合縱，也就是拉幫結派打對方。

背後的招數也是花樣百出，比較常見的有發展生產、獎勵耕戰、實現軍功授爵，甚至更有通過經濟調控來擾亂對手。樣樣都看似隱蔽，其實殺傷力無窮。

但有一樣看似明面上的招數，所獲得的卻是暗招有時候也難以達到的效果，那就是興修水利。

戰國風雲變幻的時代，同樣也是中國古代水利工程如井噴般湧現的年代。從早期的魏國到中期的齊國，再到晚期的秦國，幾乎主要的強國都有自己自豪無比的水利工程。戰國的歷史變幻無常，多少曾經風光一時的國家都成了歷史的遺跡，然而他們留下的水利工程，歷經兩千多年風雲的洗練卻依然生機勃勃的存在，繼續惠澤著炎黃子孫。

一部戰國歷史，同樣也是一部中國古代水利工程的發展史。

水利工程，在後人眼裡也許只是一個工程這樣簡單，但是在戰國這個特殊的時代水利工程卻承擔著更多的戰略意義，它就像後來的萬里長城與大運河一樣，不但是一個被後人紀念的遺跡，更是國家走向強大和維持安全的生命線。一個強大的水利工程，其發展與命運往往與一個帝國的命運休戚與共。

在這樣的意義下，許多有著重大戰略意義的水利工程，在戰國時代中國古代科技革命的刺激下蓬勃發展，成為一個時代最偉岸的見證。

西門豹的力量

戰國首先值得一說的水利工程，就是鄴渠。

鄴渠，又名漳水十二渠，位於今天河北臨漳縣，當年屬於魏國境內。

與這座偉大水利工程有關的，就是西門豹治河神的故事。戰國魏文侯時代，大臣西門豹臨危受命，治理當時叫鄴城的臨漳縣，沒想到一到鄴城就被當地的情景雷暈了。當地不但水災頻繁，而且還流行著「餵河神」的風俗，也就是當地官員和巫婆勾結，威脅老百姓選自家的女兒，扔進漳河裡去餵河神，否則河神生氣了就咆哮，然後就發大水，一年的收成就全部泡湯了。於是惡性循環，老百姓家不知道扔了多少女兒，也不知道被巫婆和貪官敲詐了多少錢，卻是年年水災依舊，人民流離失所。

而敢為天下先的西門豹就勇敢地承擔了改變的重任，到任後首先以毒攻毒，既然巫婆們說漳河裡有河神，那麼你們就先下去告訴河神一聲，今年哥不送姑娘了，你要是生氣也別禍害老百姓，有本事就衝我來。就這一句話，原先坑蒙拐騙的巫婆就給活活扔進水裡去了，半天也沒見出來。回頭又跟那群與巫婆們勾結地方官說，你們下去催催巫婆，看看她們在磨蹭啥，結果幾位臭名昭著的貪官污吏，也給齊刷刷地扔到了河裡去。

這位深藏不露的地方官，就用這以毒攻毒的辦法，不但輕鬆掃平了當地盤根錯節的地方勢力，更給老百姓立了威，鬼怪、河神都是忽悠人的，想要致富過好日子就要相信我西門豹。

西門豹在取得大家信任後，帶領百姓開鑿了新的水利工程，也就是鄴渠，從此實現了五穀豐登，再不用把姑娘扔到河裡餵河神也能過上好日子。

在當時，最為困難的不是鬥河神，而是修築這個新水利工程。

在漳河興修水利工程，不是沒人想過，但一直以來都是一件無法做到的事情。

有多難做？看看地圖就知道，臨漳縣的地理位置，位於漳河由太行山區進入華北平原的沖積扇上，地勢陡峭且水流湍，只要降雨量稍微大一點就容易引發水災。之前不管堤壩修得多堅固，只要洪水一來立刻就全數被沖垮。

而且更加矛盾的事情是，臨漳縣當地的土地十分貧瘠，沒有河水灌溉收成根本沒有保障，但如果要河水灌溉，又會面臨水災。所以每年臨漳的百姓每年所遭遇的不是水災就是歉收。

直到西門豹到來。他的強項還不止是他的官場手腕，更厲害的是高超的治水知識。

早在把巫婆往漳水裡扔的時候，西門豹就有了全盤的治水計畫：不治會淹水，築壩又堵不住，那麼最好的辦法就是疏通河道、引水灌溉。

於是西門豹放大膽子，實現了這個前人想都不敢想的計畫：直接沿著太行山脈，依照地勢的情況因勢利導。開鑿十二條水渠這個巨大的貢獻也同樣因為史料的匱乏記錄十分簡略，直到今日很多人都好奇，這樣強大的水利工程，西門豹到底是如何完成的。

因為它的效果實在太強大了！

通過十二條水渠的開鑿，實現了完美的水利灌溉，從此這塊多災多難的土地徹底告別了水、旱災的肆虐。最讓人驚歎的是，大量的河水帶來的泥沙改善了當地農田的土質，這個以土地貧瘠出名的苦地竟然成了土壤肥沃的樂土。

根據《史記》的記載，這個水利工程造成的富庶，不止是這一個縣，更是整個太行山地區。晉朝左思感歎地說：魏國能夠實現振興，首先就是經濟的提振而經濟的提振，就是以西門豹的這個工程為開端。

改變戰國歷史的都江堰

如果說鄴渠造就了魏國的首霸，那麼工程更浩大的都江堰卻是為秦國統一天下打了基礎。都江堰的大名，時至今日依然如雷貫耳，兩千多年來不但造福了四川大地，更扛住了多次強震，其強大的建築水準，令國內外眾多建築史學者無不歎為觀止。

在戰國歷史上，這個水利工程更有著舉足輕重的地位，不但是使四川地區的水利系統改道，更是讓戰國的歷史走向改道。

為什麼這樣說？就要說說都江堰的修築緣起。

話說秦國在東進六國之前，完成的一件重大軍事行動，就是征服了巴蜀地區。這場戰爭的過程是強大的秦國軍隊似神兵天降，沒費太大勁就降服了巴蜀地區。等到降服了之後，秦國卻是一度連腸子都悔青了，這哪裡是開疆拓土，分明是背上一個大包袱。

因為這個地方太多災多難了。

巴蜀地區，也就是今天的四川地區，總是被稱為天府之國。但這個美好讚譽是都江堰完成之後的事情，之前的情況簡直就是天災之國。

當地的天災就跟家常便飯一樣。特別是岷江自北向南流入成都平原，由於水流變緩，因此造成了大量的泥沙沉積。而且每到夏天雨季的時候各種災害全來，洪水氾濫還算是最輕的，嚴重的情況甚至有山體塌陷、泥石流頻發。

秦國以前的當地統治者不是沒有重視這些嚴重的情況。按照《華陽國志》的說法，為了治理這些自然災害，當時的蜀王也是什麼辦法都用了，甚至還開山挖溝，但是所有努力都成了無用功。

等到秦國接管了這個地方立刻就嘗到了天災的威力，從秦昭王開始自然災害就年年有，不但莊稼收不上來，而且還常要關中平原接濟。

這個嚴重問題讓秦國很頭痛。因為秦國的目標追求就是要一統天下，商鞅變法以後的基本國策就是獎勵耕戰，可是戰爭容易打，話也容易說，唯獨獎勵這件事卻是長期都犯難。

秦國的人口一直直線上升，戰爭打得多，需要獎勵的人也多，每次獎勵都要釋出大片的土地，關中平原的土地根本不夠分配，這才需要繼續開疆拓土。物產豐富的巴蜀地區，也就擔負了為秦國儲備戰略資源和消化人口的重任。大量的移民前去墾荒，本指望著這片新開發的土地，能給秦國的征戰大業補血，沒想到接管沒幾年卻是讓秦國嚴重失血。

巴蜀地區的自然災害一直未見改善，秦昭王終於坐不住了，得找個人想想辦法，於是著名的李冰走馬上任擔任蜀守。

而作為一位傑出的水利學者，李冰新官上任後，很快就明白了其中的真相。想要徹底解決蜀地問題，秦國必須要再花大本錢：修水利。

於是，這個足以載入史冊的水利工程正式動工。主要分為三個環節，第一個環節，以都江魚嘴為主，進行分水工程，在江心正中修築一道魚嘴形狀的分水堤壩，也就是著名的「都江魚嘴」。這是在之前中國水利史上，從來沒有過的壯舉，好比虎口拔牙，也只有冒這樣的險才能真正扒掉岷江這個「猛獸」的牙齒。魚嘴修好後，岷江得以一分為二，同時內江上游岸邊也有了一道保護江岸的堤壩，也就是「百丈堤」，整個的岷江水流就這樣被控制住了。

在成功鎖住岷江後，李冰緊鑼密鼓地進行都江堰的第二個步驟：在岷江內江東安，打開玉壘山的石壁，從而引導江水東流，然後整個東流的江水分成許多小的支渠，進入成都平原。從此成都平原的農民也就結束了靠天吃飯的命運，可以放心大膽的使用江水灌溉。

但最為關鍵的是第三個步驟：減淤工程。在岷江飛沙堰修築起低堰，這個工程的奧妙之處是一旦洪水暴漲，它將抵消掉洪水的流量，而一旦到了枯水期，它更可以擋水讓內江的水注入，以老百姓的話說就是旱澇保收。

這個經過特殊設計的水利工程，在完成之後的效果也是立竿見影。《水經・江水注》讚譽說：水旱之人，不知饑饉。也就是從此無論水災還是旱災，對於巴蜀人都毫無影響，從此土地肥沃、旱澇保收，一直讓秦國失血的巴蜀新國土才真正華麗轉身，成了秦國的糧倉。

這個水利工程的直接價值有多大？秦國以其有限的國土和人口，卻養活了幾乎百萬大軍，特別是東進中原的征途上，一直源源不斷提供糧食物資支援的就是巴蜀大地。都江堰的功勞，可謂功不可沒。

大禮包鄭國渠

都江堰的完成使志在統一的秦國有了最足的底氣，而一個有如天上掉下餡餅般的水利工程，更叫秦國獲得了最直接的掌控中原大局系統的鄭國渠。

鄭國渠是將今天陝西涇陽西北的涇水，引入到陝西禮縣做渠口，然後沿著北山南路鑿渠引水，利用西高東低的地理條件，把水向東流經三原、富平等地，整個水渠的長達三百里。

看看它流經的區域就知道範圍幾乎覆蓋了整個關中地區，僅直接受益的良田就多達四萬多頃。在那個糧食比黃金還貴的戰爭年代，這個偉大的工程說是讓秦國一下子撈到了四萬多頃地的金礦都毫不過分。

但這樣一個金礦，一開始其實是敵人白白送給秦國的，幹傻事的就是長期被秦國欺負的韓國。

話說戰國末年，當時的秦國已經步步東進，統一天下已經是時間的問題了，而首先遭殃的就是韓國。為了免於滅頂之災，急瘋了的韓桓惠王想到了一個自以為聰明的妙計：派最傑出的水利大師鄭國進入秦國，說服秦國修築這道水渠，目的想使秦國投入大量的人力物力，從而無法東進。

這個計畫被徹底地執行了，看看這個工程的地理條件就知道要修築這樣的水利工程，沒有足夠的勞動力根本就辦不到，而最直接的勞動力就是秦國的軍隊，秦國為了這個工程，投入了大約三十萬大軍。再看看戰國的歷史就知道，這段時間恰恰是橫掃天下的強秦一度被動挨打的時候，本該開疆拓土的軍隊就在函谷關外烈烈喊殺聲裡憋屈著在這裡修水渠。

但就在這個節骨眼上，韓國這個「聰明」的計畫卻意外敗露了。一起暴露的自然就是正揮汗如雨的鄭國的間諜身分。而當秦國準備用酷刑來懲治鄭國的時候，卻聽到了鄭國擲地有聲的疾呼：為韓延數歲之命，為秦建萬世之功。

而就在這樣的疾呼中，這個工程堅持下來了，而秦國也堅持了下來，並將這偉大的工程完成之後取名為鄭國渠。

而這個工程的意義十分重大，除了灌溉了四萬多頃良田外，更有一個超越歷史的貢獻：洶湧的涇水帶來的大量的泥沙，將當地原先的鹽鹼地徹底改變，原先一毛不生的莊稼地變成了良田沃土。這個偉大貢獻，惠澤了兩千多年來的代代鄉民。

二十三、沒有戰車的戰國

春秋戰國時代的主要內容是諸侯爭霸，而諸侯爭霸的主要方式是漫長的戰爭。作為中國歷史上一個著名的大變革時代，春秋戰國時代的變革，不僅僅表現在政治、經濟、文化等方面的變遷，更直觀的是中國軍隊作戰方式的變革。其中一個重要的改變，就是傳統戰車作戰的日益消失。

在周朝乃至春秋的大部分時間裡，戰車作戰一直是列國諸侯爭霸戰的主要方式。一個諸侯國有多少輛戰車，不僅僅是軍事實力的展現，更重要的是其大國地位的象徵。春秋時代的傳統大國晉國、齊國，就被稱為千乘之國，成語「駟馬難追」也是以戰車作為形容載體的。所以戰車是奴隸制時代中國戰場決勝的最主要手段。

然而，當歷史從春秋進入戰國時代後，翻閱浩如煙海的戰爭史料，我們卻驚訝地發現這樣一個事實：中國的戰車日益消失了。雖然有關戰車參戰的記錄依然見諸於各類戰爭，但是它卻逐漸地不再以主流的身分出現，更不是戰場決勝的關鍵武器。列國諸侯的爭霸戰爭，不再以嚴密的隊形和集團式的戰車衝鋒為主要方式，慢慢地演變成「奇正結合」的多樣化作戰，兵者詭道的思想也正是在這一時期形成。

春秋時代盛極一時的戰車，究竟哪裡去了？

曾經霸道的戰車

說到傳統的中國戰車，現代人既熟悉也陌生。熟悉的原因是在有關春秋戰國時代的影視劇和圖畫裡經常看到，陌生的原因在於長期以來對中國傳統古戰車的系統解讀可謂少之又少。

戰車作戰興起於商周時期，到了春秋早期戰車作戰達到了極盛，無論從軍事思想還是作戰方式都到達一個非常成熟的階段。這是當時最有殺傷力的高科技武器，春秋時代的戰車由四匹馬來拉動，每輛戰車上配屬三個戰士，一個負責駕車，一個負責射箭，一個負責持長戈和盾牌，能站在戰車上的甲士，不是一般的士兵，而是貴族成員。每一輛戰車都有嚴密的裝甲保護，在廣漠的中原大地衝殺起來，可謂銳不可當。與戰車配合作戰的是步兵，從西周到春秋步兵的配合作戰人數也日益增多。西周時期配屬一輛戰車作戰的士兵大約有十名左右，到了春秋時期配屬一輛戰車作戰的士兵卻已經有了一百多人。

對比同時期歐洲的戰車，中國戰車無論是在裝備的精良，還是設計的精巧程度上都遠遠強於歐洲人。在當時的科技水準下，一輛裝甲包裹的戰車具有高速的衝擊力和強大的戰鬥力，是整個戰場上最強的武器。攻城拔寨、無所不摧的戰車，是列國諸侯爭霸上最受寵的利器。

與戰車作戰方式相對應的，就是中國人在戰車作戰中各類軍事思想的日益成熟。春秋時代的戰車作戰已經形成了完備的攻防思想，包括戰車的進攻防禦隊形、戰車的紮營排列都有非常嚴格的講究。在早期的春秋爭霸中，各國的軍事家都在想辦法增加戰車的衝擊力，比如晉國和楚國的城濮之戰，晉國就故意用蒙上老虎皮的戰車向楚國軍隊發起衝擊，一舉衝垮了楚國的軍陣，締造了一場以少勝多的經典戰例。從春秋中期開始，列國諸侯戰車上的武器也日益精良，根據出土的文物和相關的歷史記載，楚國的戰車已經安裝了防護能力更好的甲冑，晉國的戰車上甚至裝上了當時剛剛出現的遠端弩。春秋時期許多著名的戰役，都是大規模的戰車決戰，隨著各國諸侯勢力的強大，戰車的數量也日益增多。城濮之戰時，晉國動用了全部兵力也只有七百多輛，但到了春秋晚期吳國與楚國在郢都周邊交鋒時，雙方動用的戰車數量竟然高達兩千多輛。

然而當歷史進入戰國時代後，我們卻驚訝地發現戰車在一些重大戰役中的使用量越來越少，作用也越來越低，甚至完全不見戰車的影子，這又是什麼原因呢？

首先當然要從戰車本身找原因，戰車確實是一種制勝的利器，但這種利器的使用條件太嚴苛，必須要在一望無際的平原上，只要地理優勢稍微不利，出現陡坡或者丘陵作用都會大打折扣。即使在最能發揮戰車優勢的平原地區，在騎兵興起之後，戰車在野戰中的劣勢也凸顯了出來。對比靈活機動的騎兵，戰車的作戰方式就顯得日益笨重了。尤其是在春秋早期與竄犯中原的周邊蠻族作戰時，中原諸侯的戰車部隊時常在游牧民族的騎兵面前顯得無可奈何，要追追不上人家，逃也逃不過人家，很多時候都被人家當作騎射的靶子。

打仗的限制多不說，更重要的問題是夠資格上戰車的人越來越少。有資格在戰車上擔任甲士的，不是一般的士兵，而是奴隸主階級中的貴族，配合戰車作戰的步兵，多是臨時徵募的平民。這樣的搭配方式，不止是一個軍事問題，更是奴隸制度下的等級問題，但在春秋時代中國封建化的過程裡，這個等級問題不復存在。奴隸主貴族的數量減少，使得戰車數量也就相應的減少；平民地位的上升，也使原來作為戰車僕人的步兵們很難再聽命於戰車的支配。

而這時期軍事科技的發展，更讓乘坐著戰車衝鋒的危險性越來越高。春秋戰國時期，中國人在遠端冷兵器研發上的突破成就是弩的改良越發成熟。從春秋晚期開始幾乎所有強大的諸侯國都配備了精良的弩箭部隊，在作戰中用殺傷力巨大的弩箭阻遏對手，成為許多軍隊的重要選擇，而且這時期的弩箭在射程和威力上都有了質的提升。戰國早期韓國人製造的大型弩箭，就已經可以達到八百公尺的射程，而且先前戰車賴以保護的重甲已無法阻擋殺傷力巨大的弩箭。在這樣的現實面前，戰車也就逐漸被淘汰了。

戰車日益邊緣化，還有另一個原因就是春秋戰國時期諸侯爭霸戰場的擴大。西周時期的戰爭，大多集中於黃河平原地區，那裡是最適合使用戰車的地方。但是到了春秋戰國時代，諸侯爭霸的戰場已經由原先的單純平原戰鬥，變成水戰、山地戰各種作戰條件並存。而且攻堅戰所佔的比重越來越大。列國諸侯都把修築城牆、堡壘工事作為戰爭中越發重要的部分，在野戰中更能發揮用處的古戰車自然變得無用武之地。

越來越無用

戰國與春秋相比，在軍事上的最大區別就是規模變大了。

春秋時代能動用上萬人的戰役就算是大規模戰役了，早期稱霸諸侯的齊桓公，國內能動用的兵馬最多也沒有超過六萬人。但到了春秋末期，齊國、晉國這樣的大國已經有了常備軍數十萬人，秦國和楚國甚至更能募集百萬大軍。作戰的方式也發生轉變，春秋時期的作戰方式很單純，大家把隊伍拉到野地裡打一場，誰輸了活該。可到了戰國時期，戰爭的方式就複雜多了，幾萬人規模的軍事衝突，有時候更要通過漫長的消耗相持戰。作戰的內容也更重視地利、堡壘、攻堅，以及在戰爭中通過「兵法」分散敵人兵力，集中優勢力量打殲滅戰。這樣的局面下，傳統戰車的應用範圍已經越來越窄，死抱著戰車的人只能迎接戰敗的命運。

西元前四〇五年韓趙魏聯合攻齊一戰，給了所有迷信戰車的軍事家一個教訓。韓趙魏三國的軍隊是最早開始「毀車」的部隊，這三家諸侯的作戰方式，已經轉向了步兵、騎兵、戰車協同作戰。而齊國卻依然採取步兵護衛戰車的作戰手段，戰鬥的結果就是齊國三萬人陣亡，兩千輛戰車覆沒。戰車，這個曾經的沙場利器，若用不好反而會成為行軍打仗的累贅。

戰國時代戰爭規模和範圍的擴大，讓諸侯們的軍費開支也日益增多，財政負擔更加沉重，原本的政府稅收體系早就不能滿足戰爭的要求。幾乎所有諸侯進行封建化改革的直接原因，都是要為國家增加財政收入，提供戰爭的錢糧支援。《孫子兵法》裡認為，如果一口氣調動十萬軍隊作戰，每天的軍費就要有千金；《戰國策》裡也曾說，一場萬人規模的大戰，無論是勝是敗，僅損失的兵甲、馬匹就是「十年之田不能補償也」。

到了戰國時代，有兩種新的兵種地位日益重要——騎兵、弩兵。在戰國後期的諸侯爭霸中，實力是當時諸侯裡數一數二的秦國與趙國，其實各自擁有其中一項兵種的優勢，趙國的優勢在於騎兵，秦國的優勢在於弩兵。趙武靈王胡服騎射，建立了一支實力強大的騎兵，但是在秦國先進的弩箭面前，趙國騎兵經常吃虧。華夏族的科技能力，在弩的研發上體現得淋漓盡致。即使是列國諸侯中相對弱小的韓國，其弓弩的製作水準也是相當高的，他們製造的大型弩，射程達到了八百公尺。

但在這方面體系最完善的還是秦國，秦國弩的種類、平均射程、殺傷力都是當時列國中最頂尖的，秦國弩兵的射殺能力也遠遠強於其他諸侯國。商鞅變法之後，秦國在歷次征戰中能夠獲勝，弩的作用是顯而易見的。

隨著新作戰方式的產生，軍事作戰的理念也在發生變化。秦國在軍事作戰理念上的創舉，就是獨創了弩兵射殺與輕騎兵快速突擊相結合的戰法。秦國軍隊臨陣打仗，第一輪攻擊往往採取弩箭發射的形式，用密集的弩雨壓制住敵人。在敵人被射得陣腳大亂時，再發動最後的總攻。同時秦國的輕騎兵往往採取奔襲敵人後路兩翼夾擊的方式，完成對敵人的合圍。而胡服騎射後強大起來的趙國也有自己獨特的戰法，擁有當時中原最強大騎兵的趙國人，往往採取用騎兵佔領戰場制高點，利用步兵牽制對手，騎兵居高臨下發起衝鋒的方式來衝垮對手。趙國和秦國兩種不同的作戰風格，反映到效果上，就是秦國常常做到成功包圍對手，成為集體的殲滅對手的有生力量；而趙國往往能做到用迅猛的打擊擊潰對手，迫使對手崩潰，但是很難集體消滅對方。

不同國家的軍事戰術也是相互間學習的，秦國就是很善於學習的國家，秦軍之所以強大，正在於他們不斷地吸收別人先進的長處。比如秦孝公變法初期，與韓國發生了戰爭，繳獲了韓國的勁弩之後，立刻研究並吸收其長處，開發出了威力更巨大的秦弩。在閼與之戰中敗給趙國騎兵後，秦國也積極學習騎兵戰術，但他們沒有照搬趙國人利用氣勢衝鋒擊垮對手的作戰方法，反而開發出了輕騎兵大迂迴的戰法，利用輕騎兵迂迴包抄，切斷敵人後路，形成對敵人的合圍。在長平之戰中，秦軍的輕騎兵包抄合圍戰術，把趙國四十萬精銳送上了絕路。

戰國時代的戰爭，不再以單純的在野戰中重創對手、確立強者地位為目的。戰國時代的諸侯所追求的是要兼併對手的國土，實現自己的獨大，所以在戰國時期城防戰和攻堅戰成為另一種重要作戰方式。為了保障自己國土的安全，各國紛紛修築堅固的堡壘甚至是長城，壕溝作戰、長城作戰等防禦手段紛紛盛行起來。為了突破對手的城防，各國也紛紛開發新的攻堅武器，比如可以擊垮對手城牆的投石機，以及穿透對手重甲的重型弩也都在這一時期出現。

戰車並沒有消失

戰國時代的軍事革命，對中國之後王朝的影響沒有因為戰國的結束而告終，反而是更加深遠。從戰國時代開始，中國冷兵器時代的主戰兵種，從過去的車兵變成了騎兵，特別是強大的王朝都擁有一支強悍的騎兵部隊。而原本作為主戰武器的戰車，其實並沒有完全退出戰爭舞臺，它很快找到了自己新的角色。戰國時代之後，戰車的主要作用往往用在安營紮寨，架設殺傷力巨大的重型弩以及儲存輜重物資。它成為了活動的防禦堡壘，而不再是進攻的坦克。而戰國時代戰爭的演變，對於中國軍事思想的另一個影響是：傳統的「正戰」，不再是戰爭決勝的唯一手段，相反地謀略詭道兵法成為了戰爭決勝的關鍵。中國人在戰爭方面的思想理解更加成熟，戰爭成了一種活學活用的學問，而不再是單純的拼蠻力。

二十四、法家宗師韓非子

西元前二三三年，秦國陰森森的監獄裡，投進來一個特殊的犯人，他大約五十歲上下，比起眾多犯人入獄後的驚慌失措，他卻異常平靜，每天淡然的作息，甚至還向獄卒索取竹簡筆墨，時常寫點東西。

這個人很奇怪，平日裡話不多，偶爾一張口說話，就會把人逗得哈哈大笑，原來他竟然是個結巴。

可每當有犯人取笑他的時候，獄卒們就會惡狠狠地上來把取笑他的犯人暴打一頓。這樣一來就再也沒人敢取笑他了，而獄卒們對他很尊敬，飲食起居都照料得非常好，每天吃的都是王室才能享用的精美菜肴。

這個犯人就這樣平靜的住在監獄裡、平靜的寫東西、平靜的生活。直到有一天，秦國大臣李斯竟然親自來看他。兩人清退了牢中眾人，神秘地談著什麼，犯人突然變得很激動，時而結結巴巴的申辯、時而不住的歎息。李斯卻大多只是傾聽，最後默默地把一瓶毒藥拿出來放在犯人眼前，然後搖搖頭離開了。

犯人呆呆地坐在地上，許久才拿起毒藥反覆端詳後，終於悲憤的閉上眼默默地喝了下去……

這個奇怪的犯人，就是戰國學派法家的傑出代表，法家思想的集大成者——韓非子。

韓非子怎麼會到秦國的監獄中來呢?又為什麼會被丞相李斯逼得服毒自盡呢?那就得說說這位在整個諸子百家群英中名聲響亮的人物。

韓非子,本名韓非,所謂「韓非子」,是當時人給他的尊稱。他的出身很高貴,是韓桓惠王的兒子。教育背景也很好,老師是戰國時期的儒家宗師荀子,在牢裡給他送毒藥的李斯,是荀子的另一個學生,他倆曾是朝夕相處,親密無間的師兄弟。

說起他的成就,就必須先說說他的老師:荀子。

在整個中國儒家學說發展歷史上,荀子都是一個至關重要的人物,尤其重要的就是思想的突破。雖然出身儒家,但荀子的思想和其他儒家人物很不同,其中有「帝王之術」的觀點,即怎樣幫助國君建立強權的統治、駕馭文武大臣。

和其他儒家宗師人物比起來,荀子的思想堪稱十分另類。儒家思想最注重的是「禮」,也就是定規矩,只要人們自覺地按照禮的要求去做社會就能繁榮、世界就會太平。荀子雖說同意此一觀點,可卻有一條補充——想要人人遵守禮,不能全靠自覺,關鍵是要靠管理。也就是所謂的「法」。也就是「禮」和「法」都要並重,所謂「隆禮尊賢而王,重法愛民而霸」,正是荀子的真知灼見。

雖說荀子的主張,在百家爭鳴時代,曾被很多儒家人物批判過,但事實證明了他是正確的。以商鞅變法為代表的各類變法運動中,最重要的一條就是「法」,每一個成功的變法都是徹底貫徹了法治的結果。僅從這條成就看,荀子已經把儒家的思想深度完全提升了一個臺階,後來儒家思想可以從諸子百家中脫穎而出,成為中國封建社會獨尊的思想,其中有很多學說都是荀子打下的基礎。

而比些這禮法更強大的則是荀子的「天命」思想。如果說「法」這一條，只是荀子對傳統儒學的拓展，那麼另一個重大思想卻堪稱儒學劃時代的突破：從天而頌之，孰與制天命而用之。翻譯成白話的意思，就是人定勝天。

綜合說來，獨具思考的荀子以其無畏的勇氣和特殊的視角，不但拓展了儒學的思想內容，更為這個學說注入了全新的生命力。它的重大價值是在隨後的兩漢王朝中為中國的儒學發展起到潛移默化的作用。

而放在當時，受他影響最深的就是兩個最得意的學生：李斯和韓非。

對荀子的這門學問，韓非和李斯都很感興趣。很快地他們又對司法刑律等學問認真鑽研，並系統學習了韓國法家學者申不害的思想。其學術流派也逐漸變為法家。

在戰國時期，法家學說是列國最受歡迎的學說，法家所宣導的建立君主集權統治，用嚴酷刑法治理國家的思想，很對各國君主的味口。而以強硬的法家思想來推動變法，更可以迅速實現國家富強，戰國時期有許多傑出的變法家，特別是促成秦國強大的商鞅就是法家中的傑出代表。

但比起其他學說流派來，李斯和韓非又十分不同，由於受荀子的影響比較深，因此他們的思想雖說也是以法家為主，卻對儒家學說的相關理論也吸納極多。雖說他倆的思想相近，但韓非的學術貢獻卻更勝一籌。

因為這哥倆的背景、條件實在是大不相同。韓非身為貴族但並不得志，他的父親韓桓惠王對於法家學說並不感興趣；而李斯在韓國也受到了很多排擠，苦熬了很多年卻依然不得志。心有不甘的李斯終於做出了一個艱難的決定：轉道去秦國發展。

和韓非比起來，李斯的最大特點就是現實。在他準備去秦國前，與恩師荀子的對話中，這個性格就體現得淋漓盡致：荀子問他為什麼要去秦國？李斯的回答是人生在世，貧困就是最大的悲哀，卑賤就是最大的恥辱，所以我去秦國一定要出人頭地。

現實的李斯在這條路上的決心是異常堅定的，這時的秦國已經不是商鞅變法前急缺人才的年頭了，反而是各國的人才蜂擁而至，競爭十分激烈。就在這樣的環境下，李斯不屈不撓從最基層幹起，先做了呂不韋麾下的一個小官，後來得到了秦王的賞識，好不容易完成了幾件漂亮工作，官職眼看著就要升遷，卻不料爆發了著名的「鄭國渠事件」。由於鄭國打著興修水渠的名義來秦國搞破壞的陰謀敗露，以至於氣頭上的秦王嬴政做出了一個近乎無腦的舉動：把所有在秦國的外來人全趕走！

對這種無腦行為，大多數的倒楣蛋基本上都認命，但唯獨李斯不願屈服。反而捏住了秦王的心態，大著膽子做出了最後的努力，上了著名的《諫逐客書》，把秦王這項無知的舉動，從頭到尾批評了一番，果然說中了秦王心坎裡的矛盾，不但成功地逆轉，說服秦王收回了這個錯誤決定，更從此飛黃騰達成了秦國炙手可熱的權力人物。

當李斯在追求官位的時候，韓非子卻在追求學問。

雖說在韓國不得志，但韓非子到底是個貴族，至少生活不成問題，不得志的狀況反而讓他有時間去進行深度的理論研究。如果說李斯好比是一個正在權力場上廝殺的戰士，那麼韓非則像一個認真的磨刀工匠，正數年如一日把自己的學說打磨成熟，打造一把天底下最鋒利的砍刀。

他的成就，就是獨特的法家學術研究。

這正是韓非對於法家思想最重要的貢獻，雖然在之前法家學派早已風光無限，但所有的法家思想家，都是各有一套思想，韓非的作用就是在博采眾家之長後開始對法家思想進行歸納總結，並提出自己獨特的觀點。他的著作有十多萬字，包括《說難》《五蠹》《孤憤》等名篇，是法家思想的集大成名作。

雖然天生說話口吃，但韓非的文采卻是好得驚人。他的作品通常氣魄宏大，既有奮發向上的精神，更不是脫離實際的空談，從抓住生活中的點滴細節入手潛移默化地闡述法家理念。

比如他的《孤憤》是講兩種法家的精英人物，一種有才智權謀的人，這種人能夠明察秋毫、洞悉人心；一種是剛正執法的人，這種人執行力強，能夠推行法律。韓非除了提醒統治者要善於選拔人才外，更提醒統治者要提防大臣，防止大臣專權亂國。

而他的《五蠹》，則把儒家學者、縱橫家、貴族家門客、工商業者、遊俠稱為五種危害社會安全的蛀蟲，是需要統治者防範並用法律來打壓的。而《說難》，則是一篇法家的技術性文章，講述怎樣用技巧說服統治者，接受法家的政治主張，包括怎樣揣摩統治者心理、了解統治者好惡等內容。此外，他還提出了法律面前人人平等、獎勵耕戰等進步的主張。這些文章，多收錄在他的文集《韓非子》中，是先秦散文的代表作。

韓非的文章廣為流傳，連秦王嬴政都知道他了。看過他的文章後感歎說：「我如果能見到這個人，死也不遺憾了。」這時韓非的師弟李斯已是秦王嬴政的重臣，他給秦王嬴政獻計，先大舉攻打韓國，然後逼迫韓國派韓非子來求和。

秦王嬴政立刻照辦了，如李斯所料，不堪一擊的韓國果然派韓非子來覲見秦王了。這是韓非人生裡最重要的一場會面，他向秦王嬴政暢談法家思想，雖然說話口吃卻依然得到了秦王嬴政的敬重。韓非也趁機向秦王嬴政表明了心跡，願意把畢生的才學貢獻給秦國，幫助秦國一統天下。

但對於韓非的理想秦王嬴政卻很猶豫，還沒等他拿定主意，李斯卻坐不住了。他雖然和韓非是師兄弟，但韓非的出身、才華都遠比他強，一旦韓非被重用，自己肯定要被冷落。偏巧這時候，韓非又得罪了秦國另一個重臣——外交家姚賈。這個姚賈曾多次遊走列國，拆散各國抗秦聯盟，但此人性情貪婪狠毒，他的身分是「縱橫家」，也是韓非最厭惡的「五蠹」之一，於是很自然地兩人就結仇了。

李斯和姚賈一拍即合，開始造謠中傷韓非，先是姚賈勸秦王嬴政說：「韓非是韓國人，做事肯定要為韓國考慮，您要用他就壞事了。」就是在姚賈中傷後沒多久，韓非果然建議秦王嬴政，統一天下應該要先消滅趙國，不該打弱小的韓國。這本是為秦國統一天下著想的深謀遠慮，但生性猜疑的秦王嬴政惱怒了，他下令把韓非投入監獄。含冤入獄的韓非，在獄中寫了一大段的自辯，渴望能面見秦王嬴政為自己伸冤，但李斯卻不給他機會，他偷偷給韓非送去了毒藥，伸冤無望的韓非只好在獄中自盡。可巧的是就在同時秦王嬴政後悔了，他連忙派人去牢獄釋放韓非，但為時已晚了。

韓非的死，表面看是因為李斯等人的陷害，但歸根結柢還是因為他的身分，就如他在著作中所說：「那些擁有超凡眼光和卓越能力的大臣，恰恰是君主需要提防的。」然而韓非正是擁有超凡眼光和卓越能力的人，恰巧碰上的又是性格猜忌的秦王嬴政，因此他的悲劇已經注定。

二十五、最後的辯者：魯仲連

戰國時代有一個群英璀璨的群體，就是那些遊走在列國之間的辯士們。這些人或器宇軒昂或其貌不揚卻都能言善辯，從連橫的張儀到合縱的蘇秦，乃至完璧歸趙的藺相如，他們都有太多激盪人心的故事流傳於後世。

在有關他們的故事中，他們的風光輝煌有時候顯耀得近乎神話。總是雲淡風輕的幾句話就能在剎那間化殺機於無形，寥寥數語就能奇蹟般地啟動一段波瀾壯闊的歷史。正如張儀所說：只要舌頭不爛，我就有翻身的本錢。

可伴隨著戰國歷史的演進，這些風光的舌辯之士出彩的機會卻無情地越發稀少。如果說在連橫合縱高潮的年代，他們都是搶盡鋒頭的焦點人物，那麼隨著秦國強大地位的形成，特別是長平之戰後，這些伶牙俐齒的辯士們的作用已逐漸弱化。

真正的原因並非是人才斷層，而是時代變了。當天下統一的腳步加速，列國之間最後的客套也已不復存在，赤裸裸的廝殺成了主旋律。所謂舌辯之士，用武之地也就越來越少了，更伴隨著秦朝統一天下的歷史進程，沉默的埋入歷史煙雲中。

但偏偏就是這個辯士行業十分蕭條的時代，唐朝大詩人李白卻獨獨對一個人表達過由衷的讚美。在其名作《古風》中，抒發了對其無與倫比的敬重之情：齊有倜儻生，魯連特高妙。

這位連李白都認定「高妙」的辯士，正是齊國舌辯家——魯仲連。

齊國，這個曾經嘯傲中原，甚至一度與強秦並肩的強大帝國，但自戰國中後期起就彷彿一顆流星迅速地墜落，國力日益衰弱。昔日曾經能和秦國叫板的齊王更徹底淪落為秦國的小弟，只知死心塌地聽秦國的話，直到最後像一塊案板上的弱肉被王賁的幾十萬秦軍一舉平滅。

齊國雖然如此悲催地滅亡，但依然無法掩住這位齊國辯士的風姿。在幾百年後的李白眼中，正是他以坦蕩的胸襟和俠義的風骨，為齊國這段悲情的淪亡留下了一抹夕陽般的光彩。

一紙文書百萬兵

魯仲連，又名魯連，戰國時期齊國茌平人，生卒不詳。儘管史書對他的記錄十分簡略，野史的說法又五花八門，但是有一點是公認的，作為稷下學宮培養出來的優秀辯士，他是最後更是最傑出的一代。魯仲連名滿天下的時候，當時還是個十二歲的翩翩少年。

橫挑當時享譽齊國的辯士老前輩——田巴，讓他一夕成名。

田巴這個人在今天不太出名，但在當時卻是享譽東方六國的傑出辯士，素來以思想激進外加口才犀利著稱，屬於天生戰鬥型人才，只要上了辯場就火力全開。

而且這人除了猛，還特別招恨，普天之下幾乎就沒他不敢罵的事，包括華夏民族素來信仰的三皇五帝，更是說罵就罵毫無負擔，且還是變著花樣的罵，尤其是能當著幾千人的面把一群人說得無言以對，憋著氣看他表演。

這樣的人物不論放在哪個年代，都是讓人最想打的。可他的大名傳到十二歲的魯仲連耳朵裡，魯仲連立刻自告奮勇地趕來想要和這位出名辯士一戰。十二歲毫無戰績的小朋友挑戰聲名在外的老前輩，不出意外的話這是一場近乎沒商量的慘案。

因此本著同情或看熱鬧的心態，很多人齊聚稷下學宮打算親眼目睹這預料中凶殘的一幕，孰料卻看到了令他們終生難忘的景象。

少年老成的魯仲連信心滿滿地走在田巴面前，既不擺造型撐場面，更不引經據典扯大道理，只是不緊不慢地說了一句話：現在楚國正兵臨齊國的南方，燕國也正兵臨齊國的北方聊城，在這十萬火急的時刻，先生您有解決問題的辦法嗎？沒辦法的話，就請您這輩子都別幹這行了。

只這一句質問，就立刻制住了田巴的要害，當場就嚇得田巴滿身冷汗，吭哧半天說不出話來。這番出乎大家意料之外的話把現場觀眾全都看傻了，但更眾人想不到的場面卻還在後面，田巴當場表示永遠退出辯士這行當，終生不再公開辯論。

為何會出現這樣的結果？那年頭的辯士都是務實的人才，所謂的辯論絕不是為了搶鋒頭，而是要解決實際的問題。因此一旦給人落下只會耍嘴皮子的印象，那就乾脆別幹這行了。

而田巴的表現更證明他的職業操守，事後非但不恨魯仲連，反而在各種場合極力讚揚這位少年的驚天才華。特別是當著魯仲連的老師徐劫的面，更是好好地誇獎了一番。

如此誇獎，正是因為魯仲連這看似不溫不火的表現裡透著一般驚天的能力。他僅僅透過側面的觀察，就能輕鬆找出對手的弱點，並且用短短的幾句話便輕鬆地擊敗對方。這份揣測心術的本事幾乎強大得逆天。

小小年紀就能猜人心術了，這份本事隨著年齡增長便更趨成熟，最強的一項就是斷事。也正是這個強大的本事，讓他在那場攸關齊國生死存亡的齊燕大戰中嶄露頭角。

當時的情況是一開始齊國被燕國猛打，一口氣丟了七十多座城池，後來總算在即墨大戰中挺了過來。堪稱再造齊國的名將田單虛虛實實地來了個火牛陣，硬是把燕國又打了回去，隨後齊國轉守為攻，開始了轟轟烈烈收復失地的大反攻。

正在拯救齊國的田單，對當時的情勢非常有把握。當年憑藉小小的即墨，就能滅掉燕國的傾國精銳，而今攻守易形，要順利收復國土還不是易如反掌？

誰知高歌猛進間，卻驟然在狄邑碰上了一個硬釘子。

田單高度重視這座志在必得的重鎮，極度自信的他在戰前還專程拜訪慕名已久的魯仲連，美其名曰求教，其實卻是炫耀：即墨我都救下來了，小小一個狄邑憑什麼打不下來，求教你那是看得起你。

但魯仲連的反應卻是相當地不識時務，面對自信滿滿的田單，他卻反覆表達了一個讓田單十分糟心的態度：打狄邑，你沒戲！

這下可把田單惹惱了，可是身為名將架子還是要端著，因此忍下一口氣憋屈著走了：你說沒戲，我就打給你看看！

誰知後來的事情真的驗證了魯仲連的話。接下來的三天時間裡，士氣高漲的齊國大軍猛打死衝，能用的招都用了，損失慘重卻連狄邑的城磚都沒敲下一塊，紮紮實實地栽了個大跟斗。

要說名將到底是名將，田單雖說起初態度很狂，但真碰得頭破血流，卻能立刻拉下臉皮，再次到魯仲連處登門求教。魯仲連這下繼續不客氣，直接把田單罵得狗血淋頭：當年你守即墨的時候是身先士卒，激勵得全軍士氣高漲。現在你地位變了，成了大功臣了，卻是處處擺架子，舉手投足傲慢無比，你自己說你的軍隊哪會還有士氣。

這話一說，田單恍然大悟，緊接著第二天早晨，照著魯仲連的謀劃，只做了一件事就重新激勵起這支軍隊的鐵血雄心。天濛濛亮的時候，就身穿一身戰甲巡視軍營且認真慰問士兵，特別是對傷兵噓寒問暖，立刻激起全軍滿滿的信心。而後精神煥發齊軍對狄邑的進攻彷佛洪水猛獸一般，不多久就輕鬆順利地拿下狄邑。

經過這件事情的田單，對魯仲連是敬佩到不行。可如果說打狄邑，只要靠激勵士氣就行，等碰到重鎮聊城的時候，這招卻也玩不轉了。作為燕國軍隊負隅頑抗的最後一個重鎮，聊城不但聚集了燕國的精銳，更有名將燕沖坐鎮。這位繼樂毅之後燕國又一位鐵血將軍，在這場絕望之戰中展現了明知不可為而為之的勇氣，整整一年的時間令齊國不能前進一步。

面對如此強悍的敵人，田單再次想起了魯仲連，專門把他請來。這次進攻聊城的困難程度比起狄邑更勝不止數倍。燕沖身為一代名將，立場和決心都十分堅定，率領的士兵們也幾乎把這一仗當成一場必死之戰，殺伐都無所畏懼。面對這群置生死於度外的強敵，勸降沒用、強攻沒戲，除了乾耗著似乎別無辦法。

魯仲連有辦法。

一直以來魯仲連的風格就是能準確把一個人的心思拿捏到了極致。在接受這次艱難的任務後，他就已經對燕沖有了非常深刻的了解，知道他是一位鐵骨錚錚的熱血漢子，絕非高官厚祿所能引誘。因此對症下藥，寫了一封水準極高的信。

在這封信中，魯仲連既高度讚揚了燕沖忠誠鐵血的精神，同時也給他指出一個無情的現實：如果你繼續堅持頑抗，那就是不義之戰，但如果你開城投降，就是對燕國不忠，因此不管你投降還是打，不忠不義至少要佔一條。

而且在這封信裡，魯仲連不但展現了自己犀利的詞鋒，更有動人的文采，整封信寫得感人肺腑，句句敲擊心坎，以至燕沖邊讀邊抹眼淚。可問題來了：饒是你寫得再感人，可是感動了之後，你想要燕沖怎麼做？

事實上魯仲連早就判斷燕沖在被感動後會做出怎樣的抉擇，果然在燕國三軍士兵驚愕的注視下，刀光劍影面前從無退縮的燕沖將軍，抹了一把滾燙的熱淚後，慨然拔出配劍，然後在閃閃的寒光中，毫無懼色的往脖子上一抹，剎那之間血紅的顏色布滿了將士們的眼簾，這位血戰一年不曾退縮的熱血漢子，就像一座轟然倒塌的銅像般壯烈地終結了自己的生命！

聊城，這座灑下齊燕兩國士兵無數血淚的頑固城池，就這樣用一封書信輕鬆地平定了。而一封書信鼎定大局的魯仲連從此名滿天下。

一場改變歷史進程的怒喝

作為一位名滿天下的辯士，魯仲連另一個值得被讚歎的就是他的信仰。

魯仲連最重要信仰就是極度痛恨虎狼般的秦國，特別是在戰國晚期，那個列國人才爭相投奔秦國的年代裡，他依然保持著對秦國的厭惡。

正是這種對秦國的厭惡，讓他在趙國上演了一場幾乎改變歷史進程的痛罵表演。

當時是西元前二五七年，經歷過長平之戰（西元前二六二～前二六〇年）的趙國，這年又被秦國重兵圍城，眼看就是要城破國滅了。

當時的局面真是萬分地凶險，後人耳熟能詳的典故比如信陵君竊符救趙、毛遂自薦均是發生在這時期。

但是如果沒有魯仲連的那一聲怒吼，這幾件有名的事件幾乎都會成為無用功。因為就在信陵君等人在為竊符救趙忙活的時候，秦國正在緊鑼密鼓地進行著一項陰謀。客居邯鄲的魏國將軍新垣衍，竟然搖身一變成了秦國的說客，出面勸說趙孝成王：何必要抵抗呢，秦國要的不過是個面子，你給個面子不就得了，尊稱秦昭王為帝，這樣秦國不就撤兵了？

這個建議在早已灰心喪氣的趙王心中，可以說是極有誘惑力：對啊，不就是個名分嗎，總比繼續打下去玉石俱焚要強，於是趙孝成王真的心動了。

而這表面看似輕鬆的臺階，其實正是秦國的大陰謀。倘若趙國和秦國真的確立了這樣的君臣關係，也就確立了秦國至高無上的地位，從此之後他們就完全可以以此為口實，繼續肆無忌憚的侵佔趙國的土地。以前是明火執仗的強盜，這下卻成了耀武揚威的主子。

可如此精明的算盤，就算大臣們看出來了又有什麼用？關鍵是魏國等主要國家也都積極支持，邯鄲打得水深火熱，他們也是提心吊膽，生怕城門失火殃及池魚，只要趙國低頭認輸，秦國也就能消停個三年五載，至於以後？先應付眼前再說吧！

總之，倘若這件事辦成了，秦國毫無疑問又啃下了一塊大肥肉，一統天下的步伐必然就會加速進行。

可就是在這個歷史時刻，魯仲連橫空出世了。

他專程來到了朝堂上，就像當年舌戰田巴一樣，這次他的態度更加暴烈，在趙國的朝堂上一件件細數秦國欠下的各項血債，把秦國的虎狼性格揭露得淋漓盡致，更擲地有聲地扔下一句誓言：吾不忍為之民也！就是死，也絕不做秦國的亡國奴！

他的這番慷慨陳詞，彷彿一記響亮的耳光，頓時打醒了趙國君臣上下：是啊，他一個齊國人都如此激動，我們為什麼這麼慫？

長平的血債歷歷在目，幾乎每一個的家庭在對秦國的戰鬥中失去過至親骨肉，承受過家人離散的痛苦。當長平大戰的敗報傳來的時候，趙國上下家家嚎哭，那悲慘的景象難道就忘記了嗎？

難道就這樣認命乖乖地引頸就戮，迎接秦國隨後到來的征服和屠殺？難道就這樣喪失掉最後抵抗的勇氣，低三下四接受做亡國奴的命運？

要知道趙國從來都是以鐵血剛勇著稱，當年一個小小的晉陽都可以扛住智家的鐵壁合圍，當年在缺衣斷糧，甚至整個城池被大水淹沒的時候都從來沒有屈服過，難道今天趙國人就要低下高貴的頭顱？

在魯仲連近乎殘酷的痛罵中，所有的趙國人心都開始沸騰，先祖往昔鐵血的勇氣頓時復甦，從百姓到士兵不再退縮，每個人都強忍著淚水勇敢地迎向凶神惡煞般的秦兵。

滿以為算盤如意的秦軍就這樣看到了驚愕的一幕，在面臨絕境的邯鄲城上，守城的軍民們驟然爆發出了無比的勇氣，和潮水般洶湧而來的秦軍展開了最後的決死大戰。也正是這樣慘烈的廝殺，極大地震撼了原本還在觀望的魏軍。那聲聲傳來的喊殺聲，瞬間激起了趙魏戰士們澎湃的死戰之心。竊符救趙的壯烈場面就這樣如閃電般地爆發，將氣勢洶洶的秦軍瞬間打回了原形。

被魯仲連激起血性勇氣的趙國人，在這場險些被滅國的災難平息後，深深地記住了這位大師傑出的才華，但接下來他令趙國人動容的還有高貴的品格。

在趙國的慶功宴上，為了表達對魯仲連的感激之情，平原君特意命人送來了千兩黃金。可是面對這黃澄澄的財富，魯仲連的眼皮都不眨一下，反而輕輕一笑，說出了一番豪言：對於天下士人來說，真正的價值是幫助世人解決苦難，而不是追求財富，否則我們不是和商人沒有區別了嗎？說罷，他拱手告辭，飄然遠去，留給趙國人的就是這高風亮節的形象。

當絕大多數的辯士都在為建功立業的目標奮鬥時，魯仲連卻有著更加高遠的追求，他所追求的絕不是個人的榮耀輝煌，而是心中一直奮鬥不息的信念。為了天下的大義，他可以不顧危險地出生入死，又可以功成不居地飄然而去。

其實平原君哪裡知道，早在當年輔佐田單時，魯仲連真正出名的也是這種高貴的情操，他兩次幫助齊國平定了險遭滅頂的災難，如此驚天功勞也令田單十分佩服，更許諾了高官厚祿，可面對如此大好前途，魯仲連依然毫不動心。早在田單攻打聊城的時候，他就因為鄙視田單屠城的行為而決定和他分道揚鑣。因此當齊國度過危機後，他便不顧田單的挽留，執意歸隱東海，自此以後就成為流傳列國如神一般的傳說。

撲朔迷離的結局

在《史記》的記載中，成功激起邯鄲血戰勇氣的魯仲連，在這次絕唱般的演出後就選擇了歸隱。他歸隱的地方，叫做「東海」，根據《太平御覽》等書的記載應該是在山東桓台境內的馬踏湖。而不管確切地點在哪裡，歸隱的魯仲連也留下了不少美麗的民間傳說，有說他曾縱舟於湖上打漁、垂釣，生活十分悠閒快樂。

但他生活的年代卻注定無法悠閒快樂，特別是他的祖國齊國很快就要迎來覆滅的命運。

而在諸多關於魯仲連的民間野史傳說中，其中最為壯烈的一個結局也和當年他在邯鄲的那場表現有關。當時痛斥秦國的魯仲連，留下了「義不帝秦」的豪言，寧死不會做秦國的順民。

而在齊國覆滅的消息傳來後，以很多野史的說法是隱居在桓台的魯仲連選擇用一種最壯烈的方式來實現這個誓言：當場老淚縱橫，繼而仰天長嘯，然後毫不猶豫的縱身一躍跳入茫茫湖中。

這個在正史中未曾記載的結局，對比那個時代辯士們的命運，卻更像一代理想主義者的絕唱。

二十六、稷下學宮，東方的雅典學派

文藝復興時代的繪畫巨匠拉斐爾，曾有震撼世界的壁畫力作《雅典學派》。

在這幅寬近八公尺的煌煌壁畫上，包括了柏拉圖和亞里斯多德在內的五十多位古希臘思想文化巨匠，他們或高談闊論、或精心演算、或慷慨激昂演說、或群情興奮鼓掌。整個古希臘時代風雲際會的先哲人物，不同年代不同流派的文化就這樣躍然於畫上，彷若歷史風雲再現。其高超藝術手法與輝煌畫卷，引得一代代歐洲人歎為觀止。

這幅構造精心、技法高超的壁畫，彷彿是在歷史廢墟上拔地而起的舞臺，把整個古希臘時代的明星人物生動地呈現。一代代的觀賞者無不流連忘返、驚奇不斷。

當然他們與其說驚歎壁畫，不如說彷彿身臨其境，驚歎那個誕生了歐洲文明的古希臘時代。而相比之下，中國戰國時代的文化薈萃，非但不遜色於這個歐洲人為之神往的時代，甚至很多方面的技術含量，包括思想的先進與科學文明的進步程度，更是有過之而無不及。各個流派獨具特色的思想，不但造就了一個百家爭鳴的戰國文化，甚至在十八世紀啟蒙運動時代深遠地震撼了歐洲。就連法國大革命的宣言詞，都引自儒家思想那句耳熟能詳的箴言：己所不欲，勿施於人。

正如鴉片戰爭開戰前，英國國會辯論裡的一句話：古老中國的文明、他們的百家爭鳴，其成就遠不在我們知道的古希臘文明之下。

而作為足以比肩古希臘文明的戰國文化，與《雅典學派》畫卷中的虛擬場面相比，卻真有一個承載的真實舞臺。在這個地方，不同的學派得以自由辯論、激烈交鋒，彷彿是劇烈的化學反應生動地催進了中國歷史的演變。

這個舞臺，就是齊國的稷下學宮。

又一個齊桓公

稷下，本是齊國國都城門的名字，戰國初年，田氏代齊後的第三代齊國國王田午，在此設立學宮，因此得名「稷下學宮」。

說起這位田午，名聲不太響亮，但說起他的尊號卻是赫赫有名：齊桓公。雖然和春秋時代雄霸天下的那位齊桓公比，此公沒有這麼霸氣，但知名度卻毫不遜色，最出名的就是「扁鵲見蔡桓公」的典故。裡面那位諱疾忌醫，有病不早治，病入膏肓追悔莫及的愚蠢國王「蔡桓公」，正是這位齊桓公田午。

由於這段死得窩囊的經歷，因此兩千多年來他一直被歷代學者當作反面教材，「諱疾忌醫」的名號流傳得極廣。特別是到了言路通暢的宋明兩朝，剛正直言的臣子們上書罵皇帝，都常拿他出來說事，翻翻各朝慷慨激烈的奏摺，他的出鏡率相當高。

就是在這樣的口水紛紛裡，他另一樣開創人類歷史新紀元的偉業卻被默默的掩蓋：創建稷下學宮。

這個業績有多偉大？這不單單是世界上第一所官方舉辦私家主持的高等學府，更是後來戰國百家爭鳴的土壤。戰國豐富多彩的文化流派幾乎都植根於此，開花結果繁衍生息。思想文明高度繁榮的戰國時代，齊桓公正是最早的耕耘者。

當然最初創辦這高等學府的時候，齊桓公真沒想這麼長遠，也沒太多偉大追求，辦稷下學宮還是為了齊國自身統治的考慮。

在戰國七雄裡，齊國王室的出身極特殊，既不是韓趙魏這樣的分家國家，更不是秦楚燕這樣的春秋傳統豪族，他們屬於借著齊國的殼建立了田家的統治，名不正言不順。為了證明自家統治的合法性，除了要富國強兵，更得撐起思想大旗。

那要如何證明呢？篡了齊國王位的田氏家族，出身於陳國。而道家創始人老子，同樣也是陳國人。這下事情就好辦了，高舉起黃老學說的大旗，更把田家的祖先追尊到黃帝，把老子的黃老思想牢牢樹立成齊國的國策，那就名正言順了：我們田家秉承黃老思想，源流於黃帝，身分根正苗紅，別說統治齊國，就是稱雄天下也是天經地義。

從田氏代齊第一天起，齊國就一直在努力宣傳這個思想。而到了田午這代，由於此人得位不正，殺害了其兄長齊廢公田剡上位，登位之後更是風雨飄搖，所以這個傳統宣傳工作更得進一步加強，最好的辦法當然是辦學宮。弄個大學宮，召集各方名士，反覆宣講齊國思想，樹立自己名正言順的身分和偉大形象，那不是更加快速方便？

於是稷下學宮就在這樣的背景下應運而生。

當然最早的稷下學宮，還沒有後來那麼繁榮，主要都是黃老道家學說的舞臺，這些在學宮裡講學的學者也被稱為稷下學派。主要的任務除了闡述議論，就是整理春秋時代遺留的各類學說資料。學宮裡的辯論，基本上也都是秉承大王的意思，做一些大王喜歡的研究，比起後來的規模還是相對冷清。

但即使在這相對冷清的年月裡，真正被齊國上下公認的卻是稷下學派無可爭議的地位。能夠成為其中一員的學者，都至少是在齊國聲名顯赫的人物，不但學問名望都是硬實力，身分受人尊重，待遇更是士大夫級別。其在政界的話語權也是出名的大。

最典型的事件是眾所周知的《齊威王一鳴驚人》。初登位的齊威王是個不靠譜的浪蕩公子，成天吃喝玩樂，眼看齊國的國事風雨飄搖，此時稷下學派的名士淳于髡挺身而出，循循善誘地給齊威王講了個故事——有一隻大鳥本該威武雄壯，可是長大之後，卻是九年都沒叫喚一聲，大王您說這是怎麼回事呢？齊威王立刻心領神會，從此幡然醒悟造就了齊國的強大。「一鳴驚人」的成語就是由此而來。

多年以來，這個故事一直用來形容淳于髡的聰明，或是齊威王的胸懷，但其中透露了最重要的真相是：作為戰國新興的稷下學宮，從創辦早期起就擁有強大的話語權，稷下學士們不但擁有崇高的地位，更有著讓國王都肅然起敬的權威。

就在這樣的尊重與發展中，早期的稷下學派欣欣向榮，很快從初生的小苗長成參天大樹，成為齊國大國地位的金字招牌。

但是從齊宣王起，這個原本就光鮮的金字招牌竟然再次華麗轉換，原先只是棵招牌樹，這時起卻變成了招納各方「神鳥」的奇樹。原先以齊國的黃老思想為主，學者也主要是老子學派人物，這下卻成了諸子百家各個流派的學者聚集之所，他們在此築巢搭窩、繁衍生息。想不到一個學宮竟然成為了諸子百家發展壯大的溫床，彷彿一個聚攏了巨大能量的火山，噴湧出洶湧的戰國文化烈焰。

這個角色轉換，又是怎樣來的呢？

齊宣王的妙筆

稷下學宮的角色變化，《史記》是這樣記載的：

「宣王喜文學遊說之士，自如鄒衍、淳于髡、田駢、接子、慎到環淵之徒七十六人，皆賜列第為上大夫，不治而議論，是以齊稷下學士復盛，且數百千人。」

也就是說，在齊宣王的改革下，稷下學宮從此打破了學派的界限，以海納百川的氣度接納一切各個流派的名士。各路名流人物都給予崇高地位，享受上大夫的待遇，且權力還極大，所謂「不治而議論」，就是不負責具體的行政工作，但是要參政議政建言國事。在這樣的大力扶持下，稷下學宮進入了黃金時代，最熱鬧的時候規模已有了千人之多。

如此華麗轉身，自然不止是因為齊宣王「喜文學遊說之士」，其中更深的追求則是齊國的大國夢想。

這時候的齊國，狀況和當年田午時候已經大不相同，不但是田氏家族王位穩固，其綜合國力更是蒸蒸日上，到了齊宣王執政的時候，齊國已經從中原六國中脫穎而出，成為了中原唯一一支可以和秦國爭雄的力量。戰國的爭霸戰爭，也正進入到齊秦兩強對峙的白熱化階段。

在戰國這個特殊時代裡，一個國家如果要成為爭霸的主角，那就要掌握兩件事。一件是戰爭，有了強大的軍力才有超群的國家地位，另一個與戰爭同樣重要的就是文化。

看戰國時代的發展脈絡就知道，每個時代稱霸諸侯的國家同樣也是文化最為繁榮發達的國家。以最早實現變法自強的魏國來說，幾乎雲集了當時所有的精英人物，而等到秦國和齊國也通過變法自強後來居上時，其文化方面的軟實力也必須要有拿得出手的成就。

在這個問題上，齊宣王是深受刺激的，在他與秦國的幾次較量中，最大的感受就是：為什麼六國的人才都往秦國跑。經過痛定思痛後，他把改革的對象放在了稷下學宮，這個已經有了悠久歷史的高等學府，不能僅僅是個門面工程，它更應該成為齊國繁衍孕育人才的溫床，吸納列國優秀人才為齊國服務。

在這樣的強烈追求下，稷下學宮各方面的條件立刻驟然升級。首先是待遇提升，以齊威王的話說：人才就像珠寶一樣珍貴，列國爭霸的關鍵就是「得士則昌，失士則亡」。所以稷下學宮能否招攬到名士，這不止是個面子問題，更是個國家興亡的問題，下的本錢也自然要更大。

於是稷下學宮的待遇提升到優厚得令天下人眼熱：以《史記》的形容是「高門大屋尊寵之」，也就是要錢給錢要房給房。比如田駢，不但享受了大夫待遇，而且門下上百弟子全都由國家包養；孟子不但被授予高官厚祿，連出門招搖過市都很風光，每次都是數十輛車馬、隨從數百人，場面十分浩大。而且待遇也是有分等級的，不同的學者根據其學派聲望的不同，享受不同等級的待遇。也就是說，在稷下學宮能獲得怎樣的禮遇，不止是個生活問題，更是個身分認證問題。只要在稷下學宮能過風光的日子，名滿天下的身分基本上算是確立了。

當然天下沒有白吃的午餐，稷下學宮禮遇這些學士們，也自然有其自身的要求。而這一條才恰恰是比待遇更吸引各路名流的原因。稷下學者的職責就是「不治而議論」，也就是不負責具體的行政責任，但是需要為國家大事暢所欲言提供自己的思想和建言，這就等於既給了一個說話的權力，更給予了學者敢於說話的保護。包容，才是稷下學宮超越了戰國時期其他國家之處。

這是一個兼容並蓄的平臺，接納一切學派的思想，允許他們暢所欲言，更給了這些學者們準確的定位。在這裡不但有良好的待遇和崇高的尊榮，更不必擔心會如同在其他國家那樣不幸地捲入政治傾軋之中。如果說同時期的秦國給列國人才提供的地方是戰場，那麼稷下學宮就是一個更加適合學問研究的世外桃源。

當然，比起秦國這些國家政壇上的刀光血影，稷下學宮裡也同樣有戰爭，這裡的戰爭就是「吵架」，也就是辯論。

作為一個專業研究學問的機構，稷下學宮每天的日常工作，除了對於學術典籍資料的書寫外，就是不同思想之間的交鋒爭論，自從齊宣王時代之後，這裡就變成了諸子百家爭鋒的戰場。在這個百家爭鳴的時代，任何一個學派都有自己的主張和治國的理念，但並不是每個學派都有真正付諸實踐的機會。那麼一個學派如果要得到更多的認同，甚至得到一展抱負的平臺，那麼在稷下學宮取得話語權就是必須要經歷的磨練。

由於這一特殊職能，稷下學宮自齊宣王時代起就吸引了整個戰國時代的目光，不同的學派掌舵人不遠萬里而來，不止是豔羨這裡有良好的做學問的條件與寬鬆的環境，尤其需要的是展示自我的機會。

另一群渴望展示自我的人，就是列國的政治家們。

自從齊宣王時代起，戰國歷史進入了連橫合縱相互交鋒的階段，作為可以抗衡強秦的東方大國，齊國也自然成了兩種不同思想交鋒的戰場。在列國之間的出使活動裡齊國就是重要的地區，而稷下學宮的辯論舞臺更成了兩個不同學派之間的交鋒場所，唇槍舌戰的局面幾乎每天都在上演。

對這火藥味十足的「戰火」，齊國的統治者們卻十分受用，而這也是稷下學宮得以成功的一大條件。與強調專制的秦國不同，齊國一直有兼容並包的傳統，儘管齊國自身的治國思想偏重於黃老學說，但是這種思想傳統決定了齊國並不是一個用專制和強權壓制言論的國家，恰恰相反，齊國行政的一大傳統就是擅長從不同思想的交鋒裡，找到真正適合自己的學說理論，正是這樣的目標成了稷下學宮熱鬧的催化劑。

於是在稷下學宮的黃金時代裡，這裡幾乎雲集了所有戰國知名的學派：儒家、名家、陰陽家、縱橫家、兵家。而更有意思的是，不但是各個學派林立，甚至很多學派更是派中有派，不但有學派之間的相互辯論，甚至同一個學派內部也常有不同觀點的激烈交鋒。而且更常見的情況是，凡是對於齊國的各種國策有看不過去的地方，稷下學宮的學者們也都會大膽建言。

稷下學宮的辯論活動，主要以政治軍事為主，但同樣可貴的是其他各行業的辯論也都很熱烈的。甚至包括天人道理五行八卦等學問，連科學活動也十分熱鬧，比如戰國時代一些著名的天文數學成就都是在稷下學宮裡完成的研究工作。

雖然來到稷下學宮的學者是要為齊國的政治服務，但齊國的統治者非常開明，他們並不強求學者們一定要按照齊國規定的路線研究，而是任其自由發揮，擅長哪個學派，喜歡哪一種思想，哪怕和齊國統治者的思維衝突也是盡可能的包容。

以《尸子・廣澤》的說法：墨子貴兼，孔子貴公，皇子貴衷，田子貴均，列子貴虛，其學之相非也。也就是說諸子百家各有各的學問，而來到稷下學宮都可以按照自己的方向去學，齊國統治者只是從中選擇自己有益的地方學習。

如果說戰國的諸子百家好比百花齊放，那麼稷下學宮就是最好的土壤。

造就齊國強大

從稷下學宮的熱鬧場面來看，齊國的這番苦心確實沒有白費。

這些分屬各個派系的稷下學者們，思想主張不同，但都有著強烈的使命感和建功立業的追求，因此在稷下學宮這個特殊平臺上，他們也牢牢抓住機會展示自己不凡的才能。

仔細看看稷下學宮時代這些學派的不同思想，就更能發現其中的可貴，沒有一個派別為了迎合統治者的需求盲目地修正自己的思想。反而是一直堅持獨立的人格，並且在相互的論辯中學習——諸子十家，各引一端，崇其所善，以此馳說。

最典型的就是學者慎到，這位今天相對名氣不及孔孟的傑出人物，卻是在稷下學宮時代提出了獨特的「非忠」說，所謂「立國君以為國，非立國君以為君」也，在兩千多年前封建制度初創時期，就已經有了如此振聾發聵的非君思想。

這樣大膽的言論也只是稷下學宮自由開放風氣的一個縮影，事實上在這個特殊園地裡，對於這些學者來說沒有什麼是不可以否定的，沒有什麼是不可以質疑的，連三皇五帝都曾經被否定批判，齊國國君每天挨罵更是這裡常見的事。

齊國的國君對於他們的熱烈辯論也很有興趣，齊宣王就經常出席稷下學宮的辯論活動。比起後世封建王朝的帝王每次出席儒學活動儒生們戰戰兢兢的樣子，稷下學宮就從來不講究這一套。

其中最有名的，就是齊宣王與稷下學宮學者田過的對話，兩人為「君與父孰重」展開了爭論。面對齊宣王的質疑，田過毫無懼色，侃侃而談「君不如父」，哪怕齊宣王非常不高興，甚至與之激烈爭論，田過也毫不怯場，硬是把齊宣王駁得啞口無言。

稷下學宮的另一大可貴之處就是自由。這樣的平臺不可能讓每個學派都滿意，反而是每個學派都會有很多的不滿意，從認為自己不受重用到認為別人被偏袒，每天各學派間的糾紛也不間斷。而齊國統治者除了調解，態度也很明確，那就是可以自由來去。每個學派都有隨時來講課的自由，更有隨時可以走的權利。儒家聖人孟子曾經在稷下學宮得到隆重的禮遇，但後來卻深感自己的學說不被齊國接受，最後悵然離開，而自始至終稷下學宮依然給他隆重的尊崇。

而以《荀子》裡的說法，就是「以數具者，皆通之一遇也。」正是在這種特殊的氛圍裡，各個不同的學派找到了自家的不足，自身的學問也得以豐富。

在這個中國封建文化的初創成長期，特殊的稷下學宮就像一座成長的溫床，中國文化的孕育和壯大正是從此開始。

二十七、衣食住行說戰國

這一章，讓我們來說一說戰國時代人民的生活。

戰國人的生活方式是什麼樣貌？作為中國文化一段重要的萌發期，戰國的衣食住行的風尚，事實上是奠定了兩千年華夏民族生活的雛形，了解戰國的生活方式也就是了解自己的根源。

戰國人吃什麼

戰國的生活，首先要從「吃」說起。

戰國時期人們的食物和今天區別還是極大的，諸如胡蘿蔔、菠菜、芹菜之類的常見蔬菜，戰國年間統統都是外來物種。

而在糧食方面，戰國和今天也是略有區別，主要的農作物是粟米和水稻，其中北方是以粟米為主，南方則是以水稻為主。當然在黃河流域，水稻種植也非常普遍。《戰國策》裡就有記載，東周和西周為了爭水種水稻，差點大打出手。這也就是說明黃河流域的河南地區已經開始種植水稻了。

當然就普及程度來說，水稻還是以南方為主，尤其是楚國。在江西地區發現了現存戰國時期最大的糧倉，楚國經常豪言能招募百萬兵，就是以這強大的農業生產作為底氣。

而比起東西周時代，戰國農業中另一個突飛猛進的成果就是畜牧業，六畜的養殖十分興盛，牛馬羊雞犬彘都很普遍。當然這六種家畜的角色也不同，特別是馬，在戰國時代屬於絕對重要的戰略物資，主要用於服役。而牛羊則不能隨便宰殺的，這是極珍貴的食材，通常是在祭天的時候才會宰殺。普通老百姓不要說吃，就是聞一聞肉香都是稀罕事。

豬和狗在戰國農家已經很常見，當然兩者的價值也有所不同，看看春秋戰國時期的「計劃生育」，就知道差別在哪裡。越王勾踐臥薪嘗膽的時候，有一項重要政策就是鼓勵生育。誰家要生了女孩，就要獎勵一頭豬和兩壺酒，生男孩可就價碼高了：一條狗外加兩壺酒。豬狗之間的差距就顯而易見了。

當然比起豬狗來，戰國農家最常見的家禽就是雞，以戰國時期許多的文字記載，很多自耕農的家庭都養雞，雞肉的價格在當時的飯館裡是最為便宜的肉類。

而相比之下，戰國飲食與今天差別相對大的則是蔬菜。

既然我們今天很多的常見菜，都是西漢時期從西域引進的，那麼戰國老百姓常吃的又是什麼菜？

戰國的蔬菜，以文獻的說法，主要有葵藿蔥蒜薑蘿蔔這幾類。而最為常見的通常是葵和藿這兩種菜，不但當蔬菜吃，碰到饑荒年的時候更是糧食的替代品。

至於酒醋之類的飲料，在戰國的時候也基本都有了，戰國的釀酒技術非常高明。河北中山王墓出土的文物中，竟然還有兩千多年前的兩壺酒，打開的時候芳香撲鼻，可見其技術之精良。

老百姓家和好的飲食是無緣的，這些都是貴族的專利。而戰國時期最令後人豔羨的也正是貴族極度奢靡的飲食生活。

貴族的飲食有多講究？不但有專門的屬吏負責飲食，而且各種吃法都精益求精。就以我們熟悉的粥來說，貴族喝的粥就極其精緻，要把糧食磨成粉末，和肉類蔬菜甚至調味品一起研磨。戰國縱橫家張儀的辯論裡提到，在楚國僅僅為了給令尹昭陽大人準備一餐粥，就要三十多個人清晨起來忙活。

貴族的飲食器具，精美得讓人眼花撩亂，包括有青銅、金銀、玉各種材質，花樣繁多，有鼎豆盤壘壺尊爵各種形式，吃法更是十分講究，每次宴會的時候，肉煮好後放在鼎裡，依次排列在來賓面前，成語「列鼎而食」就是由此而來。

而且當時的宴會和今天也有區別，都是把席子鋪在地上，然後再陳列上各種食物。我們把宴會叫做「宴席」，也是來自於此。

當然不管怎樣叫法，奢靡程度都是公認的，列鼎裡的肉按照一定規矩，分別盛給來賓食用。還有儲存酒的壘、裝酒用的樽和壺，喝酒的時候用斗勺裝入爵裡面然後端著飲用。酒菜飯的順序，戰國時代也和今天一脈相承。

這樣的吃法，食物自然特別豐富，以孟子的說法就是「食前方丈」，也就是每個人眼前堆的食物基本都是一丈高。以當時人的飯量，每次宴會都要剩下不少食物。貴族的宴會就是這麼浪費。

而比起貴族家的氣派講究來，普通老百姓家就差遠了。別說吃肉吃菜，就是最普通的粟米，能吃飽就算是好日子了。同樣以張儀的話說：民之所食，大抵豆飯藿羹，也就是粟米根本不夠吃，要把豆子粟米還有藿摻合在一起吃，比起貴族家把糧食肉末弄一起熬粥的場面，真是天上地下。

戰國人穿什麼

與吃相關的，就是戰國人的穿。

戰國的穿戴，很多傳統都延續到了明清。比如頭上的頭飾，男子在孩童的時候頭部戴著一塊布，也就是巾，二十歲的時候舉行冠禮，從此開始戴冠。貴族家的男人通常戴上精美的冠，普通人家沒這個條件，一般都是換一塊葛巾，意義卻是一樣：從此你不再是男孩，而是一個擔當責任的男人了。

頭上戴什麼，這在戰國不止是個經濟問題，更是一個社會地位問題。什麼身分戴什麼冠，都是有嚴格的規定。《呂氏春秋》說「庶人不冠弁」，也就是普通老百姓是不能戴冠的。而有資格戴冠的人才可以戴，卿大夫以上可以戴冕，其他人則不能戴，就算是身分等級類似，不同的場合，有些東西更不能隨便戴。朝見國君的時候，就絕不能戴皮製的帽子，否則就是大不敬。

衣服的規矩同樣也很多。戰國的衣著制樣，跟後來的漢唐宋明基本一脈：上身總稱為衣，長的叫袍，罩衣叫衫，而且單衣裡還有夾衣。但和後來不一樣的是，戰國時期還沒有棉花，只有蘆花或者絲棉。當時的衣服，傳統都是右衽。所以孔子說：微管仲，吾其披髮左衽矣。也就是沒有管仲當年的「尊王攘夷」，華夏民族很可能已經亡於蠻族之手，堂堂孔聖人也要像蠻族一樣披頭散髮衣服左衽。

束髮冠禮和右衽，就是當時文明的華夏民族區別於野蠻民族的最大尺規。

同樣也是身分和財富的原因，富貴家庭與普通老百姓家穿衣服的區別也極大。王公貴族家庭通常都是穿錦帛皮和精緻麻布，揚著寬闊的深衣大袖子，腰以下更是一直到腳的深衣。腰間還繫有金玉做飾物的絲帶。

除了這些規定穿戴外，貴族也有一些特殊的奢侈穿戴。比如說裘衣，也就是獸皮做的精美皮衣，這是貴族的身分標識，而且身分越名貴，穿著的裘衣就越珍奇。著名的「孟嘗君過秦國」的故事裡，名聲在外的孟嘗君被秦國扣押，生命危險時刻正是其門客冒死偷來了秦王的白狐裘，轉手獻給了秦王最寵愛的王妃，這才騙得王妃說好話求情，四公子之一的孟嘗君才從秦國逃出生天。如此救命的奢侈品，可見其在戰國時的珍奇。

這樣的奢侈品對普通老百姓來說是遙不可及的。而且老百姓要耕作種地，自然也穿不著這樣的衣服。老百姓下地幹活都是穿葛麻亂紡的粗布短衣，也叫「褐」。在戰國年間，這是老百姓勞動時的常見工作服，戰國的農家學派，他們的常見打扮就是穿著「褐」在田間地頭勞動。

至於鞋子，戰國時候的叫法就和後來不同，當時叫做「屨」，秦朝以後才改叫做「履」和「鞋」。戰國老百姓穿的屨，基本都是用麻草編織，也就是我們通常說的草鞋。王公貴族們穿的鞋則主要都是由皮革製成，當然也有做工精美的麻草鞋。

戰國時期，還形成了和一個與穿鞋有關的風俗：進屋要把履脫在外面，遇到重大的場合連襪子也要脫掉，光著腳席地而坐，否則就是最大的失禮。這個古老習俗，今天在日本依然常見。

戰國房子什麼樣

而比起吃穿來，戰國與東西周相比，有一個重大的進步就是住。

作為一個科技發展日新月異的時代，戰國一大技術革命就是建築業。除了城牆工事的水準直線上升外，居住條件更是大大改觀。

我們今天可以看到的，代表中國傳統建築工藝的各類古建築，特別是高大寬敞的樓臺瓦房，基本都可以追溯到戰國年代，一些中國傳統建築的獨特工藝，比如說斗拱就是在戰國發展起來的。

建築材料也有很大的突破，最具代表性的就是瓦。根據考古的結果，早在西周年間就有了瓦，但是和戰國時代的瓦比起來，西周的瓦還處於十分粗糙的階段。幾個西周王宮的遺址基本上就是用瓦片蓋住茅草，這種古代社會的新建築材料，當時還是打醬油的角色。

而到了戰國年間，瓦搖身一變成了響噹噹的主角。首先是品種變得多了，不再是壓茅草這麼簡單。在戰國齊國、趙國、秦國的都城遺址都出土過大量的瓦片，而且門類十分豐富，有板瓦、簡瓦等各種瓦當，不但是建築中的必須材料，花樣還十分繁多，很多瓦當上還刻有精美的圖案。在今天看來用瓦建房是司空見慣的事情，在當時卻是人類建築歷史上一個了不起的突破。

戰國的房屋技術有多成熟，不止是瓦當了主角，更重要的是瓦片反應出來的是整個建築工藝的完備。從瓦片種類說，既有裝飾性的瓦片，更有實用的建築材料，還有鋪地、砌牆、裝飾等不同的用途。建築的水準早已遠遠甩開東西周時代。

看看遺留到今天的戰國時代建築，就可知戰國的住房水準不但超越歷史，更是當時全世界最進步。王公貴族的居住房屋，台基通常都有一點六公尺高，屋簷也高達數尺，這在同時期的世界其他國家都是十分少見的。今天出土的戰國器物，特別是器具圖案上的房屋圖紙，樣樣都是高樓大廈，都有筆直的大柱子，更有斗拱長廊，不但場面十分壯觀，而且房屋的基本制式也奠定了中國兩千多年宮廷建築的樣式範本。

除了外觀恢宏外，內部裝修更是比西周時代考究得多。以《楚辭》的說法，楚國的宮殿裡到處都是雕樑畫棟，有各種豐富多彩的圖案牆壁，連門戶和屋簷上都有各種神奇的花紋，牆壁更是用平滑的石板砌成，十分地堅固美觀。所有貴族的房屋裡還有絢麗多彩的彩色屏風，戰國時代貴族過著奢華的生活由建築的精緻、考究可見一斑。

戰國的座駕很強大

比起建築業的高科技，同樣能夠體現戰國領先世界科技水準的就是交通工具。當戰場上戰車退出舞臺的時候，也正是其他各種類型車輛技術突飛猛進的時候。戰國時期貴族人家的出行主要就是坐車，車不再是戰場上的大殺器，卻已經成了一種重要的奢侈品。貴族家的車互相攀比的就是其豪華和舒適程度，這其中最代表的就是輝縣琉璃閣的戰國貴族車馬坑。

作為陪葬品的戰國車駕，比春秋時期的出土文物在技術水準已經遠遠升級。馬車的分類更加細緻，有了大小不同的型號。小型的馬車，車廂長一・九公尺，寬一・二公尺，大型的長二・四公尺，寬一・五公尺，而且車上還有了篷蓋，專門用來擋風遮雨，兩端還有三角形席子，乘坐起來十分舒適。在春秋年間很難找到這種體型的車輛，但在戰國年間的墓葬群裡卻發現很多。而且車輛的種類也多，好多的馬車上還有精美的圖案。

與車的進步相對應的就是造船。

國外很多學者都認為，中國的造船業在這個時期還是落後於西方的，比起同時期西方國家已經有了大規模海戰，戰國時期的造船水準還處於萌芽階段。以很多中外學者的觀點，中國造船業真正到達領先世界的水準還是要等到兩漢時期。

但是在戰國時期，造船業卻逐漸展現出後來居上的潛力。

以《戰國策》的說法，當時戰國已經出現了可以承載五十人的大船，而出土的文物裡也有長十一公尺的獨木舟。船隻不但早已經運用在戰爭上，而且還有了另一獨特作用：架設人工浮橋。首先發明浮橋的就是秦國，秦昭王時代，即西元前二五七年，秦國就在蒲州風陵渡架設了軍用浮橋，實現了軍事作戰的目的。這是世界公認第一次將軍用浮橋用於戰爭，意義十分重大。

而中國封建社會的驛站制度，也是在戰國時期得以完善，在戰爭的刺激下，列國都把修築開鑿驛道和建設驛站當作一個重要的環節。秦國得以統一天下，一個重要的因素就是對於驛道公路的修築與維護完善。秦國早在滅亡巴蜀的時候，就開鑿了巴蜀到漢中的古道，後來進軍中原更是一路走一路修。特別是著名的長平之戰，秦國與其說靠了紙上談兵的趙括貿然出擊取勝，不如說是依靠了發達的交通運輸網路，最終拖垮了無力支撐戰爭的趙國。

而戰國的驛站制度，也在戰國歷史結束後被歷代封建王朝沿襲下來。

二十八、墨子的神秘與強大

春秋戰國是中國歷史上「百家爭鳴」時期，各種學說湧現，相互爭鋒不斷，文化英傑和思想巨匠輩出。孔子、孟子、老子、韓非子，他們的學說雖然各不相同，但他們的思想卻無一例外地影響了之後中國社會的變遷發展。相比之下，這時期有一個與他們齊名的人，在後人的眼裡更蒙著一層神秘的面紗：墨子。

但凡是介紹歷史名人，總要在他的前面加個身分，比如能當官的叫作政治家，能打仗的是軍事家，文學才華高的是文學家，有科學發明的是科學家。輪到墨子身上卻犯了難，因為他實在是個通才，是春秋戰國時著名的思想家、教育家、科學家、軍事家和社會活動家。

墨子，名翟，春秋戰國之交的魯國人，墨家學派的創始人，春秋戰國百家爭鳴時代的英傑之一，在哲學、科學、文化、藝術等各方面都貢獻了自己獨特的成就。春秋戰國時代，他的學說和儒家學說是知名度最高的兩個學派，又叫顯學。

有爭議的墨子

墨子的身分，直到今天依然蒙著神秘的面紗，有關他的種種情況史學界還存在著很多爭議。

司馬遷的《史記》說他是宋國人，這個說法曾一度得到認可。清朝人畢沉又說他是楚國人，甚至有印度學者也來湊熱鬧，考證說墨子是印度人。原因是根據史料記錄，墨子長得很黑，所以不一定是中國人，反倒有可能是從印度來的「外賓」。但所有的爭議，都否認不了一個事實，他是一個偉大的人。

墨子所創立的學派，就是戰國時期的「墨家」學派。這個學派提出了十大主張，即尚同、尚賢、兼愛、非攻、節用、節葬、天志、明鬼、非樂、非命。其信徒主要來自當時的中小地主、手工業者、城市平民和自耕農，在諸子百家之中算是一個相對草根的階層。

墨家一派的另一個特點，就是在自然科學上的獨特造詣。墨家學派的門徒都有著豐富的知識和卓越的科學研究能力，他們熟悉手工技術，擁有一定的科學理論知識，甚至會製造各類精巧器械。

墨子的思想內容主要是當時普通市民階層以及手工業者的願望，他們主張這個社會要兼愛，即互相幫助；非攻，即消除戰爭；節用，即反對浪費；非樂，即反對音樂；非命，即尊重生命。這些思想普遍代表了當時飽受戰亂的小人物的願望。

列國爭霸曠日持久，老百姓災難深重，沒有人願意打仗，所以要「非攻」；亂世之下，需要相互扶持說明，所以要「兼愛」；老百姓生活困頓，貴族卻享受著奢侈的生活，這是很不道德的行為，所以要「節用」；音樂是罪惡的，是亂人心智的，所以不能聽，要「非樂」。在春秋戰國的早期，墨子的思想一度非常流行，甚至被看作和儒家思想齊名的學說流派。

墨子是一個很神秘的人，今天關於他的姓名、故里等問題爭論非常多。在正史中能查到的他的故事，最著名的當屬「墨子破雲梯」的典故了，當他知道楚國準備攻打宋國時，雖然此事和自己無關，依然不遠萬里跑到了楚國，阻止楚國發動戰爭。這時候的楚國志得意滿，又有當時第一能工巧匠魯班的幫助，魯班當時為楚國設置了一種雲梯，比一般的雲梯要高，可以直接搭進城牆裡。在勸說無效下，墨子提出現場和魯班比試，兩個人拿了個腰帶做演示，使出平生所學來鬥法，結果魯班輸了。這場本來鐵板釘釘的戰爭就這樣作罷了，宋國老百姓也得以繼續享受一段和平的時光。

從這個真實而簡單的小故事裡，我們不難看出墨子這位宗師是一位堅韌、勇敢、臨危不懼，且富有責任心胸懷天下的人。正是因為有這樣的性格，他才能夠創造出這般獨特的學說。

各類史料對墨子的記錄比較雜亂，他曾經做過官，也曾經為士大夫甚至國君上課，但是他大多數的精力都投入到傳道、講學、收徒弟之中。他的主要活動方式就是開班授課，傳授學生自己的學說以及各種知識，每當有地方發生戰爭的時候，他就主動出面帶領學生去制止。他過的是一種實實在在布道者的生活。

與儒家的分歧

而墨子人生裡的另一個重要內容，就是長期和儒家思想的辯論。

作為戰國時代兩大「顯學」之一，墨家和儒家之間的分歧是明顯的。兩家治學最大的分歧，一是關於「天命」問題，墨家學說認為應該非命，不能相信命運，要相信自己的努力。儒家卻主張生死有命富貴在天。這還只是小分歧，更大的分歧是墨家主張尚賢，即由老百姓自由地選擇他們心中的「賢」。墨子甚至大膽地主張，即使是諸侯國的國君也應該通過由老百姓選舉來產生，諸侯國的各級官員更應該讓老百姓來投票選舉，從國君到官員應該為老百姓負責，因為他們是老百姓選舉出來的。在這一點上墨家與儒家之間的分歧是嚴重的，比起儒家宣導的君主有絕對的權威，墨家的思想更加大膽。

而比起墨子所宣導的十大主張墨子在哲學上的思想也同樣大膽，他主張「三表」，即在認識事物時，要通過事物的「三表」。所謂的表，就是判斷事物的標準。墨子認定的標準包括三樣，第一是歷代帝王的統治經驗；第二是老百姓的感覺；第三是是否符合老百姓的根本利益。在認識事物的原則上，墨子更加注重感性的感覺以及直接的經驗，這應該和他出身平民有關係，他的十大主張也正是在三表的基礎上產生的。因為他平民的出身所以生活中的墨子是一個絕對的苦行僧人物，他生活簡樸、穿粗布草鞋遊走於列國之間。

墨子的思想主張裡，有許多都是有進步意義的。比如他主張以老百姓的利益為優先，主張要從直接經驗上得到判斷事物的依據，這些在中國哲學史上都是有著劃時代意義的。他的十大主張裡雖然也有幻想鬼神的內容，但要求由老百姓選舉國君和官員的思想，可稱是中國最早期的民選思想。但是墨子同時又主張，學生對老師要無條件地服從，人民對於上級也要無條件地服從，這是他的局限性所在，但是在奴隸社會即將崩潰的時期，他有這樣超前的思想已經是非常不容易了。

墨子更是中國歷史上著名的科學家，其科學成就在當時的諸子百家中無人能出其右，更遠遠地領先於當時的世界。墨子科學思想的內容，包括了今天數學、物理、機械製造等各個方面。他是一個既具有理論歸納分析能力，又具有實際操作能力的學者。在宇宙論上，墨子提出了「宇宙運動論」的觀點，認為一切事物都是在運動變化的。他認為宇宙是一個連續的整體，個體都是從這個整體中分離出來的。對世界的本源問題，墨子的說法也和道家維新思想針鋒相對，他認為世界的本源是物質，這是兩千多年前極其難得的唯物主義思想。

在數學方面，墨子是第一個把數學當成一種理論的人，墨子在著作裡系統地闡述了十進位，並且對於數學中的正方形、三角形、開平方等理論問題進行了系統地理論闡述，尤其是他對於三角形的理論闡述，和古希臘科學家歐幾里得一模一樣。物理方面，墨子是人類第一個發現作用力和反作用力的學者，更做了人類歷史上第一個小孔成像實驗。在早於阿基米德兩百年，他就已經發現了槓桿原理，我們總把槓杆原理叫做「阿基米德定理」，其實從版權角度講阿基米德確實「侵權」了。

墨子並不僅僅是個科學理論家，在當時最出名的就是他對機械製造的造詣。在機械製造方面，他的名望甚至要強於當時的第一巧匠魯班，兩人當時為了宋國的問題鬥了半天法，最後還是以墨子的勝利而告終。

墨子的機械製造成果，包括上了發條可以撲騰翅膀的木頭鳥，還有一次能載重三十石的馬車。他幾乎熟悉一切兵器的製造，在他的著作《墨經》中對於攻城武器、守城武器、弩都有製造方法上的詳細闡述。

無奈的消失

一生建樹頗多的墨子，注定是不幸的，因為他的學說是不會被統治者接受的。

墨子的核心思想是兼愛、非攻、尚賢，其中尚賢這一條是封建統治者所最厭惡的。皇帝說到底就是獨裁者，有哪個獨裁者願意讓老百姓來主宰自己的命運，又有哪個官員願意讓老百姓來左右自己的前程？至於所謂的兼愛、非攻，在當時更是笑話了。春秋戰國就是要打仗的，你讓我非攻，人家要是攻擊我，那我該怎麼辦？

所以比起法家、儒家等各派學說，無論生前身後，墨家都注定是不會被接受的。墨子一生大部分時光都投入到為了制止戰爭的奔波中，但除了幾次有限的成功外，大部分的行動都失敗。有哪一個統治者願意為了一個人的簡單願望，去改變自己爭天下的既定戰略呢？有誰會認真地彎下腰來，去聆聽墨子的夢想呢？

而墨子所建立的學派，叫做「墨家」，在歷史上是一個非常神奇的組織。墨家的主要宗旨，就是「以天下之利，除天下之害」，特別是在戰國時期的戰爭中，他們都以扶持弱小為己任，在強敵壓境的情況下挺身而出，擔負起保衛城市、維護和平的重任，哪怕是與他們不相關的人，為了心中的理想願意用生命去捍衛。這是一個有著嚴密的組織、崇高的理想、捨生忘死的奉獻精神的團隊。在統治者不可能接受墨子思想的情形下，散落在社會底層的小人物們孜孜不倦地開始了墨家的傳道。

但墨家在戰國時期的興盛，隨著戰國的結束也日益衰微。晚期的墨家分為兩支，一支以科學研究為主，包括物理、光學等方面的研究，另一支則成了社會遊俠群體的一部分。在漢武帝劉徹獨尊儒術的時代，墨家遭到了殘酷的打壓，最終隱沒在中國封建社會的塵煙之中。

二十九、被歐洲人追捧的農家

比起戰國時期風光一時的墨家，另一支被遺忘的學派農家，在戰國百家爭鳴時代也同樣具有非常重要的地位。

農家的主要思想，在今天大部分已經失傳，主要是因為秦始皇焚書坑儒，農家的經典著作大部分都被焚燒了。但從現在留存下來的資料看，農家的基本主張就是農業平等，即要求統治者要和農民一起勞動，一起分配勞動果實，反對統治者對農民的過分壓迫。農家的另一個貢獻是對農業生產的研究，特別是提高農田產量、改進農耕技術方面的研究，對於中國農業的發展有著重要的影響。

而這個學派的來源，在當時就眾說紛紜，由於諸多有關的資料被焚毀，農家學派的身分、源起有很多不同的說法。比較流行的說法有兩種，一種是農家學派的成員，是上古時代神農氏的後裔，另一種說法是古代周族后稷氏的後裔。而事實上，農家的勃興正是因為戰國時代自耕農群體增加，傳統井田制制度瓦解的表現。農家的許多成員，本身就是從事農業生產的農人，他們與農民階層之間的關係可謂血脈相連。

大家一起來種地

說到農家學派的代表人物，最有名的就是許行。

和墨子一樣，許行也是一個非常神秘的人。按照有關資料的記載，他是楚國人，應該是生活在楚宣王至楚懷王在位的時期，和儒家學派的大儒孟子是同時代人，對於許行最詳細的記錄也正是出自孟子的《孟子・滕文公》。

許行一生最主要的活動，就是帶領著弟子們在江漢平原上開荒種地。他的主張是「賢者與民並耕而食」，也就是說，即使是國君也應該和老百姓一起勞動、一起吃飯。像地主們那樣憑藉著租稅過日子，是一種可恥的不勞而獲。孟子去滕國宣傳儒家學說時，正好看到許行帶領弟子們來拜見滕文公。他請求滕文公給他一塊土地做試驗田，他在這裡勞動示範，並且希望滕文公能參加他們的勞動，滕文公答應了他的請求，給予了他一塊土地。此後，許行帶領著弟子們在滕國辛勤勞動，很快獲得了非常好的收成，他們的所作所為也因此引起了許多學問家的關注，其中也包括儒家學派的宗師孟子。

孟子雖然讚歎農家的刻苦耐勞，但對農家學派的主張卻不認同，當許行的弟子陳相和孟子就農家學派的許多問題交談時，兩人發生了激烈的爭吵。比如說到滕文公，陳相感慨地說滕文公終究不是聖君。孟子問為什麼？陳相說，滕文公自己不勞動，倉庫裡堆滿了糧食，不是他的糧食卻享用，這種不勞而獲是可恥的。對此觀點孟子當然不能苟同，他和陳相展開了激烈的辯論，孟子拿許行帶的帽子做比喻說，許行戴的帽子是用糧食換來的，也就是用你的勞動換來的，那麼國君所吃的糧食也是用他的腦力勞動換來的。一番話說完，陳相哪裡是孟子的對手，立刻張口結舌，此時孟子拋出了他的觀點：勞心者治人，勞力者治於人。

雖然如此，農家學派卻一直初衷不改，在農家學派的觀念裡勞動是光榮的，不勞而獲是可恥的。他們反對政府設立倉庫儲存糧食，反對那些城市人不參加農業生產卻獲得糧食吃。在當時出現這種新興學派並不是偶然，這時正是戰國封建化形成的時期，普通自耕農地位提高，學術方面也需要出現屬於他們的代言人。而土地所有制的轉換，也使得農業的重要性日益凸顯出來。在這種局面下，普通的自耕農迫切地希望能夠減少稅賦改善自己的生活，希望所有的人都能為農民的身分感到驕傲。農家就成了他們的代言人。

農家的核心思想，主要的一句話就是「勸農桑，以足衣食」，即希望建立一個大家一起種地、一起吃飯、全民務農的農業社會，最好能夠不要出現城市。農家學派的成員把農業視作他們的生命和生活中不可分割的一部分，他們以自己是農民為榮，以自己從事農業生產為傲，並且熱情地勸說諸多思想界的人物以及政治界的精英加入到他們的派別裡來。但是在當時的條件下，農家的市場還太小，真正理解他們的人並不多。西漢劉向編纂《後漢書》的時候，農家被放在了九流之中，儼然成為一個重要派別。

但是在當時的社會上，農家對於各路諸侯來說卻是有利用價值的。因為禮遇農家就意味著可以籠絡住農家背後的農民，特別是自耕農們，如果給予農家適當的尊重，那麼勢必能夠對穩固統治有所幫助。抱著這樣的目的，許多諸侯對農家非常禮遇，當然這是表面上的禮遇，農家所宣傳的取消倉庫、取消城市的主張，是各路諸侯萬萬不能接受的。對於諸侯國們來說，農家思想是一個很好的招牌，但是其主流的內容是堅決不能用的。

呂不韋的成就

農家的思想內容以許行為主，卻也化分成不同的派別。而在整個戰國時代，農家思想開始系統地整理出來卻是拜呂不韋所賜。

呂不韋擔任秦國相國期間，開始組織人手編纂著名的《呂氏春秋》，在這本春秋思想集大成的書中，也少不了農家學派的身影。《呂氏春秋》中的《上農》《任地》《辯土》《審時》四篇，鮮明提出了重農的理論。在《上農》中，農家思想家提出了要尊重農民、優先發展農業的理論。《任地》一篇，則講述了農業耕作之中要怎樣提高土地的養分，辨別土地的肥沃程度，怎樣改良土壤的品質，對土壤的軟硬、瘦肥都做了非常詳細的闡述。《呂氏春秋》中的農家理論，是農家主體思想以及農業理念的濃縮。特別是《審時》，對於農業生產的農時做了非常細緻的劃分，對種子的品種、品質也做了非常詳細的講解。在當時，簡單的四篇文章成為了中國農業生產的寶典。

而另一本對農家思想記錄非常詳細的著作，就是齊國稷下學宮編纂的《管子》，其中《地員》一篇就純粹是農家的著作，而在《五輔》《牧民》《八章》等章節之中，也詳細闡述了農家思想。農家思想的主要內容，被放在了《管子》其中有關「以民為本」的章節中，因為農民是平民老百姓的主體，農家所宣傳的重農思想其實也和以民為本的思想一脈相承。重農和重民思想本身就是無法切割的，正是這樣的一種聯繫，使得《管子》中的農家思想具有許多超越了農業本身的進步意義。

《管子》中的農家思想，一個重要特徵就是體現出了古代中國樸素的唯物主義思想，在《管子》的文章中，曾有這樣的片段：「政之所興，在順民心，政之所廢，在逆民心。」這一思想鮮明地把民心放在了「政」的高度上，和孟子同時期宣傳的「民為貴，君為輕，社稷次之」相比，農家思想顯然對民更加重視。民在農家思想家眼裡，成了政權存廢的關鍵，這個比儒家思想中的「民為貴」要顯得更加大膽。

除了提出了民為本的思想之外，農家還體現出強烈的憂患意識，因為在親身耕作中盡嘗了中國農業長期以來靠天吃飯的辛酸。在《管子》中，農家學者鮮明地提出了「修饑饉，賑災荒」的主張，認為一個國家農業要發展，就必須做好對自然災害的預警和提高抗風險能力。

在《管子》中也體現出戰國時期農家的最核心思想——重農抑商。農家學派認為，農業是國民經濟的根本，老百姓要吃飯，軍隊保衛國家，也要靠軍糧供應，因此農業的發展是一個國家國民經濟的重中之重。而商人們本身並不創造財富，只是拿著別人的財富賤買貴賣，因此商業活動其實是對國民經濟的一種破壞。所以一個國家要想長治久安，就必須要堅決貫徹「重農抑商」的政策。在農家學者的重農抑商政策中，他們並不主張取締商業活動，而是希望政府採取強有力的打壓手段，限制商業活動的發展，將商業活動的利潤大小範圍都能緊縮到最小的規模，給予農業充足的發展空間。

如果對照後來的歷史，我們不難發現農家學者的美好願望，在經過秦末動盪之後最終由漢王朝確立下來。此後重農抑商政策，就成為了中國兩千多年封建社會的基本國策。在春秋戰國時期並非是主流學派出現的農家，他們「民以食為天」的主張，最終成為了中國封建經濟發展的根基。

中國熱時代的意外收穫

而讓農家學派的英傑們想不到的是，他們一生為之奔走的主張，在兩千多年後竟然會影響到另一個他們根本不知道的地方：歐洲。

在十七世紀的東西方文化交流中，大量的中國傳統文化典籍被翻譯到西方去，其中包括中國先秦諸子百家的經典著作，尤其是記錄了農家思想的《管子》，被當時的傳教士利瑪竇翻譯成拉丁文。中國農家學派在西方社會，很快掀起了不小的波動，十七世紀時期興起的法國重農學派，大力引進農家裡有關商業活動的論述，抨擊西方的重商主義。重商主義與重農主義之間的這場論戰，其結果幾乎決定了最終歐洲資本主義化的發展方向。產生於中國封建化早期的學說，對於啟蒙時期的歐洲，依然可以起到振聾發聵的效果。

三十、戰國兵家那些事

戰國年代，百家爭鳴的場面非常熱鬧。相關的學派很多、奇人奇事很多，相互之間的爭吵掐架更是非常多。幾個主要學派，比如儒家、法家、墨家，他們的思想主張對中國歷史的走向與思想文化的影響也是十分巨大的。

但如果要問這哪一家學派在戰國年間最有知名度也最受列強的歡迎，恐怕我們熟悉的儒家、法家等都要靠邊站，當時各諸侯國把所有的目光都集中在兵家。

為什麼兵家會是被注目的焦點？看行業需求就知道，戰國最主要的事情就是戰爭，列強成天燒腦的大事就是如何打勝仗，那麼專門研究兵法戰策的兵家當然也最符合需求，因此自然火爆。

待到後來天下統一了，特別是漢代建立大一統國家，和平建設成了主流，戰國年間十分火紅的兵家當然也就靠邊站了，但它的價值意義卻依然不可估量。戰國的激烈戰場，兵家層出不窮的思維理念，好似劇烈的化學反應，迅速推進了中國古代軍事的變革，中國兩千多年封建社會的軍事制度和戰略理念，都是經過這個年代的碰撞以犧牲無數的生命為代價而形成的。

而在這慘烈過程裡串聯的就是一群代表兵家的傑出人物。

首先要說的，就是一位傳奇兵家強人，孫臏。

謎一樣的孫臏

戰國軍事強人孫臏的大名，對每個戰國迷來說都是如雷貫耳。此人的身分很傳奇，是孫武的後人。成長也很傳奇，拜入到鬼谷子大師門下，還被師弟龐涓陷害，在魏國被挖去了腿骨。在這樣的悲劇人生裡，他不屈不撓終於轉投齊國，在戰場上堂堂正正擊敗師弟龐涓率領的魏國大軍。西元前三四一年的馬陵之戰，以孫臏為軍師的齊軍將龐涓的魏軍打到全軍覆沒，龐涓悲憤自盡，這場戰爭孫臏不但替自己報了仇，更是整個戰國歷史的分水嶺：魏國從此衰落，結束了稱霸時代，齊秦爭霸時代開始。

以這個意義看，這位大名鼎鼎的軍事家對戰國歷史走向有舉足輕重的地位。

但如此重量級且家喻戶曉的人物，卻留給後世一個疑問，孫臏的軍事思想到底是什麼？現在我對孫臏的軍事思想已無跡可尋，因為，凝結孫臏一生心血的著名軍事典籍《孫臏兵法》，在東漢末年就遺失了。

我們今天所熟知的「孫子兵法」，和東漢以前，特別是兩漢年代的「孫子兵法」其實是兩回事。除了孫武留下的那一部外，還有一部叫「齊孫子兵法」，即孫臏所著的《齊孫子》，也就是我們常說的「孫臏兵法」。

可是這部同樣強大的兵法典籍，卻在東漢末年的天下大亂時不幸地散失了。由於東漢末年，董卓亂政起，中原大地慘遭浩劫，長安、洛陽燒成了一片廢墟，區區一部兵書想不遺失確實很難。

從此有關於孫臏兵法的內容，也就成了歷代學者感興趣的一大話題，這部兵書裡寫了什麼？有什麼偉大的思想？從東漢末年至明清，很多軍事專家都來湊熱鬧，相關猜測的文獻留下了一堆。

甚至也因為兵法的遺失，連帶孫臏的身分都被懷疑，特別是到了清朝中後期，經過乾隆皇帝打著修書旗號毀壞各種文化，後來的清代學者也有人大膽假設，莫非歷史上根本沒有孫臏這個人？連他的師父鬼谷子都是子虛烏有？

幸好，造化雖說弄人，卻終歸沒讓後人一直遺憾下去，一九七二年四月，山東臨沂銀雀山漢墓，一個驚雷般的消息震驚世界：遺失近兩千年的《孫臏兵法》出土了！

這一堆蒙塵的竹簡，共有四百四十多枚，一萬一千多字，且內容相當齊全，上下兩編裡不但有孫臏軍事思想的基本內容，更有孫臏日常做事以及和別人縱論兵法的橋段記錄，每一句話都是研究這位戰國軍事強人的珍貴線索。

而且更大收穫是，由於這一卷內容十分豐富，因此可以斷定這不止是孫臏手寫的兵書，更包括了孫臏這一派兵家的基本思想，其弟子們整理記錄了如此厚重的內容，足以填補史學的空白。

也正是從這珍貴的發現裡，終於揭開了孫臏二千多年來神秘的面紗。特別清晰的正是他的軍事思想。

比起孫武的軍事思想，孫臏可謂是一個強大的傳承者。對比《孫子兵法》，就可看到二人的差別在何處。孫子兵法之所以受歡迎，因為其內容十分純粹，就是圍繞著如何戰勝敵人，至於為什麼打仗、打什麼性質的仗著墨甚少，走的是技術流。

而孫臏除了有技術，更多了情懷，他與孫武的最大不同也就在此。戰爭，絕不是不問原因的瞎打，而是要有正義和邪惡之分，所謂「戰而無義，天下無能以固且強者」，如果發動的是不義之戰，你就算打得贏也守不住勝利果實。

千萬別以為孫臏只是空談情懷，談情懷其實就是為了要打勝仗。因為有情懷，所以打仗的注意事項也就多，比如選將。在選將方面，孫武就會思考得很全面，制定嚴格的選拔標準，即「智信仁勇嚴」，這五條都是技術層面，在孫臏看來還得加個情懷——忠。一個不忠的將領，即使另外五條越強大，必然越危險！

而且除了講情懷，孫臏也很講技術，繼承孫武思想的同時也敢大膽否定，連孫武最著名的一大思想「其下攻城」，他竟然都霸氣修正，誰說攻城就一定「下策」？有些情況下，必須果斷攻城！為什麼敢這麼推翻？關鍵是時代不同了，比起科技水準嚴重落後的春秋晚期，戰國年代的軍事科技突飛猛進，尤其是攻城科技，投石機、弩箭的水準早已遠遠甩開春秋年間，於是孫臏的觀念也就與時俱進。

而有情懷、有技術的孫臏，其兵法的另一大重要思想，就是如何看待戰爭的價值。他認為戰爭的意義在於「戰勝而強立，故天下服」，也就是維護王權的尊嚴和天下的統一。這是中國古代史上，第一次系統闡述戰爭價值的軍事家。

如果對照後來戰爭發展的歷史，我們就不難發現孫臏之前戰爭雖然不少，但是對於戰爭的認識還從未有這樣的認知。也正是從孫臏之後，從此戰爭的價值、操作和軍事的建設開始形成了一套系統的模式，越是重大的戰爭對於戰爭意義的闡述也都更加地成熟。從這個意義說，孫臏的軍事理念幾乎得到了完整的傳承，並未隨著孫臏兵法的一度失蹤而斷代，重新出土的孫臏兵法更見證了他真正的價值。

這群人竟也懂打仗

戰國百家爭鳴，學派縱橫，但是我們經常會為了一個很熟悉的歷史人物，卻不知他該屬於哪一派而犯愁。

其實百家爭鳴的另一大特點，就是你中有我我中有你，同樣一個人可能既屬於儒家學派，但同時又學習過法家的思想，甚至與墨家也有淵源，所簡單粗略地把一個人劃為某個派系是不正確的。

中國人傳統的一大特點就是包容性，哪怕學問思想不同，但絕不盲目排斥，反而會在激烈的論辯裡吸取對方之長補自家之短。這種精神，從戰國年間起到清朝徹底閉關鎖國前，曾經是我們兩千年來不朽的傳承。正如明朝中後期，葡萄牙學者對中國人的評語：他們（中國人）善於勇敢發現並承認自己的不足，然後毫不猶豫的學習。

而在戰國年間，各路學派都會經由激烈的辯論，毫不猶豫地學習其他學派的優點。即使是最反對打仗的黃老學派，也會積極學習兵家的思想主張。

黃老學派誕生於戰國中期，傳承老子的道家學說，宣導清靜無為。黃老學派的主要觀點，就是反對戰爭，以其原話說：兵者，不祥之器也！白話意思可以說：打仗，就是禍害！

既然戰爭是禍害，黃老學派是不是就是一味地排斥兵家？恰恰相反！痛恨戰爭的黃老學派，有很多代表人物都是傑出的兵家，甚至他們對戰爭的研究，比很多軍界人士都要專業。

有多專業？別看黃老學派反對戰爭，可說起打仗來他們的時間表規劃卻是相當到位。在黃老學派眼裡，一個國家要想軍事征服另一個國家，就必須要學會定時間表。什麼時間表呢？「一年從其俗，二年用其德，三年而民有德，四年而發號令」，也就是不但要有軍事準備，還要有文化、思想的全面入侵，最後從軍事和精神上全面征服對手。

黃老學派的這種征伐理論，並沒有隨著時間流逝而消失，反而越發細緻化。到了漢朝獨尊儒術的年代，更是經過儒家的修正成為儒家「德政」裡的重要組成部分，特別是在後來中原王朝經營邊疆的策略，正是脫胎於黃老學派的治理思想，在漢唐宋明幾個朝代裡都曾起過大作用，對中國統一的多民族國家形成貢獻不少。

而同樣強大的，還有黃老學派的軍事謀略，反對戰爭的黃老學派卻為戰爭貢獻了最為低成本的發動方式，更提供了最科學的戰爭控制理念。其中很重要一個理念，就是一個國家怎樣用最小的代價贏得一場戰爭最大的利益，包括情報戰的發動、對敵方的賄賂，還有對敵人核心力量的打擊。黃老學派的《十大經》更系統地提出了先弱而後發的理論，忍，就是為了爆發！

這個思想到了漢朝起了大作用。西漢為什麼在開國面臨匈奴威脅的情況下，果斷選擇了和親政策？正是因為黃老思想在漢代佔統治地位，因此選擇暫時的忍耐也就順理成章。為什麼到了漢武帝時代，漢朝又採取反擊策略？因為即使在隱忍的六十年裡，漢朝也不是單純的隱忍，更沒有在富庶生活中磨滅應有的志氣與血性。因為即使黃老思想當道，也絕不是忘戰，反而是一直在進行戰爭的規劃準備，後來漢朝橫掃草原的強大騎兵，正是在黃老學說時代苦心建制的。

兵家成就了商鞅

戰國年代，有一股轟轟烈烈的熱潮就是變法，在這股熱潮裡變法家用他們的熱血和生命，造就了這個天翻地覆的時代，然後又以熱血和生命的代價，換來了這個時代的蓬勃向前。

其中最著名的就是商鞅。

關於商鞅，這位親手造就了秦國華麗轉身，從蠻荒邊鄙國家到超級帝國的強大變法家，他的故事我們已經耳熟能詳，喜歡戰國的朋友都知道他很強，強在精準的判斷力、高效率的行動力、言必信行必果的做事風格，另外就是強大的軍事能力。

戰國時代的頭等大事就是打仗，任何一個改革家，想要在變法鬥爭中站穩腳跟順利推行自己的主張，都必須要有強大的軍事能力來撐場。打贏了，一切都好說，一旦打輸了，後果就很嚴重。放在商鞅身上正是如此。雖然史家對於他的軍事能力著墨並不多，但對於他改革大業來說卻是很重要。

商鞅，是兵家之中十分強大的一位！

商鞅有多強？《漢書》裡的《兵書略》章節，收錄商鞅的軍事文章多達二十七篇，儼然戰國兵家裡的大腕，不止漢朝人推崇，戰國同時代人也推崇。荀子曾讚歎說，商鞅是「世俗中擅用兵者」，也就是現實中活生生的軍事強人。

商鞅變法期間，除了對內策劃改革，對外多次親自帶兵出戰，在對魏國的河西戰爭中層層推進，多次打敗魏軍，連魏國公子也被他活捉。當然按照很多史料說法，是他笑裡藏刀耍陰謀，靠過去的交情把人騙了當俘虜，還是以詭計致勝。

但仔細看看商鞅的軍事思想，會發現這位一輩子辦事實在的強人，打仗最講究的就是戰爭的具體技術戰，貢獻最大的就是軍事方面的革新，攻和守的戰法都是開創了很多新思路。

最著名的一句話是「使民怯於邑鬥而勇於寇戰」，一個治安狀況奇差、民間鬥毆不斷的國家，必然是一個無力外戰、被人隨意欺負的國家。這句話在後來的歷史裡不斷得到印證，而秦國軍隊強大的一個重要原因也是由此而來。秦國法律明文規定民間禁止私鬥，正是這嚴格的法律規範造就了秦國人強悍的民風，從此橫掃六國。

而且在進攻戰裡，商鞅一直強調的另一個重要原則就是正確認識敵我之間的力量，千萬不能為情緒左右而盲目發兵。發動一場戰爭不僅僅要仔細評估自己的實力，更要認真了解戰爭的態勢。而且在他看來，一場戰爭的發生不是那些擔憂戰爭的人，國家真正的隱患恰恰是那些盲目喊打的人，這些人不懂軍事卻瞎指揮，最後斷送的很是可能是會贏的戰局。看看後來歷史，北宋靖康之恥、明朝土木堡之變，如果當政者能多讀讀商鞅的書，這些令痛徹心扉的悲劇很有可不會發生。

苦心變法的商鞅，最終死在了秦惠文王手裡，但商鞅的變法並未因為他的死而中斷，其實同樣沒有中斷的還有商鞅的另一個重大軍事思想：四戰之國貴守戰。當一個國家面臨四面受敵的狀況時，首先一定要學會防守，而不是盲目進攻。

這個論斷有多重要？當秦國統一天下的戰車隆隆開進的時候，曾多少次面臨著被六國聯合圍剿的狀況，即著名的「合縱」政策，可是為什麼每一次轟轟烈烈的合縱，最後都被秦國巧妙地化解。因為秦國除了軍事的強大，更重要的是正確的政策。每次總是分化瓦解，甚至是以守為攻，利用對手的矛盾不斷拆散其聯盟，在整個戰國中後期的軍事歷史上，秦國面臨合縱的次數很多，但是真被人圍毆卻是少之又少。

以商鞅一人之力為秦國歷史改道，這個說法真是毫不誇張。

三十一、戰國的官職都怎麼叫

戰國題材，讓很多影視劇編導常感到很大的壓力，不但是吃的用的穿的，一不留神就出錯被人吐槽，就連官職名稱都經常鬧出天雷滾滾的橋段來。比如一部講屈原的電視劇，裡面屈原一出場就被稱為「御史」，後來還有部叫呂不韋的電視劇，呂不韋的稱呼變成了「閣老」，簡直就是各個朝代亂竄，播出之後自然招來罵聲不斷。

說句實在話，如果要找戰國年間比較亂的事，除了眼花撩亂的戰爭，就應當是官職稱呼了。不同國家，每個國家一套制度習俗，具體到官職上也是叫法不同，有時候還是生僻字紮堆，別說是電視劇編導，就是專家有時候也難免出錯。

但戰國時代有另一件對中國歷史進程有重大意義的事，那就是官職制度。因為戰國的官職演變，奠定了未來兩千年中國傳統政治制度的框架雛形，至於那些容易被人叫錯，甚至電視劇裡亂竄的官職，基本都是從戰國時期演變而來。

到了戰國就變了

為什麼東周戰亂，春秋和戰國被分成兩個時代，因為這兩個時代比起來有很多事變化真的很快，尤其快的就是官職制度。

為什麼會變化快？就是因為統治情景不同了。

在西周的分封制下，雖然大小諸侯國林立，但還算長期穩定，等到東周年間局勢開始不穩定了，各種戰亂蜂起，而且不單是諸侯國之間打，國家內部也打得厲害。國家內部的權臣貴族們打起來有時候比國家間的戰爭還熱鬧，比如春秋末年的齊國和楚國，國內都爆發大規模內訌，兩個國家各自權臣的私家武裝居然打得比國家戰爭還慘烈。

打來打去的後果也很明顯，原來強大的晉國打成了韓趙魏三個國家，而原來由姜家統治的齊國變成了田家統治，總之不但是國家的版圖輪廓變化了，連內部的政治制度也跟著變了，自然官職秩序也要跟著變。

但更重要的原因，卻是國家生存的需要。

戰國年間，由於生產激增、經濟高速發展、科技突飛猛進，具體表現到戰爭上規模更比以前大得多，春秋年間打仗幾萬人就是大規模，到了戰國年間幾十萬人都算是正常規模。動員一場幾十萬人的大型戰爭，依照原先的政治體制顯然是無法做到的，必須要有新的政治體制與之對應配套。

在這樣的情況下，各個國家的官職設定，不但彼此之間不同，比起春秋年間更是不同。但有一個核心內容卻是相同的，以《史記》上評價說，國分文武，君之二術。中央集權制按照文武職能分配官職，一改過去的鬆散治理為集中治理，方便集中人力物力，要在戰國年代生存下來必須應對殘酷的考驗，這是當時主要國家不約而同的選擇。

在相同的選擇下，戰國國家的官職體制也就基本類似：中央有負責行政的相國與負責戰爭的將軍，分別統領相關官員。地方上實行郡縣制度，由國王直接任命管理地方軍政官員。大小官職彷彿都用繩索牽住，繩頭牢牢抓在國王手裡。各個國家方式不同，但實質都是一樣的。

在這個體制下，列國的主要官職都有哪些呢？又該怎麼稱呼呢？

戰國的這些官眼熟不

首先要說的，就是各國統攬行政大權的職務：相。

看過將相和的典故就知道，戰績卓著的廉頗，可以為了不服藺相如做相差點鬧出事端來，可見這個相在列國都是眼熱的職務。

其實在春秋年間就有了「相」，但論地位卻是天上地下。春秋年間的相，只是小禮賓官而已，根本沒什麼實權，當時輔佐國君處理國家大事的被稱作「太宰」。但到了戰國年間，「相」整個翻身了，最早開始把「相」設立為國君之下高官的是春秋年間的齊國，戰國年間繼承這一設定的則是最早雄霸列強的魏國，隨後是韓趙兩國。魏國能夠最早雄起，這個制度的優勢確實是立竿見影。

至於後來變法崛起的秦國，雖說一些影視劇都稱呼商鞅為丞相，其實他剛入秦時做的真不是丞相，而是「左庶長」，後來順風順水做到了「大良造」，其實這就相當於「相」的角色，只是還沒有名分。

而秦國真正開始有了名副其實的「相」，則是在秦惠文王殺掉商鞅以後，新得寵的張儀在秦惠王十年（西元前三二八年）官拜秦國相。

而能與相媲美的官職，就是總攬軍事大權的將。將與相，這兩個國家機器上的最高官職，好比中央集權國王的左膀右臂。

戰國年間的「將軍」也是個新名詞，最早有這個創新的依然是魏國。在魏文侯首霸諸侯的年代裡，魏國除了設置了「相」這個行政官職，且首創了文武分家，專門由軍事人才來主持戰事。樂羊子和吳起，這兩位為魏國出生入死的名將，也可以說是戰國時代最早的一代將軍。

有了這個軍事體制的創新後，這種新型模式很快就被列國效仿，比如齊國的田忌、燕國的樂毅，這些名將都是專職的將軍，這在文武不分家的春秋年代是很少見的。但相對例外的，還是秦國。

秦國作為戰國時代軍事實力最強的國家，其實在將的任命上卻是相當的保守，別看秦國軍力強大，但比起其他國家有專職的將，放在秦國這卻是個典型的臨時工職務，一般都是有仗打了才隨機委派，打完仗就收回權力。直到秦昭王時代，才有了第一位專職把持兵權的將軍：穰侯魏冉。為什麼他可以？當時秦昭王剛登基，王位還沒坐穩，魏冉更是他的舅親，不信他信誰？當然等著魏冉倒臺，秦國又恢復了老樣子。

那麼如此保守的秦國，為什麼沒有出現軍令不通的情況？雖然將是臨時的，但另一個軍事職務卻是固定的：國尉。

其實尉這個職務也是早在春秋年間就有，晉國的制度最成熟，但當時晉國擔當這個職務的主要是以文官為主。到了戰國年間，這職務變成了完全的軍事官職，負責全面的軍事工作。正是因為有這個職務，秦國日常的軍務才能有條不紊，遇到重大戰事和臨危受命的將軍無縫接軌。

所以秦國的軍隊強大在管理和維護，並非只靠將領自己的能力和謀略帶兵，反而是無論誰帶都可以保持強大的戰鬥力。正是這種恐怖的戰鬥保持能力，才造就了秦國縱橫天下的風光。

當然秦國的尉也是經過演變，最早的尉只是大良造之下的武官，屬於給相打醬油的職務，我們熟悉的秦國名將白起、甘茂都曾經有過這樣的工作經歷。等到秦國設相且取消大良造職務後，國尉也就成了軍事的最高長官。這種體制改革的過程，見證了秦國變法的逐步深入。

而比起這幾個官職來，另一個官職應當是熟悉封建王朝的朋友都知道的：御史。

單以「壽命」論，御史這個官職，堪稱是中國古代官職裡的老壽星。商朝的時候就有，清末釐定新官制前依然存在，但別看它一直存在，其實它的身分在戰國年間才有了轉變。

戰國以後的御史，如我們熟悉的主要都是做監察工作，但戰國以前並不是。

那最早的御史幹些什麼？其實只要看看秦趙澠池會就知道，秦國趙國鬥智鬥勇，藺相如大展雄風，始終在旁邊忙活的就是御史，秦趙兩國國君出了什麼狀況，他們都要認真地負責記錄，哪怕被藺相如吆來喝去也不敢有半點怠慢。沒錯，他們那時候就是領導身邊的記錄員，主要記錄大事，特別是修史時所有的現場情況都要找他們記錄。

也就是說，後來從事司法監察工作的御史，在戰國年間離這行當還很遠。但看上去很遠，卻也很近，因為那時候御史們的職責就是監督規勸國君，國君有哪些行為不像話，別人看不見，御史們可看得一清二楚。

而最早把御史往監督職能上拉的還是秦國，秦國的御史除了做記錄，還要保管檔案，秦國法律規定每年廷尉都要找御史們去核對一年的檔案記錄。從單純的秘書到專業監督，御史的轉化其實就是由此開始。

既然御史當時只是秘書，那麼戰國年間的司法工作又是誰負責？那正是孔聖人曾經從事過的工作：司寇。

到了戰國年間，許多國家還是保留著司寇這個官職，但秦國還是個例外。秦國掌管司法的官職是廷尉，而漢朝的廷尉制度正是從秦國沿襲而來，所謂漢承秦制，這個制度的傳承就是縮影。

上面這幾個中央職務，基本都是戰國列強共有，但各國也有一些獨家官職設定。比如輔佐太子的官職，在齊國和燕國叫太傅，在秦國分別叫做師和傅。齊國和秦國還專門有博士，全是精通典籍的學者，專業給帝王當顧問。值得一提的還有司空這個官職，主要管工程營造，韓國和秦國都有，但事權又不一樣。韓國的司空只管工程，秦國的司空卻還要管牢獄，原因很簡單，秦國幹工程的主要是囚犯。

地方官職才是關鍵

如果說中央官職的變遷給後人似曾相識的感覺，那麼真正對中國古代歷史影響深遠的還是地方行政結構的變化。

社會的變化，關鍵就是從根本上改變了，這個根基正是地方的行政體制，體制改變才意味著中國歷史上這個轉型期關鍵的環節已經完成。

這個最關鍵的環節，就是郡縣制。

嚴格一點說，郡縣制也同樣產生在春秋時代，但春秋時代不同的是縣的級別要遠高於郡。西元前四九三年，晉國權臣趙鞅要討伐范氏和中行氏，戰前開動員會的時候就許願：大功勞打完了給個縣，小功勞給個郡。由此可見，當時縣還在郡之上。

最早的郡級別低，因為那時候郡只在邊境有，後來戰爭規模越來越大，郡的重要性也越高，給的實權也就越多。地盤越大國君的控制力必須越強，自然也就水漲船高了。

因此郡就有了一套新的制度，長官叫做郡守，責任大權力也大，可以徵發本地的士兵。但權力太大了控制不住怎麼辦？郡守下面還有郡尉，主抓軍事工作，正好可以彼此牽制。

當然，也不是所有國家的地方建制都是叫郡，齊國就是叫都，但意思基本一樣。

一開始的郡地盤少、編制少，後來郡越來越多，由於事權統一的需要下面要有層級機構，因此縣也就正式作為下級機構，和郡形成了上下關係。

縣的長官，叫做縣令，這個稱呼也差不多延續了整個封建時代。縣令的下面有縣丞、縣尉，這個結構之後也是一脈相承。中國古代號稱皇權不下縣，中央直屬的官制最低到縣級，這種模式也是由此開始。

而郡與縣的兩級制度，也就是我們所說的郡縣制，戰國的列強誰推廣這個制度最徹底，也就意味著誰轉型封建社會的速度是最快的。很顯然，秦國走在了前面。

不過要以為秦國是簡單粗略的郡縣制，那就錯了。任何一個國家、任何一個年代都需要按照自己的需求設計常度，再好用的制度都不能生搬硬套。秦國在整個戰國時代凌駕於列強之上的就是強大的動員能力，他們不但能動用近百萬軍隊投入作戰，更能長期保障戰爭供應。戰爭的支持能力強大到如此恐怖，還是與一些附加制度有關，比如「道」。道，是設在少數民族地區的行政機構，是在郡以下，與縣是平級的機構。這樣的好處是可以協調不同民族之間的關係，更方便對少數民族地區進行管理。這個幫助秦國穩定了內部的制度，是他們面對強大動員時依然可以穩定運轉的基石。這樣的制度模式，後來的漢唐宋明幾個朝代也都曾經參考，歷代在治理少數民族地區時都發揮了大用處。

而且在縣以下，戰國時期也有兩級的機構：鄉和里。這是中國古代農村的傳統機構制度，也同樣是從戰國開始，綿延了兩千多年。

而且和中央直屬管理郡縣不同，鄉和里兩個層級在管理上也有學問：鄉是由鄉主來管理，都是地方上德高望重的人物擔任，類似《漢書》裡說的「三老」。里稍有不同，里的管理者叫里典，在秦國，里典通常選擇勇武人物，也叫做「率璈」。里中的居民叫「里人」，按照居住地來編伍，也叫做「四鄰」，我們今天常說的街坊四鄰就是這麼來的。這是中國封建社會基層管理的縮影。

戰國大事年表

西元前四五三年 原晉國韓趙魏三大家族，盡滅晉國大族智氏，至此，昔日春秋時代中原第一強國晉國，已基本被三大家族瓜分完畢。

西元前四〇三年 周威烈王冊封韓趙魏三家大夫為諸侯，從此晉國正式成為歷史概念，取而代之的是三個新興國家：韓國、趙國、魏國。

西元前三九七年 戰國四大刺客之一的聶政刺韓相事件爆發。

西元前三八九年 陰晉大戰，戰國初期著名以少勝多大戰，名將吳起率五萬魏軍大敗五十萬秦兵，魏武卒強悍威名流傳天下。

西元前三八八年 墨翟所著的戰國科學寶典《墨經》問世。

西元前三八六年 齊國田和放逐齊康公自立為國君，正式成為齊國新的統治者，是為「田氏代齊」。

西元前三七五年 韓國攻滅鄭國，將都城遷至原鄭國都城新鄭。

西元前三六一年 魏國遷都大梁，確立了對西部秦國防禦，全力東進的戰略。

西元前三五九年 商鞅入秦，改變戰國力量對比的商鞅變法開始。

西元前三五五年 齊國鄒忌改革，是為齊國崛起的重要一步，這個春秋時代的東方傳統強國徹底復甦，開始爭霸之路。

西元前三五三年 齊魏桂陵大戰，橫擋中原的魏國遭到齊國痛擊，霸業大為削減。

西元前三四二年 齊魏馬陵大戰，書寫圍魏救趙妙筆，齊國重創魏國，從此成為關東最強國。

西元前三三四年 齊國魏國徐州相王，至此，關東國家基本稱王。

西元前三二二年 秦國張儀兼相秦魏，連橫政策大力推動。

西元前三一八年 楚、趙、韓、魏、燕五國合縱討伐秦國，在函谷關大敗。

西元前三一二年 秦楚丹陽大戰，楚國八萬人覆沒，漢中六百里土地丟失。

西元前三〇一年 齊楚垂沙大戰，楚國再度戰敗，齊國確立了其關東六國的領袖地位。

西元前二九六年 齊國牽頭合縱，率領韓國、魏國攻克函谷關，迫使秦國求和。

西元前二九四年 齊國田甲劫王事件發生，齊國孟嘗君倉皇逃走，齊湣王大權獨攬。

西元前二八八年 齊國和秦國各稱東帝、西帝，是為戰國一時的兩極格局。

西元前二八六年 齊國攻滅宋國，引發秦國恐慌，燕國乘機策動五國伐齊。

西元前二八四年 燕國率領五國聯軍橫擋齊國，佔領大片土地，齊國崩潰覆滅在即。

西元前二七九年 齊國名將田單以火牛陣破燕軍，齊國收復國土復國成功，但國力衰退，戰國兩極格局瓦解。

西元前二六九年 趙國名將趙奢在閼與之戰中擊敗秦國，趙國崛起。

西元前二六〇年 長平大戰進入大決戰，秦將白起斬殺趙國四十萬人，趙國遭到重創。

西元前二五七年 邯鄲大戰，趙國絕地反擊，信陵君竊符救趙，秦國大敗。

西元前二五六年　楚國滅魯國。
西元前二四九年　秦國滅東周國，八百年周朝不復存在。
西元前二四一年　韓、趙、魏、楚、燕五國最後一次合縱，一度威逼函谷關，最終失敗。
西元前二三七年　秦國權相呂不韋倒台，秦王嬴政親政。
西元前二三〇年　秦國滅韓。
西元前二二八年　秦國滅趙。
西元前二二五年　秦國滅魏。
西元前二二三年　秦國滅楚。
西元前二二二年　秦國滅燕。
西元前二二一年　秦國滅齊，戰國時代結束，天下一統。

大地叢書介紹

作者：醉罷君山
定價：300 元

夏商周三代奠定中華文明之基礎，然而三代歷史卻是撲朔迷離。史料原本有限，加上歷朝散佚，徒令後人有霧裡看花之歎。本書力求從有限的線索中，以嚴謹、求實的態度挖掘出那段光輝歷史年代的真相，透過對《史記》、《竹書紀年》、《尚書》以及先秦諸子文獻互為參比，去偽存真，對許多歷史上傳統結論提出質疑。譬如少康中興，如何向竊國者復仇？夏桀與商紂，真的是歷史上最暴虐的君主嗎？權謀大師伊尹是賢相，還是叛臣？本書把零散分布於各史料的記載，整合為比較完整的故事。時間順序清晰，歷史事件連貫，脈絡有序，集知識性與故事性於一身。可讀性強，足見作者傾注之心血。

大地叢書介紹

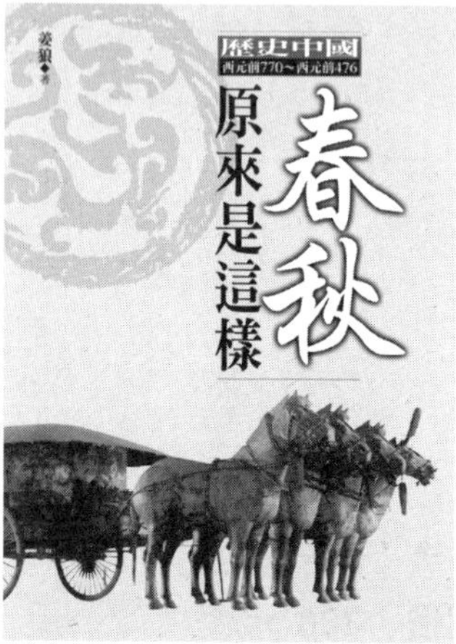

作者：姜狼
定價：360 元

本書是一部通俗歷史讀物，是歷史中國系列中的一部。全書共分數十篇章，從春秋五霸（齊桓公姜小白、晉文公姬重耳、宋襄公子茲甫、秦穆公嬴任好和楚莊王熊侶）到春秋名相（管仲、晏嬰）；從著名兵法家（田穰苴、孫子）到春秋名臣（伍子胥、范蠡）；再由儒家的代表孔子到道家的代表老子，還有對中國文學史上第一部詩歌總集《詩經》的介紹，等等，作者將春秋近三百多年的歷史用一種獨特的方式展現在讀者面前。

大地叢書介紹

作者：醉罷君山
定價：320 元

秦朝（西元前221年－西元前207年），是中國歷史上第一個建立大一統的帝國。秦朝源自周朝諸侯國-秦國。秦國於戰國時期逐漸轉強，到秦國君王嬴政陸續征服六國而一統中原，史稱秦朝。

秦王政建立秦朝後自稱「始皇帝」（即秦始皇），從此中國有了皇帝的稱號。雖然秦朝外表十分強盛，但由於秦始皇集權、過度發展、嚴重勞役百姓，所以秦朝之統治不免帶有苛急、暴虐之特點，讓天下百姓飽受苛政之苦而想要叛變。

秦始皇最後留下的，是一個外強中乾的帝國。秦二世繼位後，秦廷被掌權的趙高掌控而混亂不堪。此時秦末民變爆發，六國有力的軍人各自復國，雖然秦將章邯努力平亂，但於鉅鹿之戰被楚將項羽擊敗，秦軍主力投降。西元前207年十月，新任秦王子嬰於咸陽向楚將劉邦投降，秦朝滅亡。

本書用故事串聯歷史，帶你逃離歷史課本的枯燥，回到那個活生生的大秦帝國。

大地叢書介紹

作者：醉罷君山
定價：320 元

西元前三世紀，秦王朝的暴政天下大亂，使得秦王朝以短時間滅亡，起而代之的是由漢高祖劉邦所創立的漢王朝。

西漢（前206年 ~ 9年），與東漢合稱漢朝。西元前206年劉邦被西楚霸王分封為漢王，而後經過歷時四年的楚漢戰爭，劉邦取勝後，西元前202年最終統一天下稱帝，建國號為「漢」，定都長安。史稱西漢。至西元9年1月10日王莽稱帝，改國號為新，西漢滅亡，一共210年。

劉邦一統天下建立漢王朝，自此帝國進入一個長期的空前繁榮，由文景之治到漢武帝，文治武功達到巔峰。

西漢極盛時的疆域東、南到海，西到今巴爾喀什湖、費爾干納盆地、蔥嶺一線，西南到今雲南、廣西以及今越南中部，北接大漠，東北至今朝鮮半島北部。

項羽以「巴蜀漢中四十一縣」封劉邦，以治所在漢中稱「漢王」，稱帝後遂以封地名為王朝名。又劉邦都城長安位於劉秀所建漢王朝都城洛陽之西，為加以區別，故史稱「西漢」 。而劉邦建立的漢王朝在劉秀所建漢王朝之前，因此歷史上又稱前者為「前漢」。

大地叢書介紹

作者：醉罷君山
定價：320 元

東漢（西元25年－西元220年）與西漢合稱兩漢，又稱後漢。東漢與西漢之間為新朝，新朝末年王莽改制失敗引發內戰，其時身為漢朝宗室的漢景帝後裔劉秀乘勢而起，在綠林軍的協助下推翻新莽而即位，是為光武帝。復國號漢，因洛陽為其軍事根據地，而西漢舊都長安亦逢多次戰亂而日殘，所以定都於東方的洛陽，並復名雒陽，史稱東漢。建武二年（26年），光武帝下令整頓吏治，設尚書六人分掌國家大事，進一步削弱三公（太尉、司徒、司空）的權力；同時清查土地，新訂稅賦，振興農業，使人民生活逐步穩定下來，史稱光武中興，之後明帝與其子章帝在位其間為東漢的黃金時期，史稱明章之治。

自漢安帝以後至漢末近百年間，外戚宦官輪流執政，互相殘殺，把東漢朝廷弄得靡爛不堪。董卓引兵到洛陽，趕走袁紹，廢少帝劉辯，殺何太后，立漢獻帝。長期左右東漢皇室的外戚、宦官一起被消滅，但東漢朝廷實際上也名存實亡。

戰國原來是這樣 / 張嶔著. -- 一版.-- 臺北市：大地, 2018.03
面：　公分. --（History：101）

ISBN 978-986-402-282-3（平裝）

1.戰國時代　2.通俗史話

621.8　　107002403

戰國原來是這樣

HISTORY 101

作　　者	張嶔
發 行 人	吳錫清
主　　編	陳玟玟
出 版 者	大地出版社
社　　址	114台北市內湖區瑞光路358巷38弄36號4樓之2
劃撥帳號	50031946（戶名：大地出版社有限公司）
電　　話	02-26277749
傳　　眞	02-26270895
E - mail	vastplai@ms45.hinet.net
網　　址	www.vastplain.com.tw
美術設計	普林特斯資訊股份有限公司
印 刷 者	普林特斯資訊股份有限公司
一版一刷	2018年3月

大地

定　　價：280元